CHOIX
DE
NOUVELLES RUSSES

CHOIX

DE

NOUVELLES RUSSES

DE

LERMONTOF, POUCHKINE, VON WIESEN, ETC.

TRADUITES DU RUSSE

PAR M. J. N. CHOPIN

Auteur d'une *Histoire de Russie*
de *l'Histoire des Révolutions des Peuples du Nord*, etc.

PARIS
CHEZ C. REINWALD, LIBRAIRE
RUE DES SAINTS-PÈRES, 15

1853

AVANT-PROPOS

DU TRADUCTEUR

A toutes les époques où la question d'Orient vient préoccuper les esprits, on se demande quelle sera la mesure des exigences du cabinet de Saint-Pétersbourg; et en combinant toutes les éventualités, on est forcé de reconnaître que la paix de l'Europe dépend du dernier mot de la Russie.

Talleyrand a dit : Pouvoir c'est vouloir : or la Russie peut beaucoup; que voudra-t-elle? Il y a quelques années, elle a sauvé l'Autriche d'une ruine presque certaine; elle peut se croire en droit d'exiger des compensations : dans le cas où l'empire turc serait condamné à un démembrement, que ferait la Russie de toutes ces populations slaves qu'une même langue et une même religion rattachent à elle ?

Nous n'avons pas la prétention d'entrer dans la question politique, à propos d'un recueil de nouvelles littéraires, mais nous avons cru qu'on nous saurait gré de publier ces esquisses où l'on trouvera dans les scènes de la vie intime le caractère et les mœurs des Russes tracés par eux-mêmes.

Quant aux motifs qui nous ont déterminé dans le choix des nouvelles dont nous offrons la traduction, nous nous bornerons à dire que Lermontof nous a paru mériter la préférence à cause de son scepticisme à la fois frondeur et ingénieux, qui rappelle un peu notre Balzac.

Pouchkin devait trouver naturellement sa place parmi les illustrations de la littérature russe moderne ; son *Doubrovsky* est une peinture un peu chargée, mais naïve, de la vie du seigneur russe dans les gouvernements de l'empire, qui se trouvent éloignés des deux capitales.

Quant à la nouvelle de Polévoï, et aux quelques autres que contient ce recueil, nous les avons adoptées pour jeter quelque variété dans les scènes que nous offrons au lecteur. Nous sommes loin d'avoir épuisé la matière, et nous nous proposons de donner suite à cet essai, dans le cas où le public l'accueillerait avec bienveillance.

NOUVELLES RUSSES

BÉLA

ou

UN HÉROS DE NOTRE ÉPOQUE

NOUVELLE CIRCASSIENNE

PAR LERMONTOF

Je quittais Tiflis. La charge de ma voiture de voyage était légère ; c'était tout simplement une valise, à moitié remplie de notes sur la Géorgie. Heureusement pour le lecteur, la plupart de ces notes se sont égarées ; et, plus heureusement pour moi, la valise et les effets qu'elle contenait me sont restés intacts.

Comme j'entrais dans la vallée de Koïtaour, le soleil allait disparaître derrière les crêtes neigeuses. L'Ossète qui me conduisait pressait vivement ses chevaux pour arriver avant la nuit à la montagne de Koïtaour, et chantait à s'égosiller.

L'aspect de la vallée est vraiment magnifique. De tous côtés, des montagnes inaccessibles, des rocs d'une teinte rougeâtre, couverts d'un lierre verdoyant et couronnés de massifs de platanes; çà et là sur les pentes, la trace jaunie des torrents, et tout en haut, à une élévation qui fatigue le regard, la frange dorée des neiges : enfin, au plus profond de la vallée, l'Aragva, qui, après avoir reçu une autre rivière sans nom, dont les eaux s'élancent en bouillonnant d'une caverne sombre, se déroule comme un ruban argenté ou comme un serpent aux écailles luisantes. Nous fîmes halte au pied de la montagne. Une vingtaine de Géorgiens et de montagnards étaient groupés près de la station ; et, selon leur habitude, leur conversation avait toute la vivacité d'une dispute. Non loin de là, une caravane de chameaux s'était arrêtée pour passer la nuit.

Je fus obligé de faire atteler des bœufs à ma voiture; car cette maudite montagne n'a pas moins d'une demi-lieue de pente, et le verglas d'automne ajoutait à la difficulté des chemins.

Que faire? je louai six bœufs et quelques Ossètes pour les conduire. Un de ces derniers chargea ma valise sur ses épaules; les autres faisaient avancer l'attelage presque sans autre excitation que la voix.

Derrière nous cheminait une autre voiture attelée seulement de quatre bœufs qui la traînaient avec la plus grande facilité, quoiqu'elle fût pleine de haut en bas. Cette particularité me frappa. Le maître de cet équipage suivait à pied, fumant une pipe à tuyau garni d'argent, comme il s'en fabrique dans la Kabardie; il portait un surtout d'officier sans épaulettes, et un bonnet de fourrure à la circassienne. Il pouvait avoir cinquante ans. Son visage basané annonçait des rapports de longue date avec le soleil du Caucase, et ses moustaches prématurément blanchies contrastaient avec un extérieur qui annonçait la vigueur et la résolution. Je m'approchai de lui et le saluai. Sans proférer une parole, il me rendit mon salut, et fit sortir de sa bouche une copieuse bouffée de fumée.

— Il paraît, lui dis-je, que nous faisons route ensemble?

Toujours sans répondre, il s'inclina en signe d'adhésion.

— Vous allez sans doute à Stavropol?

— Précisément. Avec un convoi de la couronne.

— Auriez-vous la bonté de m'expliquer comment il se fait que votre voiture, avec sa lourde charge, marche le mieux du monde avec quatre bœufs, tandis que la mienne qui est presque vide, n'avance qu'à grand' peine avec six... sans compter les Ossètes dont le secours y est bien pour quelque chose.

Il sourit d'un air narquois, et m'examina avec attention :

— Vous êtes depuis peu dans le Caucase?

— Depuis un an, lui répondis-je.

Il sourit une seconde fois.

— Mais je vous demandais....

— C'est que, voyez-vous, ces Asiatiques sont de rusés coquins. Vous croyez peut-être qu'ils aident parce qu'ils crient?.... Le diable sait ce qu'ils crient.... Toujours est-il que leurs bêtes les devinent. Attelez-en vingt, et malgré ce genre d'encouragement, ils ne bougeront pas.... Quelle canaille! Il n'y a rien à tirer d'eux.... Ils ne savent que rançonner les voyageurs.... Il faut convenir qu'on les a gâtés.... Vous verrez qu'ils vous demanderont encore un pour-boire. Ce n'est pas moi qui aurai recours à leurs bons offices.... Je les connais trop bien.

— Il y a longtemps que vous servez dans le Caucase? lui demandai-je.

— Je servais déjà sous Alexis Pétrovitch (Yermolof), répondit l'officier en se déridant. Quand il est venu prendre le commandement de la ligne, j'étais sous-lieutenant, et j'ai gagné deux grades dans nos guerres contre les montagnards.

— Et à présent?

— A présent, je suis en service actif au troisième bataillon de ligne. Et vous, Monsieur.... puis-je vous demander à mon tour...?

Je satisfis à ses questions.

Là se borna notre dialogue. Nous continuâmes à cheminer silencieusement côte à côte.

Arrivés vers le sommet de la montagne, nous trouvâmes de la neige. Le soleil venait de se coucher, et la nuit avait succédé au jour sans gradation, ce qui est une chose tout ordinaire dans l'Orient; mais comme la neige avait peu de consistance, nous pouvions facilement distinguer le chemin qui continuait à s'élever, quoique avec une pente moins rapide.

Après avoir fait remettre ma valise dans la voiture, et remplacer les bœufs par des chevaux, je voulus donner un dernier regard à la vallée; mais elle était entièrement couverte de brouillards qui sortaient comme des vagues des flancs de la montagne. A cette hauteur, aucun bruit n'arrivait jusqu'à nous. Les Ossètes me demandèrent pour boire, mais le capitaine les apostropha d'une manière si énergique, qu'en un clin d'œil ils disparurent.

— Voilà une engeance! ajouta-t-il. Ils ne sauraient demander du pain en russe, et ils vous diront très-intelligiblement: pour-boire, mon officier! J'aime mieux les Tartares; ceux-là du moins sont moins ivrognes.

Nous n'étions plus qu'à un quart de lieue de la station. Autour de nous tout était calme.... si calme qu'on aurait pu suivre le vol d'un moucheron, rien qu'à son bourdonnement....

A notre gauche, un abîme sombre; au-dessus, des cimes d'un bleu foncé, dont les découpures se détachaient sur l'horizon où pâlissaient les derniers reflets du crépuscule. Sur le ciel d'un azur d'ardoise, les étoiles commençaient à scintiller; et l'on eût dit qu'elles étaient à une hauteur bien plus considérable que dans nos régions du Nord. Des deux côtés du chemin se dessinaient en fortes saillies des roches nues et sombres; çà et là quelques massifs d'arbrisseaux perçaient la neige; mais pas une feuille sèche ne s'agitait; et j'aimais à écouter, au milieu de ce sommeil profond de la nature, le souffle de nos chevaux fatigués, et le tintement de la clochette postale.

— La journée de demain promet d'être magnifique, dis-je au capitaine.

Sans me répondre, il me montra du doigt une haute montagne qui se dressait droit devant nous.

— Hé bien? lui dis-je.

— C'est le Gout-Gora.... Voyez comme il fume!

Et en effet, le Gout-Gora fumait.... Sur ses flancs rampaient de légères couches de vapeurs; au sommet, on distinguait un nuage noir qui faisait comme une tache sur le ciel.

Déjà nous pouvions apercevoir la station et le toit des chaumières voisines; déjà nos regards saluaient des feux hospitaliers.... tout à coup s'élève un vent humide et glacial; la voix du gouffre répond à celle de l'orage; la rafale nous jette une pluie fine. Je n'eus que le temps d'endosser mon manteau, la neige tombait à flocons.... Je regardai le capitaine d'un air de déférence....

— Il faudra passer ici la nuit, dit-il avec humeur; par le temps qu'il fait, il ne faut pas songer à s'aventurer dans les montagnes.

Il n'y avait pas à espérer de trouver un gîte à la poste même; on nous conduisit donc à une hutte enfumée. J'invitai mon compagnon de voyage à prendre le thé avec moi, j'avais emporté une théière en fonte, ma seule consolation dans mes excursions au Caucase.

La hutte où nous cherchions un refuge était adossée à un rocher; trois marches boueuses et glissantes conduisaient à la porte. J'entrai à tâtons, et j'allai me heurter contre une vache; l'étable servait d'antichambre. Impossible de m'y retrouver.... d'un côté des moutons bêlaient, de l'autre un chien jappait. Enfin à la lueur d'une faible clarté, je distinguai une ouverture qui pouvait ressembler à une porte.

La hutte d'une étendue assez vaste, et dont le toit reposait sur deux poutres enfumées, était pleine de monde. Au milieu tremblottait un feu chétif dressé sur la terre. La fumée que rabattait le vent par l'ouverture du toit, était tellement épaisse que je fus quelque temps avant de pouvoir me reconnaître. Près du foyer étaient accroupis deux vieilles femmes, un Géorgien maigre et pâle, et une fourmilière d'enfants en haillons. Il fallait bien en prendre son parti. Nous allumâmes nos pipes, après nous être établis de notre mieux auprès du feu, et bientôt notre bouilloire rendit un murmure tout à fait délectable.

— Pauvres gens! dis-je au capitaine en lui montrant de la main mes hôtes déguenillés qui nous regardaient avec un étonnement stupide.

— Misérable engeance! reprit-il.... c'est à n'y pas croire. Ils n'ont rien pour eux; ils ne sont capables de rien.... Les Kabardiens, les Tchetchenzes ne sont que des sauvages et des brigands, j'en conviens, mais au moins ce sont d'intrépides vauriens.... tandis que cette vermine d'Ossètes ne fait pas même cas des armes. Vous ne verrez à aucun d'eux un poignard passable.... race abjecte que ces Ossètes!

— Vous êtes resté longtemps dans le pays des Tchetchenzes?

— Dix années; dans le fort avec ma compagnie, près de Kamennoï Brod, vous savez...?

— J'en ai entendu parler.

— Ces coupeurs de têtes ne nous ménageaient guère... maintenant, grâce à Dieu! ils se tiennent plus tranquilles; il n'y a pas si longtemps qu'on ne pouvait faire un pas dans la vallée sans trouver un de ces diables velus en embuscade.... rien que le temps de bâiller, ou un nœud coulant autour du cou, ou une balle dans la nuque.... Quels gaillards!

La curiosité me pressait :

— Vous n'êtes pas, lui dis-je, sans avoir eu par ci par là quelque aventure?

— Des aventures! Oui, j'en ai eu des aventures....

Ici le capitaine se pinça la moustache gauche, et imprimant à sa tête le mouvement d'un balancier, il parut méditer.

J'aurais bien voulu tirer de lui une anecdote quelconque, désir assez naturel aux gens qui courent le monde pour faire ensuite leurs confidences au public. Mais le thé était prêt.... Je tirai de mon porte-manteau deux tasses de voyage où je versai le breuvage bienfaisant, et j'en plaçai une devant l'officier. Il la porta à ses lèvres, dégusta la liqueur fumante et répéta, comme s'il se parlait à lui-même : — Oui, j'en ai eu des aventures!

Cette exclamation stimula mes espérances.... Je sais que les vétérans du Caucase aiment à causer et à raconter.... ils en ont si rarement l'occasion! Tel est resté cinq ans à la tête de sa compagnie, dans une bicoque, et qui, pendant ces cinq années, n'a pas entendu une seule fois résonner à ses oreilles cette phrase banale : Comment vous portez-vous, capitaine? par la raison toute simple, que le sous-officier de service dit et doit dire : J'ai l'honneur de vous souhaiter le bonjour.

Il y aurait cependant matière à causerie au milieu d'un peuple sauvage et curieux à observer. Là, chaque jour a son danger, tout y est empreint d'un cachet d'originalité, et l'on regrette que les Russes soient si paresseux à écrire.

— Si vous vouliez du rhum? dis-je à mon convive; j'en ai apporté du blanc de Tiflis..... le temps est froid.

— Mille grâces.... je n'en prends jamais.

— Comment cela?

— C'est un serment que je me suis fait.... Un jour, voyez-vous.... je n'étais encore que sous-lieutenant, nous avions bu comme des Polonais... La nuit nous eûmes une alerte. Nous courûmes au feu dans un état facile à imaginer. Yermolof le sut, et nous tança de la belle manière. Dieu de Dieu! quelle colère! Peu s'en fallut qu'un conseil de guerre ne réglât nos comptes. Vous comprenez que dans un pays où il faut toujours être sur ses gardes, si vous vous mettez à boire, vous êtes un homme perdu.

Je commençais à désespérer de mon histoire.

— Tenez, quand les Circassiens boivent leur bouza, soit à une noce, soit à un enterrement, ils ne tardent pas à jouer du sabre.... Une fois, je l'ai échappé belle.... et encore c'était chez un prince pacifié.

— Comment cela?

— Voilà comment :

Ici le capitaine s'interrompit pour charger sa pipe, après quoi il poursuivit en ces termes :

Il est bon de vous dire que j'étais avec mes hommes dans un fort au delà du Térek ; il y aura de cela bientôt cinq ans. Un jour, c'était en automne, nous voyons arriver un convoi de vivres ; un jeune homme d'environ vingt-cinq ans l'accompagnait. Il me fit sa visite en grande tenue, et me dit qu'il avait l'ordre de rester sous mes yeux dans le fort.

Il avait la taille si fine, le teint si reposé, son uniforme était d'une fraîcheur si irréprochable, qu'il était facile de deviner qu'il nous arrivait de la capitale. Quelques questions et ses réponses affirmatives m'en eurent bientôt donné la preuve.

— Monsieur, lui dis-je, je suis charmé de vous voir des nôtres. Le séjour n'est pas des plus récréatifs, mais il ne dépendra pas de moi que vous soyez aussi bien que possible ; et d'abord, s'il vous plaît, nous mettrons de côté le cérémonial : vous m'appellerez Maxime Maximitch. Cette grande tenue est inutile, la casquette suffit.

On lui indiqua un logement, et il s'établit dans le fort.

— Son nom? De grâce, demandai-je au capitaine.

— Grégoire Alexandrovitch Petchorin.... charmant garçon, quoique un peu bizarre.... par la pluie, par le froid, il chassait des journées entières. Tout le monde était morfondu, sur les dents, et il n'avait pas l'air d'y songer. Une autre fois, il gardait la chambre comme une femmelette, et le moindre vent lui faisait appréhender un rhume ; si son volet se rabattait, on le voyait tressaillir et changer de visage.... et je l'ai vu de mes yeux attaquer seul un sanglier. Quelquefois il restait des heures entières sans prononcer une parole, mais en revanche, pour peu qu'il fût en veine, il devenait inépuisable, et il fallait rire bon gré mal gré à se tenir les côtes.... enfin une originalité à confondre. Il faut qu'il soit riche, car il avait une foule de bagatelles précieuses.

— Est-il resté longtemps avec vous?

— Une année à peu près.... c'est un temps que je n'oublierai jamais... Que de tracasseries! Il semble qu'il y ait des gens prédestinés dès leur naissance, à des aventures qui n'arrivent qu'à eux.

Ce mot d'*aventures* donna probablement à mes traits l'expression d'un point d'interrogation : et le capitaine, comme par un effort de courtoisie, continua de la manière suivante :

— A six verstes du fort, demeurait un prince pacifié. Son fils, garçon de quinze ans, venait souvent nous visiter, tantôt sous un prétexte, tantôt sous un autre. Il faut dire que nous le traitions, Petchorin et moi, en enfant gâté. C'était un vrai démon pour l'audace et l'adresse. Il jetait son bonnet à terre, et le ramassait au galop de son cheval, et il maniait un fusil.... il fallait le voir! Il avait cependant un défaut, c'était une passion immodérée pour l'argent. Une fois, en plaisantant, Petchorin lui promit un ducat s'il dérobait le plus beau bouc des bergeries de son père, et la nuit suivante, le drôle nous l'amenait par les cornes. A la moindre plaisanterie un peu piquante, il avait le sang dans les yeux et la main au poignard. Azamat! lui disais-je quelquefois, prends garde à toi.... cela tournera mal!

Un jour le vieux prince vint nous inviter aux noces de sa fille aînée. Nos rapports d'hospitalité et d'alliance ne nous permettaient pas de refuser. Nous arrivâmes chez le prince à l'heure convenue. Comme nous traversions le village, les chiens aboyèrent à nous étourdir, et les femmes coururent se cacher. Il y avait déjà foule dans la cour du prince. Vous saurez que quand ces Asiatiques célèbrent un mariage, ils invitent indistinctement tous ceux qu'ils rencontrent.

On nous reçut avec toute sorte d'honneurs, et l'on nous conduisit dans la salle.

Avant d'entrer, Petchorin avait fait la remarque que les Circassiennes étaient au-dessous de leur réputation.

— Attendez, lui avais-je répondu.... J'avais mes raisons pour cela.... Tout en défendant l'honneur du beau sexe, j'avais bien remarqué l'endroit où l'on conduisait nos chevaux : avec ces gens-là deux précautions valent mieux qu'une.

— Et quelles sont les cérémonies de leurs mariages? demandai-je au capitaine.

— Rien d'extraordinaire. D'abord le mullah leur lit quelque passage du Coran ; ensuite on fait des présents au jeune couple et aux parents ; on mange, on boit le bouza, on danse une espèce de gigue : quelque paillasse bien sale et bien déguenillé, monté sur une rosse boiteuse, fait toute sorte de contorsions pour amuser l'honorable compagnie.... enfin c'est un bal à leur manière. Un vieux musicien joue d'un instrument à trois cordes, dont le nom m'échappe, et qui rappelle assez notre balaléika. Les garçons et les jeunes filles se placent sur deux rangs qui se font face et chantent en frappant dans leurs mains. Une jeune fille et un jeune garçon sortent du rang, et s'adressent alternativement des vers qu'ils psalmodient d'une voix traînante.... tout ce qui leur vient à l'esprit ; et les autres répètent en chœur.

Nous étions, Petchorin et moi à la place d'honneur. Tout à coup, la fille cadette du prince s'avance vers lui.... elle pouvait avoir quinze ans.... et la voilà qui se met à lui débiter quelque chose en manière de compliment.

— Ne vous rappelez-vous pas, dis-je au capitaine, ce qu'elle lui chanta ?

— Cela voulait dire à peu près : Nos jeunes danseurs ont la taille élégante, et leurs caftans sont brodés d'argent ; mais le jeune officier russe a la taille plus élégante, et ses galons sont d'or. Il s'élève au milieu d'eux comme un peuplier ; mais nos jardins ne le verront point grandir et fleurir.... Petchorin se leva, salua la jeune princesse, porta l'une de ses mains sur son front et l'autre sur son cœur, et me pria de lui traduire sa réponse.

— Hé bien ! dis-je à voix basse à Petchorin, lorsqu'elle se fut éloignée, comment la trouvez-vous ?

— Délicieuse ! et son nom ?

— Béla.

Et effectivement c'était ce qu'on peut appeler une belle fille : grande, élancée, des yeux noirs comme ceux d'une gazelle, et dont le regard vous plongeait jusque dans l'âme. Petchorin ne la quittait pas de l'œil, et de son côté, la jeune fille lui jetait quelques œillades à la dérobée. Il n'était pas seul à la trouver belle.... Dans un coin de la salle, deux yeux immobiles, enflammés, étaient comme braqués sur Béla.

J'eus bientôt reconnu Kazbitch..... Ce Kazbitch, voyez-vous, on n'aurait pu dire s'il était hostile ou pacifié. Quoique suspect à plus d'un titre, il ne s'était jamais laissé surprendre dans une aucune échauffourée. De temps en temps, il nous amenait des moutons au fort et nous les cédait à un prix raisonnable ; mais ce qu'il demandait, il fallait le lui donner sans marchander. Il se serait fait hacher plutôt que de céder un copeck. Il s'associait volontiers, disait-on, à certaines expéditions sur le Kouban; et en effet, à le juger sur sa figure, ce devait être un brigand fieffé : petit, sec, les épaules larges, et l'agilité d'un démon.

Son bechmet était toujours en lambeaux, mais l'argent brillait sur ses armes, et son cheval n'avait pas son pareil dans la Kabardie. Dans le fait, c'était le type du beau et bon coursier. Il faisait la jalousie de bien du monde, et plus d'une fois on essaya de le lui enlever. Il me semble encore voir ce cheval.... Noir comme du jais, des pieds comme des fuseaux.... et des yeux ! Je crois que ceux de Béla n'étaient pas plus beaux.... Et quelle vigueur ! douze lieues sans débrider.... et dressé ! il accourait à son maître comme un chien et obéissait à sa voix.... figurez-vous qu'on n'avait pas même besoin de l'attacher.... enfin l'idéal d'un cheval de brigand !

Ce soir-là, Kazbitch était plus sombre encore qu'à l'ordinaire : je remarquai qu'il avait sa cotte de mailles sous son bechmet. Ce n'est pas pour rien, dis-je en moi-même, que Kazbitch a mis sa doublure de fer; il faut qu'il ait quelque chose en tête.

Il faisait chaud dans la salle, je sortis pour respirer un peu. La nuit couvrait déjà les montagnes, et le brouillard sortait de leurs cavités. Je n'étais pas fâché de donner un coup d'œil à nos chevaux, pour m'assurer qu'ils ne manquaient de rien. Le mien était magnifique, et plus d'un kabardien, en le considérant avec convoitise, s'était écrié : Iakchi tkhé ! tchek iakchi !

Je me glissai le long de la palissade, et tout à coup j'entendis un bruit de voix. Celle d'Azamat m'avait frappé ; son interlocuteur ne parlait que par intervalles et plus lentement.

— Que peuvent-ils avoir à se dire ? me demandai-je...

Je me rapprochai de la clôture, pour ne pas perdre un mot de leur entretien. Quelquefois les chants et le bruit des conversations qui s'entendaient de là, m'empêchaient de distinguer ce qu'ils disaient.

— Tu as un superbe cheval, et si j'étais maître chez nous, et que j'eusse un taboun de trois cents juments, j'en donnerais la moitié pour avoir ta monture, Kazbitch !

— Ah! c'est Kazbitch, me dis-je; et je me souvins de la cotte de mailles.

— C'est vrai, reprit Kazbitch, après quelques instants de silence. Tu irais loin pour voir son pareil...

Un jour, c'était au delà du Térek, j'étais avec une bande pour donner la chasse à des tabouns russes; mais la chance fut mauvaise, et nous nous dispersâmes, les uns d'un côté, les autres de l'autre. J'avais à mes trousses quatre cosaques... déjà j'entendais derrière moi les cris des giaours... en face était un fourré épais... Je me couche sur la selle, et me recommandant à Allah, je fais sentir pour la première fois à mon cheval l'affront de l'éperon... Son vol parmi les branches était celui de l'oiseau; les épines déchiquetaient mes vêtements; les branches mortes me frappaient le visage; mon cheval franchissait les obstacles et ouvrait les taillis avec son poitrail. Peut-être eût-il mieux valu le laisser fuir à volonté, et me cacher en rampant dans la forêt... mais je ne pouvais me résoudre à me séparer de lui. Enfin le Prophète me récompensa. Déjà plus d'une balle avait sifflé à mes oreilles... les cosaques n'étaient plus qu'à quelque distance... Un ravin profond nous barrait le passage. Mon cheval, après un temps d'arrêt, saute... ses pieds de derrière font ébouler l'arête du bord opposé, et il reste suspendu sur ses pieds de devant... Je lâche les rênes et m'élance dans le ravin... C'était le salut de mon cheval... il fait un effort et la plaine est à lui ! Les cosaques avaient tout vu, mais nul ne descendit dans le ravin pour m'y chercher. Ils me crurent sans doute tué sur le coup, et je les entendis qui s'élançaient à la poursuite de mon cheval. Tout mon sang reflua vers mon cœur... Je rampais, le long du ravin, dans l'épaisseur des herbes... je regarde... la forêt finissait là. Quelques cosaques débouchent dans la plaine, et voilà mon cheval qui bondit droit devant eux. Tous se mettent à sa poursuite en poussant des cris... Par deux fois un d'eux faillit lui jeter au col un nœud coulant. Je tremblais... mes yeux se baissèrent et je priai avec ferveur. Au bout de quelques minutes, je regarde... mon bon coursier, la queue déployée, volait dans la plaine, libre comme le vent; et les giaours distancés se traînaient dans la steppe sur leurs montures épuisées. Par Allah ! c'est la vérité, la pure vérité ! Je restai blotti jusqu'à la nuit dans le ravin. Tout à coup, au milieu de l'obscurité, j'entends le galop d'un cheval : il hennit et bat la terre de ses pieds. Je reconnus mon fidèle coursier ! Depuis ce temps, nous ne sommes plus séparés.

En achevant ce récit, le Tatare flattait de la main son cheval, en lui donnant mille appellations caressantes.

— Si j'avais un taboun de mille juments, dit en soupirant Azamat, je te le donnerais tout entier en échange de ce noble animal.

— Et je refuserais, répondit froidement Kazbitch.

— Écoute, Kazbitch, dit Azamat, tu es bon et brave; tu sais que, dans la crainte des Russes, mon père m'interdit toute excursion dans les montagnes ; cède-moi ton cheval, et je ferai pour toi tout ce que tu exigeras. Veux-tu que je dérobe à mon père sa meilleure carabine, son plus beau cimeterre? Tu n'as qu'à parler... cette lame a été forgée dans le Kurdistan. Que l'on approche seulement le tranchant de la main, il semble que l'acier veut couper de lui-même. Pour la cotte de mailles, elle est, comme la tienne, sans prix.

Kazbitch restait silencieux.

— La première fois, poursuivit Azamat, que j'ai vu ton coursier piaffer et bondir sous toi, les naseaux gonflés, tandis que les cailloux étincelaient sous ses sabots, j'ai senti en moi quelque chose d'inexplicable, et tout le reste m'est devenu indifférent. Je n'ai plus regardé qu'avec mépris les plus beaux coursiers de mon père. J'avais honte de les monter, et le chagrin s'est emparé de moi. J'ai passé des jours entiers, assis sur l'escarpement des monts... J'avais toujours devant les yeux ton beau cheval avec son allure élégante, avec ses reins lisses et droits comme une flèche... il me semblait que son regard intelligent cherchait le mien, comme s'il eût eu quelque chose à me dire... Si tu refuses de me céder ton cheval, Kazbitch! j'en mourrai!

Et la voix de l'enfant était toute tremblante de passion... il sanglotait. Il est bon de vous dire qu'Azamat avait une volonté de fer, et que depuis son enfance on ne lui avait jamais vu verser une larme.

Au lieu de réponse, j'entendis une sorte de ricanement.

— Écoute, dit Azamat d'une voix décidée, tu le vois, je suis résolu à tout. Si tu y consens, je te livrerai ma sœur. Comme elle danse! quelle voix!... les étoffes qu'elle brode en or sont merveilleuses. Elle éclipserait les plus belles dans le sérail du Padishah de Turquie. Veux-tu? dis, Kazbitch! Tu m'attendras dans la vallée, demain, là, près du ruisseau... J'irai avec elle à l'aoul voisin... dis un mot, et elle est à toi... Tu hésites?... Est-ce que Béla ne vaut pas bien ton cheval!

Et longtemps, longtemps, Kazbitch resta silencieux. Enfin, je l'entendis fredonner cette vieille chanson.

> Nos filles sont les fleurs de nos montagnes;
> Leur œil noir luit comme un éclair d'été....
> Heureux celui qui les prend pour compagnes,
> Mais plus prudent qui reste en liberté!

> Avec de l'or on achète une femme :
> Elle a son prix.... Mais un cheval pur sang
> Qui le paierait? Ardent comme la flamme,
> S'il ne triomphe, il meurt en nous sauvant!

Ce fut en vain qu'Azamat supplia, pleura, jura... Enfin Kazbitch impatienté lui dit :

— Laisse-moi, jeune insensé; comment as-tu la prétention de monter mon cheval? Tu n'aurais pas fait trois pas, qu'il te ferait vider les étriers, et que tu irais te rompre le cou contre quelque roche.

— Moi! s'écria l'enfant hors de lui, et son poignard résonna contre la cuirasse. Un bras vigoureux le repoussa et il alla donner contre la palissade qui retentit du coup.

— Voilà qui se gâte, dis-je en moi-même. Je courus à l'écurie détacher nos chevaux, et les conduisis vers la porte de derrière.

Deux minutes s'étaient à peine écoulées qu'on entendit dans la maison un grand tumulte. Voici ce qui était arrivé. Azamat était rentré en toute hâte et les vêtements déchirés, en disant que Kazbitch avait voulu l'égorger. Chacun de sauter sur son fusil... le branle avait commencé. Ce n'étaient que cris, confusion, coups de feu. Notre Kazbitch était déjà en selle, se démenant comme un possédé au milieu des groupes, et jouant du cimeterre.

2.

— Grégoire Alexandrovitch, dis-je à l'officier en le prenant par le bras ; il ne fait pas bon se griser chez des étrangers ; allons-nous-en, croyez-moi.

— Bah ! voyons comment cela finira.

— Cela ne peut finir que mal... ces Asiatiques n'en font pas d'autres : ils se sont gorgés de bourza, et maintenant ils s'entrelardent.

Nous montâmes à cheval, et courûmes au fort à toute bride.

— Et Kazbitch ? demandai-je au capitaine, que lui arriva-t-il ?

— Dieu le sait ! ces brigands ont la vie dure... Je les ai vus dans l'action : tel était criblé de coups de baïonnette, qui espadonnait avec sa lance. Peut-être a-t-il été blessé, toujours est-il qu'il décampa.

Après une pause, le capitaine reprit en frappant la terre du pied :

— Il y a une chose que je ne me pardonnerai jamais !... A notre retour au fort, le diable me poussa à raconter à Petchorin tout ce que j'avais entendu. Il se mit à rire, mais son plan était fait.

— Quel plan ? continuez de grâce.

— Puisque j'ai tant fait que de commencer, autant vaut-il tout dire.

— Quelques jours après l'incident, Azamat vint au fort comme d'habitude, et alla voir Petchorin, qui lui donnait toujours quelque friandise. Je me rappelle parfaitement que la conversation tomba sur les chevaux. Petchorin se mit à faire l'éloge de celui de Kazbitch. — Quelle agilité ! disait-il, quelles formes ! c'est un vrai chevreuil... On n'a jamais rien vu de plus parfait.

Les yeux du jeune Tatare s'allumèrent : Petchorin n'avait pas l'air d'y faire attention. Je tâchais de détourner l'entretien, mais il revenait toujours au cheval de Kazbitch. Ce manége se renouvelait à chaque visite d'Azamat. Au bout de trois semaines, je remarquai un changement dans l'enfant. Il maigrissait à vue d'œil... c'était comme un amour de roman... Grégoire Alexandrovitch l'avait tellement poussé à bout, que le pauvre garçon en perdait la tête. Azamat, lui dit-il un jour, je vois que tu as une passion malheureuse pour ce cheval, et que tu n'es pas à la veille de le tenir... voyons, que donnerais-tu à celui qui t'en ferait cadeau?

— Tout ce qu'il demanderait, répondit le jeune montagnard.

— En ce cas, je me fais fort de te le procurer... mais à une condition... me jures-tu de la remplir?

— Je le jure... et toi!

— Cela va sans dire. Je jure de mettre en ta possession le cheval de Kazbitch, si tu me livres ta sœur Béla. J'espère que ce marché te va?

Azamat gardait le silence.

— Tu ne veux pas? Hé bien! à la bonne heure... je croyais que tu étais un homme, et tu n'es encore qu'un enfant. Dans le fait, tu es encore bien jeune pour manier un tel coursier.

— L'enfant était rouge de colère.

— Et mon père! dit-il d'une voix tremblante.

— Ton père, est-ce qu'il ne sort jamais?

— Tu m'y fais penser, dit Azamat.

— Est-ce convenu?

— C'est convenu, murmura-t-il faiblement, et pâle comme la mort. Et à quand?

— La première fois que Kazbitch viendra ici; il doit nous amener quelques moutons... le reste me regarde.

Le marché était conclu. A vrai dire, c'était mal. Je

m'en suis expliqué plus tard avec Petchorin. Il me répondit que cette Circassienne serait trop heureuse de lui appartenir ; que, dans leurs mœurs, il serait pour elle un mari ; que pour Kazbitch, c'était un brigand qui n'aurait que ce qu'il méritait. Je ne savais que lui répondre, et d'ailleurs il était si habile à lever un scrupule !

Un jour donc arrive Kazbitch pour nous proposer des moutons et du miel. Je lui dis de revenir le lendemain.

C'était comme un fait exprès... quelques heures plus tard Azamat était chez nous. — Écoute, lui dit Petchorin, demain le cheval est en mon pouvoir ; si tu ne m'amènes pas Béla cette nuit, tu ne reverras jamais le beau coursier.

Et Azamat courut en toute hâte à l'aoul. Le soir Petchorin prit ses armes et sortit à cheval.

Je n'ai jamais su au juste comment ils avaient concerté cette expédition ; toujours est-il qu'ils revinrent ensemble à la nuit tombante, que le factionnaire avait vu une femme couchée en travers sur la selle d'Azamat ; que la captive avait les pieds et les mains liés, et qu'un voile lui couvrait la tête.

— Et le cheval ? demandai-je au capitaine.

— Patience, patience... nous y voila.

Le lendemain arrive Kazbitch avec son miel et son bétail... Après avoir attaché sa monture en dehors, il entre chez moi. Je lui fais servir du thé. Ce n'était qu'un brigand, mais ce brigand était mon hôte.

Nous devisions de chose et d'autre... tout à coup je le vois tressaillir et changer de couleur... il se précipite vers la fenêtre, qui par malheur donnait sur la cour.

— Qu'y a-t-il ? lui demandai-je.

— Mon cheval ! mon cheval ! s'écria-t-il tout tremblant.

Et en effet, j'entendis un bruit de galop.

— Quelque cosaque qui arrive, lui dis-je.

— Non ! Oh ! malédiction sur lui !... s'écria-t-il en écumant de rage ; et il s'élança en dehors comme un léopard furieux...

En deux bonds il atteint la porte... la sentinelle veut lui barrer le passage, il franchit l'arme et le voilà courant sur le chemin.

Dans le lointain, on voyait rouler un nuage de poussière... Azamat fuyait de toute la vitesse de sa nouvelle monture. Toujours courant, Kazbitch tire son fusil de son enveloppe, et nous entendons une détonation....

Il s'arrêta un moment ; le temps de s'assurer qu'il avait manqué son coup, puis, maugréant comme un païen, il frappa contre une pierre son arme qu'il mit en pièces... Il se roulait à terre, et sanglotait comme un enfant.

Ses cris avaient attiré de la forteresse un grand nombre de curieux ; on l'entourait, on l'interrogeait, mais il ne voyait et n'entendait rien. Chacun faisait ses commentaires... enfin on finit par le laisser là. Je fis mettre près de lui l'argent de notre marché ; il n'y toucha pas même, et se coucha la face contre terre, comme un mort, et demeura toute la nuit dans cette posture. Ce ne fut que le lendemain matin qu'il revint au fort pour s'enquérir du ravisseur. Le factionnaire qui avait vu Azamat détacher le cheval et s'éloigner au galop, l'informa de toutes ces circonstance. Kazbitch en entendant nommer Azamat, courut furieux à l'aoul où demeurait le prince.

— Et le père ? demandai-je au capitaine.

— Il était absent pour quelques jours, et c'est ce qui avait facilité l'enlèvement. A son retour, il ne trouva ni son fils, ni sa fille. Azamat, rusé comme il l'est, jugea probablement qu'il était perdu si on le rattrapait. Depuis ce temps, on ne sait ce qu'il est devenu. Il se sera sans doute associé à quelque bande de pillards sur le Térek ou le Kouban, où il aura laissé ses os, remède radical contre tous les embarras de ce monde. Tout ce que je sais, c'est que j'ai eu dans cette malheureuse affaire ma bonne part de tribulations. Quand j'appris que la Circassienne était chez Petchorin, je mis mes épaulettes et mon épée, et je me rendis chez lui.

Je le trouvai dans la première pièce étendu sur son canapé, la tête appuyée sur une main, tandis que de l'autre il tenait encore sa pipe éteinte. La seconde pièce était fermée à clef. J'avais remarqué tout cela d'un coup d'œil.

Je toussai en frappant légèrement le plancher du talon de mes bottes... Il faisait toujours semblant de ne rien entendre.

— Monsieur le lieutenant, lui dis-je d'un ton que je m'efforçais de rendre sévère, est-ce que vous ne vous apercevez pas que je suis là?

— Ah! bonjour, Maxime Maximitch! Vous fumerez bien une pipe? me dit-il sans se déranger.

— Pardon... Ce n'est pas Maxime Maximitch qui vient chez vous, c'est le capitaine.

— C'est tout un... Vous prendrez peut-être du thé?... Si vous saviez...

— Je sais tout, poursuivis-je en m'approchant du canapé.

— J'en suis bien aise, car, voyez-vous, je ne suis guère en train de raconter.

— Monsieur le lieutenant, vous avez fait une faute dont j'ai la responsabilité.

— Allons donc! il y a longtemps que nous sommes de moitié en toute chose.

— Trêve de plaisanterie... votre épée, s'il vous plaît.

— Mitka! Mon épée...

Mitka apporta l'épée.

Après avoir fait la part du devoir, je m'assis sur le canapé et lui dis :

— Grégoire Alexandrovitch, convenez que ce n'est pas bien.

— Et où est le grand mal ?

— Vous avez mal fait d'enlever Béla... Maudit Azamat !... Voyons, convenez que vous avez mal fait...

— J'ai bien fait, puisqu'elle me plaît.

Que diable répondre à cela !... je restai stupéfait... Cependant, je finis par lui déclarer que si le père la réclamait, il faudrait bien la lui rendre.

— Par exemple ! dit Petchorin.

— Et s'il apprend qu'elle est ici ?

— Comment l'apprendrait-il ?

Je ne trouvai rien à répondre.

— Écoutez, Maxime Maximitch, reprit-il en se soulevant un peu ; vous êtes à coup sûr un honnête homme... Si nous rendons Béla à ce sauvage, ou il la poignardera, ou il la vendra. La chose est faite : ce serait la rendre pire de gaieté de cœur. Laissez la Circassienne chez moi et gardez mon épée.

— Au moins, faites-la-moi voir, dis-je.

— Elle est dans la chambre voisine... mais pour l'instant, on essayerait en vain de l'aborder. Elle s'est blottie dans un coin et enveloppée de sa couverture. Elle est farouche comme un daim... J'ai mis près d'elle une femme qui parle le tatare ; je l'ai chargée de la soigner et de l'apprivoiser avec l'idée qu'elle m'appartient désormais... car elle ne sera jamais qu'à moi, ajouta-t-il en frappant du poing sur la table.

Je finis par céder... Que voulez-vous ? Il y a des gens ainsi faits... on discute, on bataille, pour arriver à être de leur avis.

— Est-il parvenu à triompher de la résistance de Béla ? Ou la pauvre fille est-elle morte de douleur en regrettant sa famille et son pays.

— Quant à la famille, vous voyez comme son frère était tendre. Dieu sait ce que le père était capable de faire... quant au pays, elle pouvait, du fort, voir les mêmes montagnes, et pour ces sauvages, cela suffit. Ensuite Petchorin avait chaque jour quelque nouveau cadeau à lui faire. Les premiers jours, elle refusait tout avec fierté ; alors les présents restaient à la femme de compagnie qui n'en était que plus zélée. Avec des présents, voyez-vous, on arrive à tout... Qu'est-ce qu'une femme ne ferait pas pour un chiffon barriolé ? Cependant la lutte fut longue... si longue qu'il eut le temps d'apprendre le tatare, et elle celui de se familiariser avec le russe. Peu à peu, elle s'habitua à la présence de Petchorin ; quelquefois même elle le regardait à la dérobée ; mais elle conservait sa tristesse. Quand elle chantait à voix basse quelque chanson de son pays, c'était avec une expression si mélancolique, qu'en l'écoutant de la pièce voisine, je me sentais tout ému.

Un jour, je fus témoin d'une scène que je n'oublierai de ma vie.

Comme je passais devant sa fenêtre qui était restée ouverte, je jetai un regard dans sa chambre. Elle était assise sur un banc, la tête penchée... Petchorin était debout devant elle.

— Écoute, ma Péri ! lui disait-il, puisque tu dois être à moi tôt ou tard, que gagnes-tu à me tourmenter ? Si tu as donné ton cœur à quelque Circassien, parle... et tu es libre à l'instant même.

La jeune fille secouait la tête avec un tressaillement presque insensible.

— Peut-être, ajouta Petchorin, que tu as pour moi une aversion insurmontable ?

Elle ne répondit que par un soupir.

— Crains-tu de manquer à ta religion, qui te défend de m'aimer ?... Crois-moi, Allah est le père commun de toutes les races... puisqu'il permet que je t'aime, comment se trouverait-il offensé, si tu me payais de retour ?

Ici, comme frappée de cette idée nouvelle, elle fixa sur Petchorin des regards qui exprimaient et l'anxiété du doute et le désir d'être convaincue... Quels yeux ! ils rayonnaient comme des flammes.

— Écoute, Béla ! continua-t-il, tu sais combien je t'aime ! Je donnerais tout au monde pour te voir gaie et heureuse... Si tu continues d'être triste, j'en mourrai ! Dis-moi que tu seras moins triste !

Toujours pensive, elle ne le quittait pas des yeux... Enfin tous ses traits sourirent avec une expression caressante, et elle fit de la tête un signe d'adhésion.

Petchorin avait pris sa main; devenu plus pressant, il demandait un baiser.

Elle se défendait faiblement, et rien n'était gracieux comme l'accent étranger de ses supplications. Elle tremblait, pleurait.

— Je suis ta captive, ton esclave, disait-elle; sans doute, tu peux user de contrainte... et elle recommençait à pleurer.

Grégoire Alexandrovitch se frappa violemment le front, et s'élança dans l'autre pièce.

Je vins l'y trouver. Il était sombre, et se promenait de long en large, les bras croisés sur la poitrine.

— Hé bien ? lui dis-je.

— C'est un démon et non une femme ! mais je n'en

aurai pas le démenti ! J'en donne ma parole d'honneur !

Je secouai la tête.

— Voulez-vous parier qu'avant huit jours ?...

Je tins le pari. Il mit sa main dans la mienne, et je le quittai.

Dès le lendemain, il dépêcha un exprès à Kizliar pour y faire différentes emplètes. C'étaient des étoffes de Perse plus riches les unes que les autres, et dont je vous épargnerai l'énumération.

— Maxime Maximitch, me dit Petchorin en me montrant ces présents, croyez-vous qu'une beauté asiatique puisse résister à ce genre d'attaque ?

— Vous ne connaissez pas les Circassiennes, lui répondis-je : c'est tout autre chose que les Géorgiennes, et les femmes tatares au delà du Caucase... Il ne faut pas s'y méprendre ! Elles ont leurs principes, et on les élève autrement.

Petchorin sourit, et se mit à siffler une marche.

L'événement prouva que j'avais raison. Les présents ne produisirent qu'une partie de l'effet qu'il s'en était promis. Béla se montra moins sauvage, plus confiante, mais ce fut tout.

Piqué de cette résistance, il eut recours à un dernier moyen.

Un matin, il fait seller son cheval, revêt un costume circassien, et se rend tout armé chez elle :

— Béla, lui dit-il, j'avais pris la résolution de t'enlever, dans l'espoir que lorsque tu me connaîtrais mieux, tu m'accorderais amour pour amour... Je me suis trompé !... Adieu ! Je te donne tout ce que je possède... Si tu veux retourner chez ton père, tu es libre. Je suis coupable à tes yeux ; c'est à moi de m'en punir... Adieu ! je pars... sans but... et après tout que m'importe ? Peut-être qu'en m'exposant aux balles et aux poignards, je serai bientôt délivré de l'existence... Quand je ne serai plus, Béla, donne-moi une pensée, et pardonne-moi !

Et il lui tendit la main en détournant la tête.

Immobile, elle gardait le silence. Je la regardais, de la chambre voisine, à travers une fissure de la porte.

Elle était pâle à faire pitié.

Ne recevant aucune réponse, Petchorin fit quelques pas comme pour s'éloigner... il tremblait... tenez, il était homme à prendre au sérieux l'engagement qu'il n'avait d'abord regardé que comme une plaisanterie. Le caractère le plus indéchiffrable !... Il était déjà près de la porte... Tout à coup elle s'élance et se jette à son cou en sanglotant.

Figurez-vous que je pleurais moi-même... quand je dis pleurer... enfin, un enfantillage.

Ici le capitaine fit une pause.

— Je l'avoue, continua-t-il en pinçant ses moustaches, je regrettais qu'aucune femme ne m'eût jamais aimé à ce point.

— Et leur bonheur dura-t-il ? demandai-je au capitaine.

— Mais oui. Béla convint que, depuis qu'elle avait vu Petchorin chez son père, elle rêvait souvent de lui, et qu'aucun homme n'avait fait sur elle une si forte impression... Oui : ils furent heureux.

— Quelle déception ! m'écriai-je involontairement. Moi qui m'attendais à un dénoûment dramatique ? Et il n'est jamais venu à la connaissance du père que sa fille était dans le fort ?

— Je crois qu'il a bien eu quelques soupçons. Mais il n'a pas eu le temps d'y donner suite. Peu de jours après, nous apprîmes que le vieillard avait été tué. Voici comment.

Ici mon intérêt se réveilla.

— Kazbitch, du moins je le suppose, s'était figuré qu'Azamat s'était concerté avec son père pour lui voler son cheval. Un jour donc, il alla l'attendre à trois verstes de l'aoul. Le prince revenait après des recherches infructueuses : les cavaliers de sa suite étaient restés en arrière. Il commençait à faire sombre... il allait au pas, tout soucieux. Tout à coup, Kazbitch s'élance d'un buisson comme un chat sauvage, saute en selle derrière le vieillard, le jette à terre d'un coup de poignard, saisit la bride... et voilà. Quelques Ouzdens qui avaient tout vu de la colline, s'élancèrent à sa poursuite, mais il avait de l'avance et gagna les repaires de la montagne.

— C'était à la fois un dédommagement et une vengeance, dis-je à l'officier pour le tenir en haleine.

— Sans doute, reprit-il, à considérer la chose à leur point de vue, il était dans son droit.

Cette réflexion me frappa involontairement : j'admirais cette aptitude du Russe à se plier aux mœurs et aux préjugés des peuples au milieu desquels il se trouve... Je ne sais, à vrai dire, si cette aptitude est à sa louange ; mais elle prouve du moins l'étonnante flexibilité de sa nature, et une saine appréciation des choses qui le porte à excuser le mal, partout où il est un effet de la nécessité, et à l'accepter sans murmure lorsqu'il est sans remède.

Nous avions fini de prendre le thé, et nos chevaux attelés depuis longtemps, piaffaient sur la neige.

La lune pâlissait au couchant, toute prête à se plonger dans les nuages qui pendaient sur les hauteurs comme les lambeaux d'un vaste rideau déchiré. Nous sortîmes de la hutte.

Sans égard pour les prédictions de l'officier, le temps

s'était mis au beau, et promettait une belle matinée. Les étoiles se mêlaient en groupes bizarres sur l'horizon, et s'éteignaient une à une, à mesure que les teintes blanchâtres du levant s'étendaient sur l'azur du ciel, éclairant les cimes éternellement couronnées d'une neige virginale. A droite et à gauche, le regard se perdait dans les profondeurs mystérieuses des gouffres. Les brouillards, roulant sur eux-mêmes, et se déployant comme des reptiles gigantesques, rampaient vers l'abîme, à travers les déchirures des rocs, et semblaient vouloir se dérober aux approches du jour.

La scène qu'offrait cette nature riche et grandiose était comme empreinte d'un recueillement religieux. Seulement, par intervalles, un vent frais soufflait de l'est et soulevait la crinière de nos chevaux tous parsemés de givre.

Nous partîmes. Cinq haridelles traînaient avec effort nos voitures sur le chemin tortueux qui mène au Gout-Gora.

Nous suivions à pied, arrêtant de temps à autre les roues avec des pierres, quand nos voitures, reculant sur la pente, fatiguaient par trop les pauvres bêtes.

On aurait dit que ce chemin menait au ciel : en effet, tout l'espace que pouvait embrasser le regard, allait toujours en s'élevant jusqu'aux nuages qui, depuis la veille, reposaient sur la crête de la montagne, comme des milans qui guettent leur proie.

La neige craquait sous nos pieds ; l'air était raréfié à un tel point que nous respirions à peine : à chaque instant le sang refluait vers ma tête ; et cependant un sentiment indispensable de bien-être parcourait mes veines... J'avais une certaine volupté à voir de si haut le monde sous mes pieds... joie d'enfant ! j'en conviens... mais en s'éloignant des entraves sociales pour se rapprocher de la nature, l'homme, en dépit de sa volonté, redevient enfant. Alors l'âme laisse échapper tout ce qui est factice ; elle tend sans cesse à se replacer dans les conditions premières où sans doute elle se retrouvera plus tard. Celui qui aura, comme moi, erré sur des montagnes désertes, et qui, en contemplant sous tous les aspects leurs formes pittoresques, celui-là comprendra sans peine le besoin que j'éprouve à retracer par la parole, le pinceau ou la plume, ces scènes d'un attrait magique.

Parvenus au sommet du Gout-Gora, nous nous arrêtâmes pour regarder autour de nous. Un nuage gris suspendu sur la montagne, nous pénétrait de son haleine glacée, et annonçait un orage prochain, mais, du côté du levant tout brillait de teintes si vives et si dorées que nous avions oublié et la nuée et ses menaces.

Je dis *nous*, car le capitaine était comme moi sous le charme. Je crois même que les scènes grandes et sublimes de la nature ont sur les cœurs simples un effet moins raisonné et plus puissant.

— Vous êtes habitué à ces magnifiques tableaux ? lui demandai-je.

— Oui, comme on s'habitue au sifflement des balles, comme on s'habitue à maîtriser les émotions involontaires du cœur.

— On dit cependant que pour les vieux soldats cette musique amène quelque chose d'agréable.

— D'accord... mais c'est toujours parce que le cœur bat plus vite que d'ordinaire... Regardez au levant, ajouta-t-il, quel paysage !

Et en effet, ce panorama est d'une beauté unique. Au-dessous de nous se déroulait la vallée de Koïtaour comme brodée par deux fils d'argent, l'Aragva et une autre ri-

vière. Sur les flancs rampait un nuage bleuâtre ; à droite
et à gauche se prolongeaint des crêtes dentelées, couvertes de neige ou de massifs d'arbres ; dans le lointain,
par un effet de perspective, elles n'offraient plus que l'aspect de deux rochers semblables. Le soleil commençait
à paraître derrière les cimes qu'on distinguait à peine de
leur eveloppe de vapeurs ; mais au-dessus du soleil s'étendait une barre d'un rouge de sang, qui attirait particulièrement l'attention de mon compagnon de voyage.

— Je vous disais bien, s'écria-t-il, que nous aurions
aujourd'hui quelque bourrasque. Nous n'avons qu'à faire
diligence, si nous ne voulons pas être surpris sur le Krestovoï. Allons ! les autres ! qu'on se secoue ! dit-il aux conducteurs.

Nous enrayâmes de peur d'accident, et nous commençâmes à descendre.

Sur notre droite, courait un ravin ; nous avions à gauche un précipice si profond qu'un village d'Ossètes nous
paraissait dans le pli de la vallée comme un nid d'hirondelles.

Je ne pus m'empêcher de frissonner en pensant qu'en
pleine nuit, sur ce même chemin, le courrier de la couronne passait jusqu'à dix fois dans l'année sans descendre
de son fragile véhicule.

L'un de nos conducteurs était un paysan russe des environs d'Iaroslavle, l'autre était Ossète. Celui-ci tenait le
timonnier par la bride, après avoir eu la précaution de
dételer les chevaux de volée. Quant à notre Russe, il
n'avait pas même pris la peine de descendre de son
siége.

Je lui représentai qu'un peu plus de zèle ne gâterait
rien, ne fût-ce que pour mon porte-manteau que je n'étais point d'humeur à aller repêcher dans ce gouffre.

— Bah! avec la grâce de Dieu, nous arriverons tout aussi bien que tant d'autres!...

Il avait raison : nous arrivâmes! Il est vrai que nous aurions pu ne pas arriver..... mais enfin nous arrivâmes.

Cette indifférence ne serait-elle pas la suprême raison? Et la vie vaut-elle tant de soins et d'inquiétudes?

Le lecteur trouvera peut-être que mes réflexions et mes descriptions ne valent pas la fin de l'histoire de Béla... Je le prierai d'abord de se rappeler que ce n'est point une nouvelle que j'écris, mais tout simplement une relation de voyage. Il ne dépend pas de moi que le capitaine ait bien voulu reprendre son récit, tout juste à l'instant où l'intérêt commençait à languir. Un peu de patience donc, à moins qu'on n'aime mieux sauter quelques feuillets, ce que je ne conseillerai à personne, par la raison que le Krestovoï, ou, comme l'appelle le savant Gamba, le mont Saint-Christophe, n'est pas indigne d'attention.

Nous continuâmes à descendre du versant du Gout-Gora dans la vallée du Diable.

Vous vous figurez peut-être, sur la foi de cette appellation romantique, quelque site digne de l'esprit des ténèbres, entouré de rochers inaccessibles? Rien de tout cela.

— Voilà le Krestovoï, me dit le capitaine, comme nous descendions dans la vallée, en me montrant une colline couverte de neige, au sommet de laquelle se dressait une croix noire en pierre.

Autour de cette colline, rampe un chemin qu'on n'aperçoit qu'à peine, et qu'on suit quand la route ordinaire est embarrassée par les neiges.

Nos conducteurs nous firent observer qu'il n'y avait pas trace d'avalanche; et pour ménager nos chevaux, ils prirent la route qui fait un circuit.

Au commencement de la pente, nous rencontrâmes quelques Ossètes qui nous offrirent leurs services, et se mirent, en poussant des cris, à traîner et à retenir notre voiture.

Le chemin est vraiment périlleux : à notre droite, étaient suspendues des masses de neige, qui, au premier coup de vent, menaçaient de rouler dans le ravin. Le chemin était étroit et couvert d'une neige qui s'éboulait sous les pieds, tandis que dans d'autres endroits elle s'était changée en glace par l'effet du soleil et du refroidissement de l'atmosphère, de sorte que nous avancions avec la plus grande difficulté.

Les chevaux glissaient et s'abattaient. Dans le ravin qui se creusait à notre gauche roulait un torrent qui tantôt se couvrait de glace, et tantôt se brisait, en écumant, contre des pierres d'une teinte sombre.

Nous mîmes deux grandes heures à monter cette rampe... une demi-lieue en deux heures !

Tout à coup le nuage creva en tourbillons de grêle et de neige ; le vent sifflait avec fureur, en s'engouffrant dans les cavités de la montagne, et bientôt la croix disparut au milieu du brouillard, dont les vagues toujours plus serrées et plus denses, accouraient du côté du levant... A propos de cette croix, une tradition assez étrange et très-répandue, veut que Pierre Ier l'ait fait élever, lorsqu'il s'avança jusque dans le Caucase. D'abord, Pierre n'a jamais été au delà du Daghestan, et de plus, une inscription gravée en grosses lettres, annonce qu'elle fut dressée en 1824 par l'ordre d'Yermolof. La tradition, sans s'inquiéter de ce témoignage lapidaire, est tellement générale qu'on ne sait plus qu'en croire. Les savants ont fait dire tant de choses aux inscriptions !

Nous avions encore cinq quarts de lieue à faire, toujours en descendant, et par une route pierreuse où nous ne quittions le verglas que pour enfoncer dans une neige fondante, avant de trouver la station de Kobi. Nos chevaux étaient harassés, et nous, transis. La fureur de l'ouragan augmentait toujours. C'était une véritable tempête de nos régions septentrionales... seulement sa voix avait des accents plus tristes et plus plaintifs. Ouragan neigeux! m'écriai-je, tu pleures la steppe natale! Là, du moins, tu peux déployer librement tes ailes de glace, mais ici l'espace te manque, comme à l'aigle qui se heurte en criant contre les barreaux de fer de sa cage!

— Voilà qui va mal! dit le capitaine... On n'aperçoit de tous côtés que brouillards et neige. Nous avons la gracieuse alternative du ravin ou de l'abîme. Si l'on tombait dans le ravin, il ne serait pas dit encore qu'on ne descendrait pas plus bas, et la Baïdara ne me paraît guère d'humeur à se laisser franchir... Voilà bien l'Asie! les rivières y sont comme les hommes ; il n'y a pas plus à se fier aux unes qu'aux autres.

Nos conducteurs juraient en frappant leurs chevaux qui n'auraient pas bougé pour rien au monde. Enfin l'un de ces hommes dit au capitaine : — Monsieur l'officier juge sans doute qu'il n'est pas possible d'arriver aujourd'hui à Kobi. S'il voulait nous donner l'ordre de prendre à gauche, il y a là sur la côte un point noir : Ce sont probablement quelques huttes où s'abritent les voyageurs surpris par l'ouragan. Ces Ossètes s'engagent à nous y conduire, moyennant un pour-boire.

— L'ami, répondit le capitaine, je savais sans toi que pour un pour-boire il n'est rien que ces gens-là ne fassent.

— Convenez cependant, lui dis-je, que sans eux nous pourrions être plus mal encore.

— Allons, allons ! murmura l'officier..... de beaux guides, ma foi ! Ils ont l'instinct de se trouver partout où il y a quelque chose à glaner.

Nous détournâmes à gauche, et nous fîmes tant qu'après des obstacles et des embarras de tout genre, nous arrivâmes à un misérable gîte : c'étaient deux huttes construites en chaux et en cailloutage qu'environnait une muraille faite des mêmes matériaux.

Les maîtres de cette chétive habitation nous firent un accueil cordial. J'ai su depuis que l'administration les paie et les nourrit, à charge par eux d'héberger les voyageurs en détresse.

— Tout est pour le mieux, dis-je au capitaine en m'asseyant près du feu : à présent vous reprendrez l'histoire de Béla, car je suis sûr qu'elle n'est point finie.

— Et qu'est-ce qui vous le fait supposer ? reprit-il d'un air narquois.

— C'est que rien ne serait moins vraisemblable : tel commencement, tel dénoûment.

— Hé bien ! vous avez deviné juste.

— J'en suis bien aise.

— Libre à vous de vous en féliciter..... pour moi, je n'y puis songer sans me sentir le cœur serré..... C'était une belle et intéressante créature que cette pauvre Béla ! J'en étais venu au point de l'aimer comme ma fille, et elle me témoignait de la confiance et de l'affection. Il est bon de vous dire que je n'ai point de famille. Voilà douze ans que je suis sans nouvelles de mon père et de ma mère. Quant au mariage, je n'y ai pensé que trop tard. A présent, voyez-vous, cela n'irait guère à mon âge.

J'étais donc charmé d'avoir trouvé quelqu'un que je pusse gâter. Tantôt elle nous chantait des romances, ou nous dansait la lesghienne. Il fallait la voir danser ! J'ai vu nos élégantes de province; une fois même, je me suis trouvé à Moscou dans le grand monde... il y a de cela une vingtaine d'années... mais quelle différence ! c'était du tout au tout. Petchorin la parait comme une poupée : ce n'étaient que petits soins et caresses, et elle embellissait merveilleusement. Le hâle disparut de son visage et de ses mains; ses joues s'animèrent d'un vif incarnat... L'espiègle me faisait mille tours... Pauvre enfant ! que Dieu lui pardonne !

— Et quand elle apprit la mort de son père ?

— Nous la lui laissâmes ignorer pendant longtemps; nous voulions d'abord qu'elle se familiarisât avec sa nouvelle position. Elle ne l'apprit que plus tard... elle pleura amèrement pendant quelques jours, puis l'amour la consola.

Pendant quatre mois, tout alla on ne peut mieux... Je crois vous avoir dit que Petchorin était passionné pour la chasse. Autrefois il aurait battu toute la forêt pour trouver un sanglier ou un chevreuil, mais depuis que Béla était avec nous, il ne dépassait guère le vallon que domine le fort. Un jour, cependant, il me parut préoccupé; il se promenait dans sa chambre d'un air rêveur... tout à coup il partit pour la chasse sans rien dire à personne, et resta absent toute la matinée. Cela se répéta à des intervalles de plus en plus rapprochés.

Mauvais signe ! pensai-je... il faut que quelque chat noir ait passé entre eux deux !

Une fois j'entre dans leur appartement... c'est comme si j'y étais encore : Béla était assise sur le canapé, toute pâle et si abattue que j'en fus alarmé...; elle portait une robe de soie noire.

— Où donc est Petchorin ? lui demandai-je.

— A la chasse.

— Il est sorti aujourd'hui ?

Elle garda le silence...; il lui était pénible de s'expliquer.

— Non, dit-elle enfin, il n'est pas rentré depuis hier... Et elle soupira profondément.

— Ne lui serait-il rien arrivé ?

— Hier, ajouta-t-elle en pleurant, je me figurais tous les accidents les plus sinistres. Un sanglier sauvage l'aura blessé, me disais-je, ou quelque Tchétchénetz l'aura emmené captif dans la montagne... mais aujourd'hui, je m'arrête à une seule pensée... il ne m'aime plus !

— A vrai dire, ma chère enfant, de toutes les éventualités celle-là serait la pire.

Elle se reprit à pleurer, puis tout à coup elle releva la tête avec fierté et essuya ses larmes.

— S'il ne m'aime point, reprit-elle, que ne me renvoie-t-il chez moi ? Est-ce que je le force à me garder ? Si cela continue, je saurai bien le quitter ! Je ne suis pas son esclave... mon père était prince !

J'essayai de lui faire entendre raison.

— Écoutez, Béla, lui dis-je, il ne peut pas rester toute la journée comme cousu à vos vêtements. Il est jeune ; la chasse l'amuse : s'il s'en va, c'est pour revenir..... le plus sûr moyen de l'éloigner, c'est de vous chagriner ainsi.

— C'est vrai ! c'est vrai ! Hé bien ! je serai gaie... Elle prit son tambour de basque, et se mit à chanter, à danser et à folâtrer autour de moi. Mais cet accès ne lui dura pas longtemps ; elle retomba bientôt sur son lit, et se couvrit le visage de ses mains.

— Que pouvais-je faire ? Je n'ai jamais su m'y prendre avec les femmes. Je m'évertuais à chercher par quel moyen je pourrais la consoler... rien ne me venait. Pendant quelque temps nous restâmes en face l'un de l'autre sans proférer une syllabe... je ne connais rien de si gênant qu'une telle situation.

Enfin je m'avisai de lui demander si elle ne voulait pas faire un tour dans le val. C'était une belle journée de septembre ; l'air était serein sans être trop chaud, et toutes les montagnes se voyaient aussi nettement que si on les eût mises sur un plateau.

Nous sortîmes donc, et nous nous promenâmes en silence, sans nous éloigner du fort. Enfin elle s'assit sur le gazon, et je m'assis à côté d'elle. C'était risible à voir... je la surveillais comme sa nourrice. Le fort dominait sur une hauteur, et de la vallée on jouissait d'une vue magnifique. D'un côté s'étendait une vaste prairie, coupée par quelques plis de terrain. Elle se terminait à un bois qui couvrait jusqu'au sommet tout l'escarpement de la montagne. La fumée s'élevait çà et là de quelques aouls, et l'on voyait dans les intervalles passer des troupeaux de chevaux.

De l'autre côté fuyait une petite rivière où se miraient des massifs d'abrisseaux qui couronnent ces pentes rocheuses jusqu'au point où elles vont se réunir à la grande chaîne du Caucase.

Nous étions assis à l'angle d'un bastion, contemplant ce riche paysage. Tout à coup un cavalier débouche du bois... il montait un cheval gris... il s'arrêta sur le bord opposé de la rivière, à deux cents pas environ.

Là il se mit à faire tourner son cheval comme un forcené.

— Vos yeux sont plus jeunes que les miens, dis-je à Béla, regardez un peu... à qui diable en a-t-il ?

— C'est Kazbitch ! s'écria-t-elle.

— Ah ! le coquin ! Serait-ce à notre intention qu'il donne cette comédie ?

Je l'eus bientôt reconnu à sa face de bistre et à ses vêtements en lambeaux.

— C'est le cheval de mon père ! dit Béla tout émue... Elle tremblait comme la feuille, et son regard étincelait.

— Oh ! oh ! me dis-je, et cette petite aussi a du sang montagnard dans les veines.

— Viens un peu ici ! dis-je au factionnaire. Prends ton fusil et démonte-moi ce gaillard-là. Un rouble d'argent, si tu vises juste !

— Il va être servi, mon commandant... seulement il ne tient pas en place.

— Hé bien ! dis-lui d'y mettre un peu de complaisance.

Hé ! l'ami ! s'écria le factionnaire, en lui faisant signe de la main, arrête un moment ; tu tournes sur toi-même comme une toupie.

Sur cette invitation, Kazbitch s'arrêta un moment pour écouter. Mon grenadier le couche en joue, le coup part... votre serviteur ! La poudre n'avait pas eu le temps de prendre au bassinet, que notre homme avait fait une demi-volte. Il se dressa sur ses étriers, nous envoya quelque compliment de sa façon, et partit en nous menaçant de son fouet.

— Voilà qui ne te fait pas honneur, dis-je au factionnaire.

— Mon commandant ; il est en train de se faire tuer... avec ces gens-là c'est trop peu d'un coup.

Un quart d'heure plus tard, Petchorin revint de la chasse. Béla se jeta dans ses bras, sans proférer une plainte, sans lui adresser un seul reproche. Pour moi j'étais fâché tout de bon contre lui.

— Y pensez-vous ? lui dis-je. Savez-vous que Kazbitch était, il n'y a qu'un instant, de l'autre côté de la rivière, et que nous avons tiré sur lui ?... N'est-ce pas de la dernière imprudence ! Ces montagnards sont vindicatifs... Croyez-vous qu'il ne se doute pas que vous étiez d'accord avec Azamat ? Je gage qu'il aura reconnu Béla... Il y a un an à peine qu'il en était fortement épris... il me l'a dit lui-même... S'il était parvenu à amasser une dot présentable, il l'aurait sans doute épousée.

Ici Petchorin se mit à réfléchir.

— Vous avez raison : il faut être plus circonspect. Béla, à partir de ce jour, tu n'iras plus dans la vallée. J'eus avec Petchorin une longue explication : je voyais avec peine qu'il ne fût plus le même pour cette pauvre enfant. Non content de passer la moitié de son temps à chasser, il la traitait avec une froideur croissante... Béla dépérissait à vue d'œil ; ses jolis traits prenaient une expression de souffrance, et ses beaux yeux n'avaient plus le même éclat.

Quelquefois je lui disais : — Qu'avez-vous à soupirer, Béla? Vous avez du chagrin ?

— Non.

— Désirez-vous quelque chose ?

— Non.

— Vous voudriez revoir vos parents ?

— Je n'ai plus de parents.

Pendant des journées entières, la seule réponse qu'on pût tirer d'elle, c'était *oui* ou *non*.

Son état m'inquiétait. J'en parlai à Petchorin.

— Maxime Maximitch, me répondit-il, j'ai un malheureux caractère : est-ce l'éducation qui m'a rendu tel, ou Dieu m'a-t-il ainsi créé... je l'ignore. Je sais seulement que si je suis la cause du malheur des autres, je n'en suis pas plus heureux moi-même. Vous me direz que c'est, pour ceux que j'afflige, une triste consolation... Qu'y faire ?... c'est comme cela. Dans ma première jeunesse et à peine sorti de tutelle, je goûtai follement toutes les jouissances que peut procurer la fortune ; et, comme vous pensez, après ces jouissances vint le dégoût. J'entrai ensuite dans le monde, et le monde me devint à charge. Je cherchai des distractions dans l'amour ; j'aimai et je fus aimé : mais ce sentiment inquiet ne faisait que stimuler mon imagination et mon amour-propre... le cœur restait vide. Je me réfugiai dans l'étude dont je me lassai comme de tout le reste. Je ne tardai pas à m'apercevoir que les sciences ne conduisent ni à la gloire, ni au bonheur, puisque les gens les plus heureux sont ignorants, et que la gloire, résultat d'un hasard aveugle, suppose plus d'intrigue que de mérite. Je n'avais plus même la ressource de varier mon ennui, lorsqu'on m'envoya au Caucase, et ce fut le temps le plus heureux de ma vie. J'espérais qu'on ne pouvait s'ennuyer sous les balles des montagnards... je m'étais encore trompé. Au bout d'un mois, j'étais si habitué au sifflement du plomb, que les moustiques, je le dis sans exagération, m'occupaient davantage ; et je m'ennuyai plus que jamais en voyant cette dernière ressource me manquer. La première fois que je vis Béla chez son père, et lorsque plus tard, je pressai de mes lèvres ses boucles noires, je m'abusai au point de croire que c'était un ange qu'envoyait vers moi la pitié du ciel... autre déception. L'amour d'une fille sauvage ne vaut guère mieux que celui d'une grande dame. On se lasse de l'ignorance et de la simplicité de l'une comme de la coquetterie de l'autre. Ce n'est pas que je ne l'aime plus : je lui dois des instants agréables, et je donnerais ma vie pour elle... mais cela n'empêche pas qu'elle ne m'ennuie. Est-ce sottise ou perversité ? je n'en sais rien. A coup sûr, je suis capable de pitié autant et peut-être plus qu'elle. Ma nature s'est gâtée au souffle du monde : avec une imagination inquiète, j'ai le cœur insatiable. Rien ne me suffit. Je m'abandonnerai à la tristesse tout aussi facilement qu'au plaisir ; et tous les jours ma vie devient plus aride. J'ai cependant encore une chose à essayer : les voyages... Non pas en Europe, Dieu m'en garde ! Aussitôt que faire se pourra, je visiterai l'Amérique, l'Arabie, les Indes... peut-être trouverai-je la mort en espérant ! Au moins j'ai lieu de supposer que les distractions ne m'auront pas manqué de si tôt, grâce aux tempêtes, aux attaques nocturnes et aux mauvais chemins.

Il continua longtemps sur ce ton. Ses paroles sont restées gravées dans mon souvenir, car c'était là la première fois que j'entendais de telles choses sortir d'une bouche de vingt-cinq ans. Dieu veuille que la première fois soit la dernière ! Quel contraste !.... Dites-moi, continua le capitaine en se tournant vers moi, vous avez été dans la capitale, et il n'y a pas longtemps sans doute ? Est-ce que nos jeunes gens y sont tous comme cela ?

Je lui répondis que ce langage était, en effet, très-ordinaire, et que chez quelques-uns du moins, il y avait lieu de le croire sincère : qu'au reste ce désenchantement de toutes choses, comme toutes les modes, avait pris naissance dans les hautes classes de la société, pour descendre ensuite dans les autres, et que ceux qui souffrent de cette maladie à un degré énergique, s'en cachent comme d'un vice de nature.

Le capitaine ne saisissait pas de telles subtilités. Il secoua la tête et me dit en souriant d'un air narquois :

— Et c'est aux Français que nous devons la mode de s'ennuyer?

— Non, c'est aux Anglais.

— Cela ne m'étonne pas.... ils ont toujours été des ivrognes incorrigibles!

Cette sortie me rappela involontairement une dame de Moscou qui soutenait que Byron n'était qu'un ivrogne.

Au reste, le capitaine était excusable. Dans sa résolution de s'abstenir de vin, il avait pu finir par se persuader que tout le mal de ce monde provient de l'ivresse.

Après cette digression, il reprit en ces termes l'histoire de Béla.

— Nous ne voyions plus revenir Kazbitch; je n'en avais pas moins le pressentiment qu'il tramait quelque noirceur. Un jour, Petchorin me pria de l'accompagner à la chasse. Je m'en défendis du mieux que je pus; mais il finit, comme toujours, par me persuader. Nous prîmes avec nous cinq soldats, et nous partîmes de grand matin. Nous battîmes les bois et les marécages, jusqu'à dix heures.... rien. — Ne ferions-nous pas mieux, lui disais-je, de nous en retourner? Que faire? il y a des jours comme cela!....

Petchorin, sans s'inquiéter de la chaleur ni de la fatigue, ne voulait point revenir ses armes chargées. Quand il s'était mis une chose en tête, il n'y avait pas moyen de le faire céder.... sans doute, que dans son enfance, sa mère lui avait passé toutes ses fantaisies.... Enfin, vers midi, nous découvrîmes la maudite bête.... un coup, deux coups!.... Baste! elle alla se réfugier dans des roseaux.... enfin c'était un jour de guignon!

Il fallut bien reprendre le chemin du fort.

Nous revenions en silence, et au pas de nos chevaux: nous n'étions plus qu'à peu de distance du fort que nous dérobait un taillis.... Tout à coup, nous entendons un coup de feu. Nous nous regardions l'un l'autre.... Nous avions eu en même temps la même crainte. Nous lançons nos chevaux du côté où la détonation avait retenti. Nos soldats, qui étaient accourus, nous montrent fuyant à toute bride dans la plaine un cavalier qui emportait en selle quelque chose de blanc. Petchorin n'était pas moins adroit tireur que le plus habile Tchétchénetz : il dégage son fusil de sa gaîne et se précipite de ce côté.... je le suis.

Heureusement, que grâce au mauvais succès de notre chasse, nos chevaux étaient encore frais ; ils semblaient se dérober à la selle, et chaque bond nous rapprochait du ravisseur.

Enfin, je reconnus Kazbitch, mais sans pouvoir distinguer ce qu'il tenait devant lui.

— C'est Kazbitch, m'écriai-je en atteignant Petchorin. Il secoua la tête et donna de l'éperon. Nous n'étions plus qu'à une portée de fusil du montagnard. Son cheval était-il moins vigoureux que les nôtres, ou fatigué par une double charge, toujours est-il qu'il n'avançait plus qu'avec effort.... Je suis sûr que dans ce moment il se sera rappelé son bon coursier.

Toujours au galop, Petchorin avait mis en joue.... Ne tirez pas, m'écriai-je ; ne perdez pas votre coup, nous finirons pas l'atteindre. Oh ! ces jeunes gens ! Toujours de l'ardeur où il n'en faut pas ! Le coup était parti et avait frappé le cheval à l'un des pieds de derrière.... L'animal s'emporte, fait encore une dizaine de bonds et s'abat sur ses genoux. Kazbitch s'élance à terre....

C'est alors que nous pûmes voir qu'il tenait dans ses bras une femme dont la tête était voilée... c'était Béla, la pauvre Béla ! Il nous cria quelque chose dans son langage, en la menaçant de son poignard. Il n'y avait pas de temps à perdre.... je tire à mon tour sans oser viser. Sans doute il avait reçu la balle dans l'épaule, car son bras retomba.

Lorsque la fumée du coup se fut dissipée, le cheval blessé était à terre et près de lui gisait Béla. Pour Kazbitch, après avoir jeté son fusil, il grimpait comme un chat sur la pente d'un précipice. J'avais bien envie de le déloger, mais mon arme était déchargée. Nous descendîmes de cheval et nous courûmes à Béla.

La pauvre petite! Elle était étendue sans mouvement, et le sang sortait à flots de la blessure.... Le scélérat! encore s'il eût frappé au cœur! elle eût moins souffert, mais dans le dos! Oh! c'est bien le coup d'un brigand!

Nous déchirâmes son voile pour bander la blessure.... Petchorin couvrait de baisers ses lèvres froides.... rien ne pouvait la ranimer.

Il remonta à cheval et je parvins à la placer tant bien que mal sur sa selle. Il passa un bras autour de sa taille, et nous partîmes au pas. — De ce train-là, me dit Petchorin, nous ne la ramènerons jamais vivante.

— C'est vrai! lui répondis-je, et nous continuâmes de toute la vitesse de nos chevaux.

Une foule de peuple nous attendait à l'entrée du fort. Nous portâmes la mourante chez Petchorin, avec tous les soins imaginables, et nous fîmes chercher le médecin.

Quoiqu'il fût ivre, il vint sur-le-champ, et déclara après avoir examiné la blessure, qu'elle n'avait pas plus de vingt-quatre heures à vivre... mais il se trompait.

— Elle guérit? demandai-je au capitaine en lui saisissant les mains dans l'effusion de ma joie.

— Non, reprit le capitaine habitué à l'exactitude militaire, mais au lieu de vingt-quatre heures, elle ne mourut que deux jours après.

— Et comment Kazbitch avait-il fait pour l'enlever?

— Voici comment : malgré la défense de Petchorin, elle était sortie pour se promener sur le bord de la petite rivière. Il faisait chaud ; elle s'assit sur une roche et baigna ses pieds dans le courant. Kazbitch qui était en embuscade, se jeta sur elle, la bâillonna et l'emporta dans le taillis. Il tenait sa proie et avait son cheval : avec cela un Circassien n'est jamais embarrassé.

Cependant elle avait eu le temps de crier : les sentinelles donnèrent l'alarme, et tirèrent sur lui, mais sans l'atteindre... c'est alors que nous arrivâmes.

— Mais pourquoi Kazbitch voulait-il l'enlever?

— Comment, pourquoi? Parce que ces montagnards n'en font pas d'autres... c'est le brigandage personnifié. Une chose leur est inutile; ils la voleront pour le plaisir de dérober... avec la permission de leurs admirateurs, c'est comme cela... d'ailleurs il avait été amoureux de Béla.

— Ainsi Béla mourut?

— Le surlendemain... la pauvre enfant! quelles souffrances!... nous en avons eu notre bonne part!

Sur les dix heures du soir, elle reprit connaissance... nous étions assis près de son lit.

A peine eut-elle ouvert les yeux qu'elle appela Péchtorin.

— Me voici près de toi, ma Djanetchka!... c'est comme si l'on disait en russe : mon âme! ma bien-aimée!... et il lui prit la main.

— Je vais mourir! lui dit-elle.

Elle secoua la tête et se tourna du côté du mur. Pauvre enfant! il lui en coûtait de mourir!

La nuit, elle eut le délire; sa tête brûlait... par intervalles, le frisson de la fièvre agitait tout son corps.

Ses discours n'avaient pas de suite; elle parlait de son père, de son frère... elle redemandait la maison paternelle, ses chères montagnes... Ensuite elle revenait à Petchorin et l'appelait de mille noms caressants, ou bien elle lui demandait pourquoi il ne l'aimait plus.

Il l'écoutait en silence; la tête appuyée sur sa main... mais je n'ai pas vu une seule larme trembler sur ses cils... Peut-être n'est-il pas dans sa nature de pleurer, ou a-t-il assez de force pour commander à ses impressions... Pour moi, jamais je ne me suis senti si douloureusement ému!

Vers le matin, le délire cessa. Pendant près d'une heure elle resta sans mouvement. Elle était toute pâle et d'une telle faiblesse qu'à peine pouvait-on s'assurer si elle respirait. Ensuite elle eut un instant de mieux, et elle recommença à parler... Vous vous doutez bien de quoi?... ces pensées-là ne viennent qu'aux mourants... Elle regrettait de ne pas être chrétienne, parce que, dans l'autre monde, son âme ne se retrouverait pas avec celle de Petchorin, et qu'au ciel une autre femme serait sa compagne... Il me vint à l'idée de la baptiser avant qu'elle fermât les yeux. Je lui en fis la proposition... Elle me regarda longtemps avec perplexité, et sans pouvoir proférer un seul mot. Enfin, elle me répondit qu'elle mourrait dans la croyance de ses pères.

Combien alors elle était changée! Ses joues étaient pâles et creuses, ses yeux avaient grandi démesurément, et ses lèvres étaient toutes brûlées. Elle se plaignait d'un feu intérieur, comme si on lui eût mis dans le sein un fer rouge.

La seconde nuit approchait. Nous ne la quittâmes pas

des yeux un seul moment. Elle souffrait des douleurs atroces; mais dès qu'elle se sentait un peu soulagée, elle tâchait de persuader à Petchorin qu'elle était mieux... elle baisait sa main qu'elle tenait constamment dans les siennes.

Vers le matin, elle commença à ressentir cette angoisse qui annonce la mort. Elle se jetait de côté et d'autre, déchirait son bandage... et le sang recommença à couler.

Lorsque nous l'eûmes pansée de nouveau, elle eut un instant de calme, et demanda à Petchorin de l'embrasser...

Il était à genoux près de son chevet... il souleva doucement la tête de la jeune fille avec l'oreiller, et attacha ses lèvres sur sa bouche déjà froide... De ses mains tremblantes, elle entoura convulsivement le cou de son amant, comme pour lui laisser son âme dans le dernier baiser... Tenez... elle n'avait rien de mieux à faire que de mourir... Petchorin l'eût abandonnée tôt ou tard... mieux valait un coup de poignard!

Toute la matinée du jour suivant, elle resta silencieuse, et d'une docilité d'ange à toutes les prescriptions du médecin qui ne lui épargnait ni les fomentations ni les potions.

— De grâce, lui disais-je, à quoi bon tous ces remèdes? N'avez-vous pas déclaré vous-même qu'elle est perdue sans ressource?

— C'est égal, Maxime Maximitch, il faut faire les choses consciencieusement.

— En voilà une conscience!

L'après-midi, elle eut une soif ardente. Nous ouvrîmes les fenêtres, mais l'air extérieur était plus étouffant que celui de la chambre. Nous fîmes mettre de la glace près de son lit… rien n'y faisait. Je savais que cette soif était l'avant-coureur de la mort, et je le dis à Petchorin.

— De l'eau! de l'eau! s'écria-t-elle d'une voix rauque en se soulevant sur sa couche.

Il devint blanc comme un linge, remplit un verre et le lui présenta.

Pour moi, je cachais ma tête dans mes mains pour ne pas voir ce spectacle, et je récitais je ne sais quelle prière… Tenez, Monsieur, j'ai vu bien souvent mourir dans les hôpitaux et sur le champ de bataille… mais non! oh! non! ce n'est pas à comparer!

Et puis, il faut que je l'avoue; une chose surtout m'était cruelle… en face de la mort, elle ne s'est pas souvenue une seule fois de moi… de moi qui l'aimais comme un père!… Si elle m'eût dit seulement : Adieu! mon vieux Maxime Maximitch! je crois que je serais parti avec elle!… Mais que Dieu le lui pardonne!… et à vrai dire, que suis-je donc pour qu'elle aille s'occuper de moi au moment suprême!

Après avoir bu, la mourante se trouva mieux, mais quelques minutes après elle expira.

Nous approchâmes une glace de ses lèvres… pas un souffle. J'entraînai Petchorin hors de la chambre… nous marchâmes quelque temps dans la vallée, l'un à côté de l'autre, sans dire un mot. Son visage n'annonçait aucune émotion extraordinaire… j'en étais honteux pour lui… A sa place, je serais mort de douleur.

Enfin, il s'assit, et se mit à tracer avec sa canne je ne sais quelles figures sur le sable. Je croyais que la circonstance exigeait quelques paroles de consolation… il leva la tête et sourit.

Ce rire fit sur moi l'effet de l'attouchement d'un glaçon… Je m'éloignai pour commander le cercueil. Ces derniers soins faisaient diversion à ma peine... Je me plus à orner son cercueil de ce que je pus trouver de plus précieux.

Le lendemain matin, nous l'ensevelîmes derrière le fort, non loin de la rivière, et près du même endroit où elle s'était reposée pour la dernière fois. Autour de cette tombe étroite, il a poussé depuis des touffes d'acacias et de sureaux... J'avais bien envie d'y placer une croix, mais j'ai été retenu par la pensée qu'elle n'était pas chrétienne.

— Et Petchorin? lui demandai-je.

— Sa santé s'altéra; il maigrit et ses traits pâlirent... mais jamais je ne lui parlai de Béla... Je craignais de le contrarier... que voulez-vous? Trois mois après, il passa dans un autre corps et partit pour la Géorgie. Depuis, nous ne nous sommes pas revus... Attendez, on m'a dit, il n'y a pas longtemps, qu'il était retourné en Russie, mais sans être en service actif. Au reste, les nouvelles de nos amis ne nous parviennent ici que de loin en loin.

Ici le capitaine entra dans une longue dissertation pour me prouver combien il était désagréable d'attendre la réponse à une lettre pendant une année entière... Je n'étais pas sa dupe; il cherchait seulement une diversion à l'amertume de ses souvenirs.

Une heure après, tout était prêt pour notre départ. L'ouragan s'était apaisé, le ciel était redevenu serein : nous partîmes.

Chemin faisant, je ne pus m'empêcher de lui parler encore de Béla et de Petchorin.

— Et vous n'avez rien appris au sujet de Kazbitch? lui demandai-je.

— Ma foi non... Cependant on m'a dit qu'un certain Kazbitch, bravache s'il en fut jamais, inquiète le flanc droit d'un de nos corps. Il porte un bechmet rouge, et court sous nos balles avec un entrain merveilleux, dès qu'il les entend siffler... cela pourrait bien être lui.

Arrivés à Kobi, nous nous séparâmes. Je pris des chevaux de poste, et le capitaine ne put me suivre à cause de ses bagages. Il n'y avait guère d'apparence que nous pussions jamais nous revoir, et cependant nous nous sommes rencontrés... Il ne tiendra qu'à vous de savoir comment...

En attendant, convenez que c'était une bonne et estimable nature.

MAXIME MAXIMITCH

Après m'être séparé de Maxime Maximitch, je franchis rapidement les ravins du Térek et du Darial. J'avais déjeuné à Kazbek et pris le thé à Lars; j'arrivai pour dîner à Vladikavkaz. Je vous ferai grâce de la description des montagnes, des échos qui ne répètent rien, des tableaux qui ne représentent rien d'intéressant, surtout pour ceux qui n'ont point vu le pays, et à plus forte raison des aperçus statistiques, dont personne ne se soucie. Je m'arrêtai à une auberge où descendent tous les voyageurs, et où il est impossible de se faire servir soit un faisan, soit même un potage, attendu que les trois invalides qui la desservent sont ou trop stupides, ou trop ivrognes, pour faire droit à la plus simple réclamation.

J'appris que je ne pourrais me mettre en route avant trois jours, et que je devais attendre une *occasion* d'Iékatérinograd... Il ne me restait d'autre ressource, en attendant cette bienheureuse occasion, que d'écrire l'anecdote de Béla, sans me douter que ce serait le premier anneau d'une suite de nouvelles. Voilà comme les incidents les plus légers peuvent avoir des suites graves ! Mais je m'aperçois que j'ai oublié de vous dire ce qu'on appelle une *occasion* : c'est tout bonnement un détachement qui escorte avec du canon quelque convoi que l'on expédie de Vladikavkaz sur Iékatérinograd.

Je m'ennuyai à souhait le premier jour ; dans la matinée du second, je vois entrer dans la cour un chariot... Maxime Maximitch! Nous nous abordâmes comme d'anciennes connaissances. Je mis ma chambre à sa disposition. Il ne se le fit pas dire deux fois, me frappa familièrement sur l'épaule, et fit une grimace qui pouvait passer pour un sourire... Quel original !

Maxime Maximitch avait des connaissances profondes dans l'art culinaire. Personne ne faisait mieux rôtir un faisan, ne l'arrosait avec un tact plus judicieux d'une saumure de concombres; enfin, je me fais un devoir de confesser que sans lui j'aurais fait maigre chère. Une bouteille d'un vin généreux nous aida à oublier la simplicité de notre menu, qui se composait d'un seul plat. Après avoir fumé, nous nous assîmes, moi près de la fenêtre, et lui près du poêle, car le temps était froid et humide. Nous gardions le silence. Qu'aurions-nous pu nous dire? Il m'avait déjà raconté ce qui méritait de l'être, et, pour moi, je n'avais pas au service d'un désœuvré la moindre petite anecdote. Je regardais par la fenêtre. Une multitude de petites maisons basses, disséminées sur le bord du Téreck, qui fuit en s'élargissant, apparaissaient au milieu de massifs d'arbres ; au delà se dessinaient les arêtes dentelées des montagnes, et plus loin se dressait le Kazbek, coiffé de son chapeau de cardinal. Je faisais mentalement mes adieux à toutes ces choses, et j'éprouvais un sentiment de regret. Nous restâmes longtemps dans cet état. Le soleil disparut derrière les cimes neigeuses; un brouillard blanchâtre commençait à flotter sur les lointains, lorsque le bruit de la clochette postale retentit dans les rues et se mêla aux cris des conducteurs. Quelques chariots appartenant à des Arméniens d'un extérieur plus que négligé entrèrent dans la cour de l'auberge ; derrière eux s'avançait une calèche de voyage qui paraissait vide. L'allure légère de cet équipage, sa construction élégante et soignée, avaient je ne sais quel cachet étranger. Derrière la calèche marchait un homme à moustaches, vêtu d'une polonaise, assez bien tenu pour un domestique. A la dextérité avec laquelle il vidait une pipe et à sa manière d'apostropher le conducteur, on ne pouvait se méprendre sur sa condition. C'était, selon toutes les apparences, le valet gâté d'un maître paresseux... quelque chose comme un Figaro russe.

— Mon ami, lui dis-je de la fenêtre, qui est-ce qui arrive là ? Serait-ce l'*occasion ?*

Il regarda de mon côté d'un air passablement impertinent, et se retourna en arrangeant sa cravate. Un Arménien qui cheminait à côté de lui se mit à sourire ; il répondit à sa place que c'était en effet une occasion, et que le convoi repartirait le lendemain matin.

— Dieu soit loué ! s'écria Maxime Maximitch, qui venait de s'approcher de la fenêtre. Quelle singulière calèche ! ajouta-t-il ; c'est sans doute quelque dignitaire qui se rend à Tiflis. Probablement qu'il ne connaît pas nos montagnes... Elles en feront voir de belles à sa calèche ! Mais qui cela peut-il être ? Allons voir.

Nous passâmes dans le corridor. Vers l'extrémité de ce corridor était ouverte la porte d'un appartement où le laquais et le cocher transportaient des valises.

— Mon ami, dit le capitaine au domestique, à qui est cette calèche de voyage ?... Jolie calèche, ma foi !

Le valet, sans se retourner, murmura quelques paroles en lui-même, et il continuait sa besogne. Maxime Maximitch se fâcha; il frappa sur l'épaule du malappris, et lui dit :

— Je te demande...

— A qui cette calèche? interrompit le domestique. Elle est à mon maître.

— Et qui est ton maître?

— Petchorin.

— Comment? que dis-tu? Petchorin! Ah! mon Dieu!.. N'a-t-il pas servi dans le Caucase?

Maxime Maximitch me tirait par la manche... la joie éclatait dans ses yeux.

— Je crois que oui, répondit le valet... Il n'y a pas longtemps que je suis chez lui.

— C'est sans doute lui! Grégoire Alexandrovitch.... c'est son nom, n'est-ce pas? J'ai été lié avec ton maître, poursuivit-il en frappant amicalement l'épaule du valet, de manière à le faire trébucher.

— Pardon, Monsieur; mais vous m'empêchez de faire une chose pressée, dit l'homme en grommelant.

— C'est comme cela! poursuivit le capitaine. Tu ne sais donc pas que nous étions liés intimement, ton maître et moi? Nous demeurions ensemble... Mais où donc est-il resté?

Le domestique l'informa que son maître avait dîné et devait passer la nuit chez le colonel N...

— Est-ce qu'il ne viendra pas ici ce soir? ou ne dois-tu pas l'aller rejoindre?... Dans ce dernier cas, n'oublie pas de lui dire que Maxime Maximitch est ici... Cela suffira... Je te donnerai quatre-vingts centimes pour boire.

Le valet fit une mine dédaigneuse à une offre si modeste; cependant il promit au capitaine de remplir sa commission.

— Il va venir! me dit Maxime Maximitch tout hors de lui... Je vais l'attendre à la porte... Je suis désolé de ne pas connaître le colonel N...

Il s'assit sur un banc devant la porte, et je rentrai dans ma chambre. J'avoue que j'étais curieux de voir ce Petchorin. Quoique le récit du capitaine ne m'eût pas donné une très-bonne opinion de lui, je trouvais cependant que quelques traits de son caractère en faisaient une figure à part.

Au bout d'une heure, un invalide apporta la bouilloire et une théière.

— Voulez-vous du thé? criai-je à Maxime Maximitch.

— Bien obligé... je n'en ai aucune envie.

— Et pourquoi? Il est déjà tard... l'air est froid.

— Merci! merci!

— Comme il vous plaira.

Je pris mon thé tout seul. Au bout de dix minutes, je vis entrer le capitaine.

— Vous avez raison, il vaut mieux prendre quelque chose de chaud... J'attendais toujours. Il y a déjà longtemps que son domestique est allé le trouver : sans doute quelque chose l'aura retenu.

Il prit une tasse de thé à la hâte, refusa d'en boire une seconde, et alla se remettre en observation, en proie à une vive agitation. Il était visible que l'insouciance de Petchorin le contrariait, et d'autant plus qu'il m'avait parlé de leur intimité. Un heure avant, il était persuadé qu'en apprenant qu'il était là, Petchorin serait accouru pour le revoir.

Il était déjà tard, et l'obscurité redoublait; j'ouvris la fenêtre, et j'appelai Maxime Maximitch, en lui représentant qu'il était temps de dormir. Je l'entendis murmurer quelque chose entre ses dents. Je renouvelai mon invitation, mais je n'obtins aucune réponse.

Je me couchai sur le divan en m'enveloppant de mon manteau; je laissai la chandelle allumée sur la léjanka, et ne tardai pas à m'assoupir. Je crois que ma nuit eût été bonne, si je n'eusse été réveillé fort tard par Maxime Maximitch. Il jeta sa pipe sur la table, se promena de long en large, visita le poêle et finit par se coucher. Mais pendant longtemps je l'entendis tousser, cracher et se retourner dans son lit.

— Est-ce que vous auriez des punaises? lui demandai-je.

— En effet, répondit-il. Et il soupira profondément.

Le lendemain matin j'étais réveillé de bonne heure; mais Maxime Maximitch m'avait devancé. Il était déjà sur son banc devant la porte.

— Il faut que j'aille chez le commandant, me dit-il. Si Petchorin venait, vous auriez la bonté de m'envoyer chercher.

Je lui fis cette promesse, et il s'éloigna en toute hâte. On eût dit qu'il avait retrouvé toute l'agilité et la vigueur de la jeunesse.

La matinée était fraîche et magnifique. Des nuages dorés s'amoncelaient sur les montagnes et formaient comme une chaîne aérienne. En face de notre porte s'étendait une place spacieuse. C'était un dimanche, et le bazar fourmillait de monde. De jeunes garçons ossètes, les pieds nus, portaient sur leurs épaules des paniers avec des rayons de miel, et tournaient autour des chalands. Mais cette vue avait peu d'intérêt pour moi; je commençais à partager l'impatience du capitaine.

Il ne s'était pas écoulé dix minutes que je vis paraître à l'autre bout de la place celui que nous attendions. Il était avec le colonel N..., qui, après l'avoir conduit à l'auberge, lui fit ses adieux et rentra dans le fort. J'expédiai aussitôt un invalide à Maxime Maximitch.

Le domestique de Petchorin s'avança au-devant de son maître, et l'informa que la voiture allait être prête; il lui présenta une boîte de cigares, et se mit d'un air empressé à faire les préparatifs du départ.

Petchorin fuma un cigare, bâilla à deux reprises et s'assit de l'autre côté de la porte. C'est l'instant de vous esquisser son portrait.

Sa taille était moyenne, élégante et dans des proportions parfaites; ses épaules bien développées annonçaient une constitution robuste, capable de résister aux fatigues de la vie nomade et aux changements de climats, comme aux excès de la vie de la capitale et aux orages des passions. Son surtout d'un gris clair, qui ne fermait qu'à la taille, laissait voir un linge d'une éblouissante blancheur; ses gants froissés semblaient avoir été faits sur le modèle de sa main aristocratique, et lorsqu'il en ôta un, je fus frappé de la délicatesse de ses doigts. Sa démarche annonçait l'insouciance et la paresse; mais je remarquai qu'il avançait sans balancer les bras, indice d'un caractère voilé. Au reste, je ne vous donne ces remarques que comme le résultat de mes propres impressions, et je n'ai nullement la prétention de les faire adopter comme infaillibles. Quand il se laissa aller sur le banc, sa taille droite se plia comme si elle eût été désossée; son attitude dénotait je ne sais quelle faiblesse nerveuse. Il posait là comme une coquette de trente ans sur un coussin de duvet après les fatigues d'un bal. Au premier coup d'œil, je ne lui aurais pas donné plus de vingt-trois ans; mais, après un examen plus attentif, j'aurais été jusqu'à trente. Son sourire avait quelque chose d'enl'antin, et son teint la délicatesse de celui d'une femme. Ses cheveux blonds, naturellement bouclés, ombrageaient avec grâce son front pâle et noble, où l'on ne distinguait qu'à peine un léger réseau de rides, qui sans doute se dessinait d'une manière plus tranchée quand la colère ou la passion l'agitait. Quoique ses cheveux fussent d'un blond pâle, ses moustaches et ses sourcils étaient noirs, ce qui est un signe de race chez l'homme, comme le sont, chez les chevaux blancs, une queue et une crinière d'une couleur foncée. Pour compléter ce portrait, j'ajouterai qu'il avait le nez légèrement retroussé, les dents d'une blancheur irréprochable et les yeux gris. Quant à ses yeux, quelques détails de plus seront nécessaires.

D'abord, quand sa bouche souriait, ses yeux ne souriaient jamais. N'avez-vous point remarqué cette particularité chez quelques individus? C'est l'indice ou d'une nature perverse, ou d'un chagrin profond et incurable. Ils rayonnaient d'un éclat phosphorescent, pour ainsi dire, sous leurs paupières à demi fermées. Cette expression n'était ni le reflet d'un feu intérieur, ni celui d'une imagination excitée... c'était l'éclat d'un acier poli, de la vivacité sans chaleur. Son regard, qui ne se fixait jamais, était à la fois grave et pénétrant, produisant l'effet d'une question indiscrète, et il eût paru blessant, s'il n'eût exprimé la tranquillité et l'indifférence. Peut-être toutes ces remarques ne me sont-elles venues à l'esprit que parce que je connaissais quelques particularités de sa vie, et il est possible que sa vue aurait produit sur un autre une impression toute différente. Mais puisque le lecteur n'entendra jamais parler de mon héros que par moi, ce qu'il a de mieux à faire, c'est de se résoudre à voir par mes yeux. Au reste, je dois dire qu'à tout prendre, c'était un homme agréable, et qu'il avait une de ces physionomies qui plaisent, surtout aux femmes.

Déjà les chevaux étaient attelés; la clochette suspendue au joug avait sonné plus d'une fois. A deux reprises, le domestique était venu annoncer à Petchorin que tout était prêt, et Maxime Maximitch ne paraissait pas encore. Heureusement que Petchorin était plongé dans une de ses rêveries. Il contemplait les cimes dentelées du Caucase, et ne paraissait aucunement pressé de se mettre en route. Je m'approchai de lui :—Si vous vouliez attendre quelques instants, lui dis-je, vous auriez le plaisir de voir un ancien ami.

—Ah! c'est vrai! répondit-il vivement : on me l'avait dit hier... mais où est-il?

Je parcourus la place du regard, et j'aperçus Maxime Maximitch qui accourait de toutes ses forces... Au bout de quelques minutes, il était près de nous, tout hors d'haleine : la sueur baignait son front; les mèches de ses cheveux gris s'échappaient toutes mouillées de son chapka, et se collaient sur son visage... Ses genoux tremblaient. Il allait se jeter au cou de Petchorin, mais celui-ci, avec une froideur que tempérait cependant un sourire affable, lui tendit la main. Le capitaine s'arrêta immobile, mais bientôt il saisit la main de Petchorin dans les deux siennes, sans pouvoir articuler un mot.

— Quelle joie de vous revoir, mon cher Maxime Maximitch! et comment allez-vous?

— Et toi?... et vous?... balbutia le vieil officier. Combien d'années... combien de jours!... mais où allez-vous?

—En Perse : et je pousserai plus loin...

— Comment!... tout de suite! Il y a si longtemps que nous ne nous étions vus!

— Je suis pressé, Maxime Maximitch...

— Mon Dieu! mon Dieu! mais pourquoi si vite? J'aurais tant de choses à vous dire; tant de choses à vous demander!... Est-ce que vous avez pris votre retraite?...

— Je m'ennuyais! reprit Petchorin en souriant.

— Vous rappelez-vous notre séjour dans le fort? quel pays pour la chasse! vous étiez un terrible amateur!... et Béla!...

Une légère pâleur se répandit sur les traits de Petchorin qui se détourna.

— Je me souviens de tout cela, dit-il; et il poussa un bâillement forcé.

Maxime Maximitch le supplia de retarder son départ de deux heures :

— Nous ferons un excellent dîner, lui dit-il; j'ai deux faisans, et l'on a ici d'excellent vin de Cakhétie, qui ne vaut cependant pas celui de Géorgie, mais dont la qualité est irréprochable... Nous causerons... vous me direz ce qui vous est arrivé à Pétersbourg?...

— Mais je n'ai rien d'intéressant à vous raconter, mon cher Maxime Maximitch... Adieu donc... Je suis pressé... Je vous rends grâces de ne pas m'avoir oublié, ajouta-t-il en lui prenant la main.

Le vieil officier fronça le sourcil; il s'efforçait en vain de déguiser son mécontentement.

— Oublier! reprit-il, moi! oh! non: je n'ai rien oublié!... Après tout, que le bon Dieu vous bénisse! Je ne m'attendais guère à un tel accueil.

— Allons! allons! dit Petchorin en le pressant amicalement dans ses bras, est-ce que je ne suis pas toujours le même? Que voulez-vous? Chacun suit sa voie. Dieu sait si nous nous reverrons jamais!

En achevant ces mots, il prit place dans la calèche, et déjà le cocher prenait les rênes.

— Arrête! arrête! s'écria Maxime Maximitch, en saisissant la portière... J'allais oublier... J'ai encore des papiers, Grégoire Alexandrovitch; je les traîne partout avec moi... J'avais l'espoir de vous rejoindre en Géorgie, et Dieu avait décidé que ce serait ici... Qu'est-ce que je dois en faire?

— Vous en ferez ce que vous voudrez! répondit Petchorin... Adieu!

— Ainsi vous allez en Perse? Sera-ce pour longtemps?

La calèche était déjà loin, et Petchorin ne répondit que par un signe de la main qu'on aurait pu interpréter de la manière suivante:

— Vous êtes fâché?... Vraiment il n'y a pas de quoi!

Il y avait déjà quelque temps que l'on n'entendait plus ni le son de la clochette, ni le bruit des roues sur les pierres de la route, et le pauvre capitaine était encore là immobile et absorbé dans ses rêveries.

— Et cependant, dit-il enfin en s'efforçant de prendre un air indifférent, quoique plus d'une larme mouillât sa paupière, nous avons été amis... Mais qu'est-ce que l'amitié aujourd'hui? Quel intérêt peut-il prendre à ce qui me regarde? Je ne suis ni riche ni d'un grade élevé... d'ailleurs nos âges ne s'accordent guère... Son second séjour dans la capitale en a fait un petit maître... quelle calèche! quelle profusion de bagages! et son laquais! quelle impertinence! — Il accompagnait ces dernières remarques d'un sourire d'ironie:

— A propos, me demanda-t-il en se tournant de mon côté, qu'est-ce que vous en pensez? en voilà une fantaisie, de courir en Perse! C'est ridicule!... sur mon honneur, c'est ridicule! Au reste, ce n'est pas d'aujourd'hui que je le tiens pour un étourdi sur lequel on ne peut pas compter... avec tout cela je vois avec peine qu'il finira mal... c'est indubitable ! J'ai toujours pensé que l'homme qui peut oublier d'anciens amis, n'a rien de solide dans le cœur !...

A ces mots il se détourna pour me dérober son émotion, et s'approcha de ses bagages, faisant semblant d'examiner les roues, quoique ses yeux fussent baignés de larmes.

— Maxime Maximitch, lui dis-je en faisant quelques pas vers lui, qu'est-ce que ces papiers que vous a laissés Petchorin ?

— Dieu sait ! probablement un journal... des mémoires...

— Et qu'est-ce que vous comptez en faire ?

— Moi ! des cartouches...

— Vous feriez mieux de me les donner.

Il me regarda d'un air surpris, marmotta quelque chose entre ses dents, et se mit à fouiller dans une valise : il en tira un cahier qu'il jeta à terre avec mépris ; un second, un troisième... un dixième eurent le même sort. Il y avait quelque chose d'enfantin dans son dépit. Tout en le plaignant, je ne pouvais me défendre de trouver sa colère risible.

— Voilà le tout, me dit-il ; je vous fais mon compliment de cette trouvaille.

— Et vous me permettez d'en disposer comme bon me semblera ?

— Même de les publier dans les journaux !... qu'est-ce que cela peut me faire ? Est-ce que je suis son ami ou son parent ? Il est vrai que nous avons vécu longtemps ensemble sous le même toit ; mais après tout j'ai vécu avec bien d'autres !

Je m'empressai de prendre les papiers, et je les emportai dans la crainte que le capitaine ne changeât d'avis. On vint nous annoncer que le convoi partirait dans une heure. J'ordonnai de charger ma voiture. Le capitaine entra dans la chambre à l'instant où je mettais mon chapka. Il ne paraissait pas disposé à partir, et son abord avait quelque chose de froid et de gêné.

— Est-ce que vous ne partez pas avec nous, Maxime Maximitch?

— Non.

— Et pourquoi donc?

— Je n'ai pas encore vu le commandant, et j'ai des effets de la couronne à lui remettre.

— Mais vous avez déjà été chez lui...

— Sans doute, reprit-il; mais il était sorti... et je n'ai pas voulu l'attendre.

Je compris : le brave homme, pour la première fois de sa vie peut-être, avait sacrifié une affaire de service à des considérations personnelles... et il en avait été bien récompensé!

— Je regrette infiniment, Maxime Maximitch, qu'il faille nous séparer.

— Bon! ce n'est pas à des vieillards comme nous et qui ne sont pas à la hauteur des idées modernes, de frayer avec vous autres! Aujourd'hui les jeunes gens sont mondains et orgueilleux. Cela va encore assez bien tant que vous êtes sous les balles des montagnards... mais plus tard quand vous nous revenez, c'est tout au plus si vous daignez mettre votre main dans la nôtre.

— Maxime Maximitch, je n'ai rien fait pour mériter ce reproche.

— C'est seulement pour vous dire... Au reste, je vous souhaite toute sorte de prospérités et un agréable voyage.

Nous nous séparâmes assez sèchement. L'excellent Maxime Maximitch, était devenu le plus entêté et le moins accommodant des capitaines; et tout cela parce que Petchorin, par distraction ou pour tout autre motif, s'était contenté de lui tendre la main, quand celui-ci brûlait de se jeter à son cou. C'est un spectacle affligeant que celui d'un jeune homme qui se voit forcé de renoncer à ses plus chères espérances, à ses plus riantes illusions, à l'instant où il voit se briser devant lui le prisme qui lui montrait sous un jour si attrayant les actes et les sentiments de l'humanité ; cependant il lui est permis de changer d'erreurs, et de jouir encore de ses nouvelles déceptions... Mais à l'âge de Maxime Maximitch que reste-t-il ? Quoi qu'on en ait, le cœur se durcit et l'âme se ferme...

Je partis seul.

AVANT-PROPOS

J'ai appris, il n'y a pas longtemps, que Petchorin était mort en revenant de son voyage en Perse. J'avoue que cette nouvelle, qui me laissait libre de publier ses manuscrits, m'a causé une satisfaction égoïste. J'ai profité de cette occasion pour attacher mon nom à une production étrangère ; Dieu veuille que mes lecteurs ne me traitent pas sévèrement à l'occasion d'un méfait trop répandu pour encourir des reproches sérieux !

Il me reste à donner quelques éclaircissements sur les motifs qui m'ont engagé à révéler au public les sentiments intimes d'un homme qui ne m'était pas connu. Passe encore si j'eusse été son ami : on sait ce que se permet une amitié prétendue. Mais je n'ai eu qu'une seule fois l'occasion de le voir, et cela sur une grande route ; ainsi l'on ne peut me soupçonner d'avoir nourri contre lui cette haine sourde qui, sous le masque de l'attachement, n'attendait que la mort ou les infortunes d'un ami pour l'accabler de reproches, de conseils, de sarcasmes et de pitié.

La lecture attentive de ces mémoires m'a convaincu de la sincérité de l'homme qui exposait avec si peu de ménagements ses propres faiblesses et ses vices. L'histoire d'une âme humaine, cette âme ne fût-elle que d'une étoffe ordinaire, est peut-être plus intéressante et plus utile que celle d'un peuple, surtout lorsqu'elle est faite par un esprit mûr qui s'est replié consciencieusement sur lui-même, et qu'elle est écrite sans la moindre prétention d'exciter l'intérêt et l'étonnement. Un des défauts de Jean-Jacques, c'est d'avoir lu ses *Confessions* à ses amis.

Pour moi, en publiant quelques extraits de ce journal, je n'ai en que l'intention d'être utile. Quoique j'aie pris la précaution de changer tous les noms propres, il est probable que les acteurs se reconnaîtront, et peut-être auront-ils de l'indulgence pour les fautes d'un homme qui n'a plus rien à faire avec ce monde, et qu'ils ont jugé sévèrement jusqu'ici. Presque toujours nous excusons ce qu'il nous est donné de bien comprendre.

Je me suis borné à emprunter à ces mémoires ce qui avait rapport au séjour de Petchorin dans le Caucase. J'ai de plus en ma possession un volumineux cahier où il a consigné l'histoire de toute sa vie. Je compte le publier un jour; pour l'instant, des motifs graves ne me permettent pas de le faire.

Quelques-uns de mes lecteurs seront peut-être curieux de connaître ce que je pense du caractère de Petchorin; le titre de cet ouvrage est ma réponse. — Mais, dira-t-on, c'est de l'ironie... — Qui sait?

TAMAN

De toutes les villes maritimes de Russie, Taman est sans contredit la plus désagréable. J'ai failli mourir de faim dans cette bicoque, et qui pis est, je me suis vu sur le point d'y être noyé.

J'arrivai tard. Le conducteur arrêta les trois chevaux de ma téléga dans la cour d'une maison isolée, la seule qui soit construite en pierre, et qui s'élève près de l'entrée de la ville. Le factionnaire, cosaque de la Mer Noire, en entendant la clochette de ma voiture, s'écria d'une voix forte, et qui trahissait un sommeil récent : — Qui vive?

L'inspecteur et un sergent sortirent.

Je déclarai à ces messieurs que j'étais officier, et qu'employé dans le service actif de la couronne, j'avais droit à un logement. Le sergent nous conduisit par toute la ville. A chaque izba où nous nous arrêtions, on répondait qu'il était occupé. Le temps était froid; je n'avais pas fermé l'œil depuis trois nuits, et la fatigue me donnait de l'humeur.

— Conduis-moi quelque part, lui dis-je, fût-ce chez Satan... pourvu que j'aie un gîte !

— Il y a bien une hutte, répondit-il en se grattant

l'oreille… seulement je crains qu'elle ne convienne pas à Votre Grâce… à cause de la malpropreté. Sans trop approfondir ce renseignement, je lui ordonnai de nous y conduire. Après avoir traversé quelque ruelles boueuses, bordées de mauvaises clôtures, nous arrivâmes à la hutte en question, sur le rivage de la mer.

La lune alors dans son plein, éclairait le toit de roseaux et les murailles blanches de ma nouvelle demeure. Dans la cour que fermait un mur de galets, s'élevait une seconde hutte plus petite et plus vieille que la première. Le rivage descendait brusquement jusqu'à la mer qui venait laver le pied de cette misérable habitation d'où l'on entendait le murmure incessant des vagues.

La lune contemplait d'un air paisible l'élément agité mais soumis à son influence; et je pouvais, à la clarté de ses rayons, distinguer au loin deux vaisseaux dont les agrès noirs, semblables à une toile d'araignée, se dessinaient sur un ciel pâle. Il y a des vaisseaux en rade, pensai-je : demain je pourrai partir pour Ghélentchik.

Un cosaque de la ligne remplissait près de moi les fonctions de dentchik. Je lui ordonnai de descendre ma valise, et de renvoyer le cocher : puis je me mis à appeler le maître de la hutte… pas de réponse. Je frappe… rien… Enfin, je vis sortir en rampant du vestibule un garçon d'environ quatorze ans.

— Où est le maître?
— Il n'y en a pas.
— Comment! pas de maître?
— Non.
— Et la maîtresse?
— Elle est allée au village.
— Qui donc m'ouvrira la porte? m'écriai-je en la frappant du pied…

La porte s'ouvrit d'elle-même; et une impression d'humidité me frappa.

J'allumai une allumette soufrée et la portai sous le nez du garçon. Cette lumière me fit voir deux yeux entièrement blancs. Il était aveugle... totalement aveugle de naissance. Il se tenait debout et immobile devant moi, et je me mis à considérer les traits de son visage.

J'avoue que j'ai une forte répugnance pour les aveugles, les louches, les sourds, les muets, les manchots, les culs-de-jatte, les bossus, etc. J'ai toujours remarqué un certain rapport, entre l'extérieur de l'individu et son âme, comme si le moral était affecté par la perte d'un membre quelconque, et se trouvait incomplet en proportion.

J'examinais donc le visage du jeune aveugle... mais que lire sur des traits où manque le regard? Je le considérai longtemps avec un sentiment de pitié, quand tout à coup un sourire presque imperceptible vint effleurer ses lèvres minces, et produisit sur moi je ne sais quel sentiment désagréable. Je conçus le doute que le prétendu aveugle y voyait. J'eus beau me dire qu'on ne pouvait simuler les signes extérieurs de la cécité, et d'ailleurs dans quel intérêt? Que voulez-vous? le préjugé l'emporte souvent chez moi sur le raisonnement.

— Es-tu le fils de la maison? lui demandai-je enfin.
— Non.
— Qui es-tu donc?
— Un pauvre orphelin.
— La maîtresse a-t-elle des enfants?
— Non, elle avait une fille; mais elle s'est enfuie, par de là la mer, avec un Tatare.
— Qui était ce Tatare?

— Le diable sait ! c'était un Tatare de Crimée, un batelier de Kertch.

J'entrai dans la hutte : deux bancs, une table et un grand coffre placé près du poêle, composaient tout l'ameublement. On ne remarquait sur la muraille aucune image... ce qui n'annonçait rien de bon.

Le vent qui soufflait de la mer pénétrait dans la chambre à travers les vitres brisées.

Je tirai de ma valise un bout de bougie, et après l'avoir allumé, je me mis à ranger mes effets : je déposai mon fusil dans un coin, mes pistolets sur la table ; j'étendis ma bourka sur un banc, mon cosaque, la sienne sur l'autre ; et au bout de dix minutes il ronflait... mais je ne pus m'endormir. Au milieu de l'obscurité il me semblait toujours voir rôder devant moi l'aveugle aux yeux blancs.

Il se passa ainsi environ une heure. La lune donnait à travers la fenêtre, et ses rayons se jouaient sur le plancher en terre de la hutte. Tout à coup une ombre se dessina sur la partie éclairée de la chambre. Je me levai et regardai par la fenêtre. Quelqu'un venait de passer tout auprès, et s'était caché Dieu sait où. Je ne pouvais supposer que l'être en question eût pu s'enfuir sur le rivage, et cependant toute autre retraite était impossible. Je me levai, jetai mon manteau sur mes épaules, ceignis mon poignard, et à pas de loup, je sortis de la cabane. La première personne que je rencontrai, ce fut le jeune aveugle.

Je m'effaçai derrière la clôture, et je le vis passer près de moi d'un pas circonspect mais assuré. Il portait sous son bras une espèce de paquet ; et se dirigeant vers le port, il se laissa descendre le long d'un sentier étroit et rapide.

Ce jour-là, me dis-je en moi-même, les muets parleront et les aveugles verront; et je le suivis de manière à ne pas perdre sa trace.

Cependant la lune commençait à s'entourer de vapeurs, et le brouillard qui s'élevait de la mer, laissait à peine distinguer le fanal sur la poupe d'un navire voisin : le rivage était blanchi par l'écume des vagues qui semblaient à chaque instant menacer de l'engloutir. Je descendis la pente non sans peine, et je me glissai le long de l'escarpement. L'aveugle s'était arrêté, puis il avait pris à droite sur le bord. Il marchait si près de l'eau qu'à chaque instant quelque vague semblait sur le point de l'atteindre pour l'emporter : mais il n'en était probablement pas à son coup d'essai, à en juger par l'assurance avec laquelle il passait d'un rocher sur un autre, évitant les ravins et les précipices. Enfin, il s'arrêta, comme s'il écoutait quelque chose; s'assit à terre et déposa son paquet près de lui. J'observais tous ses mouvements, masqué par une avance du rivage. Au bout de quelques minutes, parut du côté opposé une figure blanche. Elle s'approcha de l'aveugle et vint s'asseoir à ses côtés. Le vent m'apportait leur conversation.

— Quelle tempête! dit la voix de femme; Janko ne viendra pas.

— Janko ne craint pas la tempête, répondit l'aveugle.

— Le brouillard s'épaissit, reprit la voix de femme avec l'expression du regret.

— A la faveur du brouillard, on passe plus facilement autour des bâtiments de garde.

— Et s'il se noie!

— Eh bien! le dimanche tu n'auras pas un ruban neuf pour aller à l'église.

Il y eut un instant de silence; une chose me frappa:

c'est que l'aveugle employait en me parlant le dialecte de la Petite Russie, tandis qu'alors il parlait le russe pur.

— Vois-tu que j'ai raison, reprit-il en frappant dans ses mains : Janko ne craint ni la mer ni le vent ni le brouillard ni les gardes-côtes... écoute !... ce bruit n'est pas celui de l'eau : je ne me trompe pas ; c'est celui de ses longues rames.

La femme se leva avec vivacité et se mit à regarder dans le lointain avec l'expression d'une vive anxiété.

— Tu rêves... je n'aperçois rien.

J'avoue que j'eus beau chercher à découvrir quelque chose qui ressemblât à une barque, tous mes efforts furent inutiles. Dix minutes plus tard, je découvris au milieu des hautes vagues un point noir qui grossissait et diminuait alternativement. Cette barque, qui tantôt était comme suspendue à la cime des vagues, et tantôt descendait le long de leurs flancs, s'approchait toujours du rivage. Il fallait être bon navigateur pour se risquer par une nuit pareille au milieu des brisants à une distance de vingt verstes, et ce Janko devait être mû par un motif bien puissant ! Tout en faisant ces réflexions, je suivais avec un serrement de cœur involontaire les évolutions de la chaloupe en péril... Je la voyais plonger comme un oiseau aquatique, et se redresser tout à coup à l'aide des rames qui semblaient des ailes, se balançant sur l'abîme au milieu de flots d'écume : un instant après je croyais qu'elle allait se briser contre le rivage... mais elle présenta agilement le flanc, et passa saine et sauve dans une petite anse.

Il en sortit un homme de taille moyenne, coiffé d'un bonnet en peau de mouton, comme en portent les Tatares. Il fit un signe de la main, et tous les trois se mirent à tirer de la barque des objets que je ne pouvais distinguer. La cargaison était si considérable que je ne puis concevoir comment la barque n'avait pas coulé bas. Ils chargèrent chacun un paquet sur leurs épaules, et se glissèrent le long du rivage... bientôt je les perdis de vue.

Il s'agissait de rentrer à la hutte, mais j'avoue que toutes ces choses m'avaient tellement préoccupé, que j'attendis le jour avec impatience.

Mon cosaque fut tout étonné en s'éveillant de me trouver habillé; mais je ne lui dis rien du motif. Après avoir admiré quelque temps l'azur du ciel qui se nuançait de légères vapeurs, et le rivage lointain de la Crimée qui s'étend comme une bande éclatante et finit par un escarpement au sommet duquel s'élève la tour du phare, je me rendis au fort de Phanagori, pour m'informer auprès du commandant de l'heure de mon départ pour Ghelentchik.

Hélas! le commandant ne put rien me dire de positif à cet égard. Les bâtiments en rade étaient tous ou destinés à la surveillance ou des vaisseaux marchands qui attendaient encore leur charge. — Peut-être, me dit le commandant, le vaisseau-poste viendra-t-il dans trois ou quatre jours; alors, nous verrons. Je retournai à mon logis triste et contrarié. Mon cosaque vint à ma rencontre le visage tout bouleversé.

— Cela va mal, Votre Grâce! me dit-il comme je rentrais.

— Ma foi, Dieu sait quand nous pourrons sortir d'ici!

Ces paroles semblèrent accroître son trouble... il s'approcha de moi et dit à basse voix : Il ne fait pas bon ici! J'ai rencontré aujourd'hui un inspecteur qui est du pays et que je connais. Il était en fonctions l'année dernière. Quand je lui ai dit où nous logions... Mon cher, m'a-t-il répondu, le lieu est suspect... Ce sont de mauvais hôtes!

Et en effet, cet aveugle!... il va partout seul, au marché, chercher le pain et l'eau... Il faut croire que c'est l'habitude ici.

— Enfin, la maîtresse s'est-elle montrée?

— Aujourd'hui, pendant votre absence, une vieille femme est venue avec sa fille.

— De quelle fille parles-tu! Elle n'a pas de fille.

— Dieu sait ce qu'elle est... Ce qu'il y a de sûr, c'est que la vieille est maintenant chez elle.

J'entrai dans la cabane. Il y avait bon feu au poêle où cuisait un repas plus somptueux que ne l'aurait fait supposer la condition de mes hôtes.

A toutes mes questions la vieille répondait qu'elle était sourde. Comme il n'y avait rien à tirer d'elle, je me tournai du côté de l'aveugle qui se tenait assis près du poêle où il jetait des broussailles.

— Et toi, diablotin aveugle, lui dis-je en le prenant par l'oreille, pourrais-tu m'apprendre où tu as rôdé toute la nuit avec un paquet? parle...

L'enfant se mit à pleurer et à sangloter:

— Je n'ai été nulle part avec un paquet... de quel paquet parlez-vous?

Pour cette fois, la vieille avait fort bien entendu; et elle se mit à murmurer:

— En voilà une idée! et s'attaquer à ce pauvre enfant! Que lui voulez-vous? qu'est-ce qu'il vous a fait?

Toute cette comédie me fatiguait; je sortis, bien décidé à découvrir le mot de l'énigme.

Je m'enveloppai dans ma bourka, et m'assis sur une pierre près de la clôture. Devant moi s'étendait la mer, encore émue de la tourmente de la nuit, et le bruit monotone de ses flots, semblable au murmure d'une ville qui va s'assoupir, me rappela d'anciens souvenirs et me transporta en pensée dans le nord, au sein de notre froide capitale. Je m'oubliai au milieu de mes rêveries... et je passai ainsi une heure et plus peut-être. Tout à coup des accents qui ressemblaient à une mélodie, frappèrent mon oreille. C'était une voix de femme, une voix d'un timbre agréable et pleine de fraîcheur. Mais d'où venait-elle? Je redoublai d'attention; les notes étaient justes, et exprimaient tantôt la tristesse, tantôt des sentiments vifs et légers. Je regarde autour de moi... personne. J'écoute encore; la voix semble descendre du ciel. Enfin, en levant les yeux, je vois sur le toit de la maison une jeune fille vêtue d'une robe de toile et dont les cheveux descendaient en tresses sur ses épaules.

Figurez-vous une véritable nymphe des eaux, une roussalka de nos temps mythologiques.

D'une main elle protégeait ses yeux contre l'éclat éblouissant du soleil, et regardait attentivement le lointain, tantôt souriant en elle-même, tantôt reprenant sa chanson que j'ai retenue mot pour mot:

> Lorsqu'à la clarté des étoiles,
> Le navire capricieux
> Au vent livrant ses blanches voiles,
> Vole entre l'abime et les cieux,
>
> Près de lui ma noire nacelle
> Rase la surface de l'eau....
> Sa double rame est comme l'aile
> Qui soutient et guide l'oiseau.
>
> Dès qu'on entend gronder l'orage,
> Le navire s'éloigne en mer:
> Il redoute plus le rivage
> Que la foudre et le flot amer....
>
> Et moi, d'une voix suppliante,

> Je dis à la vague en fureur :
> Épargne ma nacelle errante !
> Voici le bord !…. Je n'ai plus peur !
>
> C'est que ma nacelle fragile,
> Qui du labeur porte le fruit,
> Est fière du pilote habile
> Qui guide son vol dans la nuit.

Je crus me rappeler que j'avais entendu cette même voix la nuit précédente; pendant que je faisais cette réflexion, la jeune fille avait disparu. Tout à coup je la vis accourir près de moi, fredonnant je ne sais quel autre air, puis, en faisant claquer ses doigts, elle rentra chez la vieille. Alors commença une dispute. La vieille était fâchée tout de bon, et la jeune fille riait aux éclats. Elle revint bientôt en folâtrant, marchant à côté de moi; puis elle s'arrêta et me regarda dans les yeux comme étonnée de ma présence. Enfin elle se détourna brusquement et s'avança à pas lents vers la grève.

Ce n'était pas tout; pendant le reste de la journée, elle ne fit que tourner autour de mon logis. Singulière créature ! Ses traits ne portaient aucune trace d'aliénation; au contraire, elle fixait avec hardiesse sur moi ses yeux perçants qui semblaient doués d'une vertu magnétique, et dont l'expression équivalait à une question. Mais à peine commençais-je la conversation qu'elle s'esquivait avec un sourire plein de malice.

Je n'avais jamais vu de femme comme celle-là. Elle était loin d'être une beauté; mais, en fait de beauté, j'ai mes idées. Elle avait de la race… Chez les femmes comme chez les chevaux, la race est chose est importante : c'est une découverte que nous devons à la jeune France. Elle (je parle de la race et non de la jeune France) se révèle surtout dans la démarche, les mains et les pieds, et surtout la coupe du nez. En Russie un nez irréprochable est plus rare qu'un joli pied.

Mon ondine musicienne ne paraissait pas avoir plus de dix-huit ans. Sa taille d'une étonnante flexibilité, sa tête qu'elle penchait avec une expression qui n'appartenait qu'à elle, ses longs cheveux blonds, son cou et ses épaules légèrement hâlés, son nez régulier, tout en elle me mettait sous le charme. J'avais beau lire dans ses regards obliques je ne sais quoi de sauvage et de suspect, et dans son sourire une expression de contrainte, le préjugé triomphait; je raffolais de ce nez grec, et je me figurais avoir rencontré la Mignon de Goëthe, cette créature fantastique de l'imagination allemande... Et en effet, ces deux êtres avaient des rapports frappants: l'un et l'autre passaient sans transition de l'immobilité à la turbulence; leurs paroles étaient également énigmatiques, et leurs chants étranges...

A la nuit tombante, l'ayant arrêtée près de la porte, je lui adressai quelques mots :

—Dis-moi, belle enfant : que faisais-tu aujourd'hui sur le toit?

— Je regardais de quel côté vient le vent.

— Et pourquoi?

— Parce que le bonheur vient du même côté.

— Est-ce en chantant que tu appelles le bonheur?

— On est heureux là où l'on chante.

— Est-ce que la tristesse ne chante pas aussi?

— Il y a tantôt du mieux, tantôt du pire; et souvent il n'y a qu'un pas du mal au bien.

— Qui donc t'a appris cette chanson?

— Personne... cela me vient, et je le chante. Celui qui doit comprendre me comprendra... les autres ne me comprennent pas.

—Quel est ton nom...

— C'est ce que mon parrain pourrait vous dire.

— Et quel est ton parrain?

— C'est mon secret.

— Voyez la faiseuse de mystères! Hé bien, tu ne m'as pas tout caché... Elle ne changea pas de visage, n'agita pas même les lèvres; on eût dit qu'il n'était pas question d'elle. — Je sais que tu as été cette nuit sur le rivage! Et je me mis à lui raconter en détail tout ce dont j'avais été témoin.

Elle n'en fut pas le moins du monde déconcertée, et rit à gorge déployée.

— Vous avez beaucoup vu, et vous ne savez pas grand'chose... et le peu que vous savez, je vous conseille de ne pas l'ébruiter.

— Et si j'allais tout rapporter au commandant? repris-je en prenant un air sérieux et même sévère.

Elle se mit à sautiller et à chanter, et disparut comme un oiseau effarouché. Ma dernière menace était de trop; mais alors je n'en soupçonnais pas la portée. Plus tard j'eus de bonnes raisons pour m'en repentir.

Il commençait à faire sombre; j'ordonnai au cosaque de faire chauffer de l'eau pour le thé, j'allumai une chandelle, et je pris ma pipe de voyage. J'en étais déjà à ma seconde tasse de thé, quand tout à coup j'entendis du bruit à la porte, le froissement d'une robe frappa mon oreille; je me retournai en tressaillant... C'était mon ondine! Elle vint s'asseoir en face de moi lentement et sans proférer une parole. Elle fixa ses yeux sur moi, et ce regard me parut plein de tendresse. Il me rappelait des regards, naguère tout puissants sur mon âme. Elle avait l'air d'attendre une question, mais je restai silencieux, dominé que j'étais par un trouble indéfinissable. Son visage était pâle et annonçait une vive inquiétude. Sa main errait sans but sur la table, et je remarquai qu'elle tremblait légèrement. Tantôt son sein se soulevait, tantôt elle paraissait retenir sa respiration.

Cette comédie commençait à m'ennuyer, et j'allais rompre le silence d'une manière tout à fait prosaïque, en lui offrant une tasse de thé, quand tout à coup elle s'élança vers moi, passa ses bras autour de mon cou, et je sentis sur mes lèvres un baiser passionné. Mes yeux se troublèrent, la tête me tourna, je la pressai dans mes bras, mais elle échappa comme un serpent à mes étreintes, et me dit à l'oreille : Cette nuit, quand tout le monde dormira, je t'attends sur le rivage : elle s'élança hors de la chambre avec la rapidité d'une flèche.

—Elle a renversé la théière et la chandelle... le maudit lutin ! s'écria le cosaque qui s'était étendu sur de la paille, et qui comptait se réchauffer avec ce qui restait du thé.

Cette exclamation me fit revenir à moi-même.

Au bout de deux heures, quand tout fut tranquille, j'éveillai mon cosaque : Si tu entends un coup de pistolet, lui dis-je, cours au rivage. Il ouvrit de grands yeux, et répondit machinalement : — Il suffit, Votre Grâce. Je passai un pistolet dans ma ceinture, et je sortis.

Elle m'attendait sur le bord de la descente. Sa mise était plus que légère : un simple mouchoir ceignait sa taille svelte.

—Marchez derrière moi ! dit-elle en saisissant ma main, et nous descendîmes la pente. Je ne sais comment je ne me suis pas vingt fois rompu le cou. Nous tournâmes à droite et prîmes le même chemin que j'avais suivi la veille en épiant l'aveugle. La lune n'était pas encore levée ; seules, deux étoiles, comme des phares tutélaires, brillaient sur l'azur foncé de la voûte du ciel. Des vagues pesantes se succédaient à intervalles réguliers, et soulevaient à peine une barque solitaire amarrée au rivage.

— Entrons dans cette barque, me dit ma compagne.

J'hésitais... une promenade sentimentale sur mer me tentait médiocrement; mais il n'y avait plus à reculer. Elle sauta dans la barque, et je la suivis sans prendre le temps de la réflexion... Nous voguions déjà.

— Qu'est-ce que cela signifie? lui dis-je d'un air courroucé.

— Cela signifie, me répondit-elle en me faisant asseoir sur un banc, et en m'entourant de ses bras, que je t'aime.

Je sentis sa joue sur la mienne, et son souffle brûlait mon visage. Tout à coup quelque chose tomba dans l'eau avec bruit... Je portai la main à ma ceinture... mon pistolet n'y était plus. Alors un soupçon terrible s'éleva dans mon esprit... tout mon sang se porta au cerveau... Je regardai autour de moi; nous étions à une soixantaine de toises du rivage, et je ne savais pas nager! J'essaie de l'éloigner de moi, elle s'attache à mes vêtements comme un chat, et tout à coup une forte secousse faillit me précipiter dans la mer. La barque chavirait, mais je parvins à reprendre l'équilibre.., et une lutte désespérée commença entre elle et moi. La colère augmentait mes forces, mais je ne tardai pas à reconnaître que mon adversaire m'était supérieur en agilité.

— Que veux-tu? m'écriai-je, en saisissant de toutes mes forces ses mains mignonnes... Ses doigts craquaient sous les miens; mais elle ne poussa pas un cri... Sa nature de reptile endurait cette torture.

— Tu as vu, me répondit-elle... tu feras un rapport! Et par un effort surnaturel, elle me renversa sur le bord. Nous étions tous deux hors de la barque jusqu'à la ceinture; ses cheveux baignaient dans l'eau... l'instant était décisif... J'appuyai mon genou contre le fond de la barque; d'une main je saisis sa tresse, tandis que de l'autre je serrais sa gorge... elle lâcha mes vêtements, et je la jetai dans les vagues.

Il faisait déjà assez obscur... Sa tête reparut deux fois au milieu de l'écume, et je ne vis plus rien.

Je trouvai au fond de la barque un fragment de vieille rame à l'aide duquel, après de longs efforts, je parvins jusqu'au rivage. En retournant à la hutte, je contemplai involontairement l'endroit, où la veille, le jeune aveugle attendait le navigateur nocturne.

La lune brillait au ciel, je crus voir assise sur le rivage une figure blanche... Je me cachai poussé par la curiosité, et m'étendis dans l'herbe, sous l'escarpement du bord. En levant la tête avec précaution, je pouvais voir tout ce qui se passait au-dessous de moi. Je fus plutôt charmé que surpris de reconnaître ma nymphe des eaux. Elle pressait sa longue chevelure, pour en faire sortir l'écume. Sa chemise toute trempée dessinait ses formes élégantes. Bientôt une barque parut dans le lointain. Un homme en sortit de même que la veille; il portait un chapka tatare, mais ses cheveux étaient taillés à la cosaque et à sa ceinture de cuir pendait un long couteau.

— Ianko! s'écria-t-elle, tout est perdu! Ils se mirent ensuite à converser mais à voix basse, de sorte qu'il m'était impossible de rien distinguer.

— Et où est l'aveugle? dit Ianko en élevant la voix.

— Je l'ai envoyé... répondit-elle.

Au bout de quelques minutes arriva l'aveugle, portant sur son dos un sac qu'ils déposèrent dans la barque.

— Écoute, aveugle, dit Ianko... garde bien cet endroit... tu sais ? Il y a là des marchandises précieuses... Dis à... (je ne pus entendre le nom) que je ne suis plus à son service. Les choses ont mal tourné... il ne me verra plus... le danger est trop grand à présent. J'irai chercher de l'occupation ailleurs... et il aura de la peine à me remplacer. Tu lui diras que s'il m'avait mieux payé, je ne l'aurais pas abandonné..... Pour moi tous les chemins sont bons... Partout où le vent souffle et la mer gronde, Ianko est chez lui !

Après un instant de silence Ianko poursuivit :

— Elle va partir avec moi ; elle ne peut rester plus longtemps ici... Tu diras à la vieille qu'elle a fait son temps ; il y a une conscience en tout... Nous lui disons adieu pour toujours.

— Et moi ? demanda l'aveugle d'une voix dolente.

— Deviens ce que tu voudras... peu m'importe.

Pendant ce dialogue mon ondine avait sauté dans la barque, elle fit un signe de la main à son compagnon, qui glissa quelque chose dans la main de l'aveugle en disant :

— Voilà pour t'acheter des gâteaux.

— C'est tout ? dit l'enfant.

— Prends ceci encore... Et une pièce de monnaie résonna en tombant sur la pierre.

L'aveugle ne la ramassa point. Ianko s'assit dans la barque ; le vent soufflait du rivage. Ils mirent une voile, qui s'enfla aussitôt, et ils s'éloignèrent. Longtemps je suivis des yeux la voile blanche qui se détachait sur les vagues sombres... L'aveugle était toujours assis sur le rivage ; et tout à coup j'entendis comme un bruit de sanglots... le pauvre aveugle pleura longtemps... Il me faisait pitié.

Pourquoi le sort m'avait-il jeté parmi ces *honnêtes contrebandiers?* Pourquoi suis-je tombé au milieu d'eux, comme une pierre dans un ruisseau limpide, et au grand risque de rester au fond?

Je retournai à mon logis... la chandelle placée sur une écuelle de bois était sur le point de s'éteindre, et mon cosaque, en dépit de mes recommandations, dormait d'un sommeil profond, tenant son fusil à deux mains. Je ne voulus pas troubler son repos, et après avoir pris la lumière, j'entrai dans la cabane... Hélas! ma cassette, mon bonnet garni d'argent, mon poignard du Daghestan, dont un ami m'avait fait présent, avaient disparu. Je compris alors quelles étaient les choses que portait le maudit aveugle. Je réveillai un peu rudement mon cosaque; j'étais furieux... mais que faire? N'aurais-je pas prêté à rire à mes dépens, si je me fusse plaint au commandant qu'un jeune garçon aveugle m'avait dévalisé, et qu'une fille de dix-huit ans avait failli me noyer. Heureusement que le lendemain matin il se présenta une occasion de partir... C'est ainsi que je quittai Taman. Que sont devenus la vieille et l'aveugle? C'est ce que je ne saurais dire. Qu'ont de commun, s'il vous plait, les joies et les malheurs de l'humanité avec les sympathies d'un officier voyageant pour affaires du gouvernement avec un passe-port de la couronne?

LA PRINCESSE MARY

OBSERVATIONS PRÉLIMINAIRES

La préface d'un livre est une chose d'un intérêt tout à la fois majeur et subordonné; elle peut servir d'éclaircissement à l'ouvrage, ou de justification à l'auteur attaqué par la critique. Mais, généralement le lecteur s'inquiète fort peu du but moral d'une œuvre, et tout aussi peu du jugement qu'en ont porté messieurs les journalistes; aussi passe-t-il ordinairement la préface. C'est fâcheux, surtout en Russie. Notre public est encore si neuf et si simple, qu'il ne comprend point une fable, si elle n'est terminée par la morale explicative. Il ne saisit point la plaisanterie, et la portée de l'ironie lui échappe : en un mot, il a été mal élevé. Il ignore jusqu'à présent que dans la bonne compagnie, comme dans un bon livre, la leçon brutale n'est pas de mise; que la civilisation moderne a une arme plus puissante, arme presque invisible, et dont les atteintes n'en sont que plus terribles et plus sûres. Notre public ressemble assez à un provincial qui, après avoir écouté la conversation de deux diplomates appartenant à des cours rivales, resterait convaincu qu chacun d'eux est disposé à sacrifier les intérêts de son cabinet à des considérations d'amitié personnelle.

C'est ainsi que tout récemment encore, les idées imprimées dans ce livre ont été prises à la lettre par quelques lecteurs, et même par des journalistes. Les uns se sont formalisés sérieusement qu'on leur proposât pour modèle un caractère tel que celui de Petchorin; d'autres ont cru deviner que l'auteur avait présenté au public son propre portrait et celui de ses amis.... Pitoyable plaisanterie qui n'a pas même le mérite de la nouveauté! Il faut croire que tout se renouvelle en Russie à l'exception de ces pauvretés. Le conte le plus agréable échappera difficilement à des attaques qui prendront un caractère de personnalité.

Le héros de notre époque, Messieurs, est effectivement un portrait, mais non celui d'un individu; il personnifie les vices de toute notre génération. Vous m'objecterez peut-être qu'un homme ne saurait atteindre à ce degré de perversité; mais je vous demanderai pourquoi, si vous admettez comme vraisemblables les crimes que commettent journellement l'exaltation et la scélératesse, vous refusez de croire à la nature de Petchorin? Vous avez lu avec intérêt des conceptions bien autrement monstrueuses : comment ce caractère, ne fût-ce que comme œuvre d'imagination, peut-il ne pas trouver grâce devant vous?.... Ne serait-ce pas parce qu'il est tracé avec plus de vérité qu'il ne vous convient d'en reconnaître?

Vous me direz que la morale n'a rien à gagner à de telles peintures?.... Permettez-moi d'être d'un avis tout autre. L'abus des friandises gâte l'estomac, il lui faut des remèdes amers et des mets moins fades. Toutefois n'allez pas supposer que l'auteur de ce livre ait la prétention de se poser en réformateur des vices de la société. Que Dieu le préserve d'une telle folie! Il a tout bonnement voulu représenter d'une manière amusante un caractère de notre époque, d'après ses propres observations, et qui, pour son malheur et le vôtre, est plus commun qu'on n'en veut convenir. Il suffisait de dénoncer le mal.... Quant au remède, Dieu seul le connaît!

Je suis arrivé à Piatigorsk; j'ai loué un appartement à une des extrémités de la ville, justement sur le point le plus élevé du plateau, au pied du Machouk. Dans les temps d'orage, les nuées arriveront jusqu'à mon toit. Aujourd'hui, lorsqu'à cinq heures du matin, j'ai ouvert ma fenêtre, le parfum des fleurs s'est répandu dans ma chambre... ces émanations m'arrivaient du jardin modeste qui dépend de ma demeure. Les rameaux fleuris des guigniers me saluent, et de temps en temps le vent porte sur ma table à écrire leurs blancs pétales. De trois côtés différents, je jouis d'une vue magnifique. Au couchant, le

Bechtou avec ses cinq têtes, prend une teinte bleuâtre, comme celle des derniers nuages quand la tempête s'est calmée ; au nord, s'élève le Machouk, comme le bonnet de fourrure d'un Persan, et il dérobe toute cette partie de l'horizon : l'aspect du levant est moins sévère : dans le fond, la ville avec ses couleurs variées, étale ses constructions neuves et d'une propreté coquette; des sources thermales jaillissent, et l'oreille est frappée de langages divers... plus loin les montagnes s'amoncellent en amphithéâtre, toujours plus sombres et plus chargées de brouillards, tandis qu'à l'horizon s'étend la chaîne des cimes neigeuses qui commence au Kazbek, et se termine à l'Elborous... La vie est riante dans ces belles contrées ! Je ne sais quel sentiment vivifiant parcourt mes veines. L'air est pur et frais comme le baiser d'un enfant... le soleil darde ses rayons avec puissance, le ciel est bleu... Que faut-il de plus ? Pourquoi, en présence de cette riche nature, ressent-on des désirs et des regrets ?... Mais voici l'heure... il faut me rendre à la source d'Élisabeth ; on dit que c'est là que se rassemble le matin toute la société des eaux.

Parvenu dans l'intérieur de la ville, je pris le boulevard, où je rencontrai quelques groupes qui se dirigeaient tristement et à pas lents vers la montagne. C'étaient pour la plupart des familles résidant dans les steppes ; on le reconnaissait, au premier coup d'œil, aux surtouts râpés et passés de mode que portaient les hommes, et à la parure prétentieuse des femmes et des jeunes personnes. La coupe élégante de mon surtout parut faire une vive impression sur eux, mais à la vue des épaulettes de l'armée ils se détournèrent avec dédain.

Les femmes des fonctionnaires locaux, celles qui, pour ainsi dire, font les honneurs des eaux, étaient plus bienveillantes; elles ont un lorgnon et font moins attention à l'uniforme : plus d'une fois elles ont rencontré au Caucase, sous le bouton numéroté de l'armée, un cœur passionné, et sous la casquette blanche des hommes d'un esprit cultivé. Ces dames sont jolies et le sont longtemps ! Tous les ans elles changent d'adorateurs, et c'est peut-être le secret qui les conserve aimables.

En suivant le sentier qui mène à la source d'Élisabeth, je rencontrai une compagnie d'employés civils et de militaires qui, ainsi que je l'appris plus tard, forment une classe à part parmi ceux qui croient à la vertu des eaux. Ils boivent... mais tout autre chose que de l'eau, se promènent rarement, ne font de la galanterie qu'une affaire secondaire, et jouent pour tâcher de se désennuyer. Du reste ils affectent l'élégance. En plongeant leur verre dans la source sulfureuse, ils prennent une pose académique. Les fonctionnaires civils portent des cravates d'un bleu tendre; les militaires laissent passer un jabot de leur collet. Ils professent un souverain mépris pour les dames provinciales, et soupirent après les cercles aristocratiques de la capitale, où ils n'ont jamais mis le pied.

Enfin voilà la source... Sur une petite place toute voisine s'élève une maisonnette dont la couverture rouge protége la cuve; plus loin est une galerie où l'on se promène quand il pleut.

Quelques officiers blessés étaient assis sur un banc, jouant avec leurs béquilles. Ils étaient pâles et paraissaient soucieux. Plusieurs dames se promenaient de long en large sur la place, attendant l'effet des eaux. Je remarquai parmi elles deux ou trois minois assez agréables.

Sous des allées plantées de vignes qui ombragent les coteaux du Machouk apparaissait de temps en temps le

8.

chapeau barriolé d'une baigneuse qui aimait probablement l'isolement à deux, parce que j'apercevais toujours à côté de ce chapeau, soit une casquette d'officier, soit l'insipide chapeau rond. Sur un escarpement rapide, où est construit un pavillon qu'on appelle la *Harpe éolienne*, se tenaient debout les amateurs de belles vues, autour d'un télescope, braqué vers l'Elborous. Parmi ces derniers se trouvaient deux précepteurs avec leurs élèves qui étaient venus chercher aux eaux la guérison des écrouelles.

Je m'arrêtai pour reprendre haleine, et appuyé contre la maisonnette, je regardais ce paysage pittoresque, quand tout à coup une voie connue s'écria derrière moi !

— Petchorin! depuis quand êtes-vous ici ?
— Grouchnitzky! répondis-je en me retournant.

Nous nous embrassâmes.

J'avais fait sa connaissance dans un détachement de l'armée active. Il avait été blessé d'une balle à la jambe, et était venu se faire traiter à Piatigorsk où il se trouvait depuis une semaine.

Grouchnitzky était enseigne. Il n'était au service que depuis un an. Pour toute marque distinctive, il porte une grosse tunique de soldat, où brille une croix de l'armée de Géorgie. Il est bien bâti ; il a le teint basané et les cheveux noirs. On lui donnerait vingt-cinq ans, quoiqu'il n'en ait que vingt et un à peine. Il rejette en parlant la tête en arrière, et pince à chaque instant sa moustache de sa main gauche, attendu que de la droite il s'appuie sur sa béquille. Il parle vite et beaucoup ; il est de ces gens qui ont pour tout ce qui arrive des phrases faites et sonores, dont la simplicité prétentieuse ne dit rien au cœur, et qui paradent à propos de sentiments exceptionnels et passionnés, et de souffrances incomprises. Il vise à l'effet... c'est son unique étude, son seul plaisir : aussi les provinciaux raffolent-ils de son éloquence.

Ces gens-là en vieillissant deviennent de paisibles propriétaires, ou des ivrognes... il n'est pas rare qu'ils soient l'un et l'autre. Il y a du bon dans ces natures, mais pas la moindre poésie.

Grouchnitzky aimait la déclamation, à peine sortait-on du cercle des idées ordinaires qu'il vous jetait ses grands mots à la tête... Je n'ai jamais eu la tentation de discuter avec lui. Il ne sait ni répondre, ni écouter. Si vous vous interrompez un instant, il enfile sa tirade, sous prétexte qu'elle n'est pas sans rapport avec l'objet de la conversation... Ce n'est, au fond, qu'un artifice pour reprendre la parole. Il ne manque pas de finesse; ses épigrammes sont quelquefois plaisantes, mais elles n'ont ni méchanceté, ni fiel. Il n'assassinera personne d'un mot. Il ne connaît pas les hommes, ni leurs côtés faibles, parce qu'il ne s'est jamais occupé que de lui-même. Il veut être un héros de roman. Il s'est donné tant de peine pour persuader aux autres, qu'il est un être à part, déplacé dans ce monde, et en proie à des tortures cachées, qu'il a presque fini par le croire. Voilà pourquoi il porte avec tant de fierté sa tunique de soldat. Il n'ignore pas que je l'ai deviné ; aussi ne m'aime-t-il pas, quoique nous soyons tous deux dans les termes de l'amitié la plus étroite. Il passe pour être extrêmement brave; je l'ai vu dans l'action : il se démène et crie plus que les autres, et se précipite en avant... en fermant les yeux. Ce courage-là n'est pas russe !...

Je ne l'aime pas non plus : je pressens qu'un jour ou l'autre nous nous heurterons sur un sentier étroit, et qu'il en arrivera mal à lui ou à moi.

C'est encore par suite de son exaltation qu'il était venu au Caucase. Je parierais que la veille de son départ du domaine paternel, il aborda quelque jolie voisine d'un air sombre... Je crois l'entendre :....

— Ce n'est pas uniquement pour prendre du service que je m'éloigne... je vais chercher la mort, parce que...

Et ici il n'aura pas manqué de porter la main sur ses yeux.

— Non... vous ne saurez jamais ce secret (peut-être lui a-t-il dit *tu*). Et à quoi bon ? Quel intérêt pouvez-vous prendre à moi ?... Vous ne me comprenez pas !... Et autres pauvretés semblables.

Il m'a dit lui-même que le motif de son entrée au service dans l'armée du Caucase resterait éternellement un secret entre le ciel et lui.

Cependant lorsqu'il lui arrive de déposer le manteau tragique, Grouchnitzky ne manque ni d'amabilité, ni d'enjouement. Rien ne m'amuse comme de le voir avec les femmes. C'est alors qu'il se surpasse lui-même.

En qualité d'ancien camarade, je lui demandai des détails sur le genre de vie qu'on menait aux eaux, et sur les personnages les plus remarquables de la société.

— La vie qu'on mène ici, me répondit-il avec un soupir, est assez prosaïque. Les buveurs d'eau sont, comme les malades, insipides ; ceux qui, le soir, boivent du vin, sont insupportables, comme le sont d'ordinaire les gens bien portants. Il y a des réunions de femmes : elles jouent au wist, ne savent point se mettre, et parlent français à renverser. Cette année il n'y a guère à citer que la princesse Ligovsky de Moscou, avec sa fille ; mais je ne les connais pas. Mon surtout de soldat est comme un brevet d'exclusion. On ne peut se présenter ainsi accoutré sans avoir l'air de demander l'aumône.

Au même instant nous vîmes passer près de nous deux

dames qui se rendaient à la source; l'une d'un certain âge, l'autre jeune, et d'une taille élégante. Les chapeaux ne me permirent pas de voir les figures; mais leur mise était du meilleur goût... rien de trop. La jeune avait une capote ouverte gris de perle, et un tour de cou en soie. Des bottines couleur puce dessinaient son pied mignon d'une manière si parfaite que le moins connaisseur en eût été dans l'admiration. Sa démarche légère et pleine de noblesse avait quelque chose d'indéfinissable que le regard seul peut apprécier. Lorsqu'elle passa près de nous, il se répandit un parfum qu'on pourrait comparer à celui qu'exhale le billet d'une jolie femme.

— Voilà la princesse Ligovsky, me dit Grouchnitzky, et avec elle sa fille Mary, dont elle prononce le nom à l'anglaise. Il n'y a que trois jours qu'elles sont arrivées.

— Et tu sais déjà son nom?

— Oui, je l'ai entendu par hasard, répondit-il en rougissant. J'avoue que je serais peu curieux de faire leur connaissance. Les gens de cette volée nous regardent, nous autres qui ne servons que dans l'armée, à peu près comme des sauvages. Ils s'inquiètent fort peu de savoir ce que peut cacher de mérite un modeste uniforme.

— Pauvre tunique! me dis-je en moi-même... — Mais quel est ce monsieur qui s'approche d'elles, et qui leur présente un verre si respectueusement?

— C'est Raïévitch de Moscou, élégant de profession et gros joueur. Regarde cette chaîne massive d'or qui se détache sur son gilet bleu... et cette grosse canne... la barbe est à l'avenant; et cette coiffure à la *mougique*.

— Tu ne fais grâce à rien ni à personne...

— Je ne suis pas payé pour cela...

— Vraiment?...

En ce moment, ces dames s'éloignèrent de la source, et vinrent de notre côté. Grouchnitzky prit aussitôt une pose héroïque, non sans tirer un fort bon parti de sa béquille, et il éleva la voix en français :

« Mon cher, je hais les hommes pour ne pas les mépriser, car autrement la vie serait une farce trop dégoûtante. »

La jolie princesse se détourna, et regarda longtemps l'orateur. L'expression de ce regard, n'avait rien qui pût s'interpréter favorablement, mais rien non plus de moqueur, et j'en tirai pour lui un bon augure.

— Cette princesse Mary est délicieusement jolie, lui dis-je... quel regard velouté! Tu entends bien?... velouté... Quand tu parleras de ses yeux, je te conseille de ne pas oublier cette expression. Les cils sont si longs que la lumière du soleil ne peut rayonner sur ses prunelles... Au surplus tous ses traits défient la critique... A-t-elle les dents bien? c'est un point important... C'est dommage que ta belle phrase française ne l'ait pas fait sourire.

— Tu parles d'une jolie femme comme d'un cheval anglais, me dit Grouchnitzky avec humeur.

— Mon cher, lui répondis-je en essayant de le contrefaire, je méprise les femmes pour ne pas les aimer, car autrement la vie serait un mélodrame par trop ridicule.

Je me tournai d'un autre côté, et le laissai là. Pendant une demi-heure, je me promenai dans les allées de vignes, au milieu de roches calcaires sur lesquelles étaient suspendus des massifs d'arbres.

Le temps était devenu chaud... je me hâtai de rentrer chez moi. En passant près de la source sulfureuse, je m'arrêtai sous la galerie pour m'y reposer un instant à l'ombre; ce qui me donna l'occasion de voir une scène assez curieuse. Les acteurs étaient dans la situation suivante:

La princesse et l'élégant de Moscou étaient assis sur un banc de la galerie couverte, et leur entretien paraissait sérieux. La jeune princesse, qui venait probablement de prendre son dernier verre, se promenait en rêvant près de la source. Grouchnitzky était là... Du reste, la place était entièrement déserte.

Je m'approchai tout doucement, et me cachai derrière un angle de la galerie. Dans ce moment Grouchnitzky laissa tomber son verre sur le sable, et se pencha pour le ramasser : mais sa blessure le gênait... le pauvre jeune homme ! quel mal il se donnait en s'aidant de sa béquille ! Et encore n'y parvenait-il pas... Il faut avouer que ses traits exprimaient la souffrance.

La princesse Mary voyait tout cela mieux que moi. Avec la légèreté d'un oiseau, elle courut à lui, ramassa le verre, et le lui présenta avec une grâce indicible ; puis elle rougit, jeta un coup d'œil dans la galerie, et sûre que sa mère n'avait rien vu, elle se remit aussitôt. Grouchnitzky ouvrait la bouche pour la remercier, mais elle était déjà loin. L'instant d'après, elle sortit de la galerie avec sa mère et l'élégant, mais en passant près de Grouchnitzky elle prit un air digne et fier, sans daigner se détourner, sans remarquer un regard passionné qui la suivait... enfin elle redescendit le sentier de la montagne et disparut derrière les tilleuls du boulevard. Tout à coup j'aperçus encore son chapeau... elle traversa une rue et entra dans une des maisons les plus apparentes de Piatigorsk. La princesse la suivait ; arrivée à la porte elle se sépara de Raïévitch.

Alors seulement le pauvre enseigne s'aperçut de ma présence.

— Tu as vu? me dit-il en me pressant la main avec force... C'est un ange !

— Et pourquoi? repris-je de l'air le plus innocent du monde.

— Tu n'as donc pas vu?

— Si... elle a ramassé ton verre. Si un gardien s'était trouvé là, il aurait fait absolument la même chose, et avec encore plus de prestesse, dans l'espoir d'un pourboire. Au reste, on voyait clairement que tu lui faisais compassion. Tu faisais une si piteuse grimace en marchant sur ta jambe blessée...

— Et tu n'as pas été ému le moins du monde en voyant son âme se réfléchir sur ses traits charmants?...

— Ma foi non.

Je mentais, mais je voulais le mettre en colère. Je suis naturellement contrariant. Toute ma vie n'a été qu'un long enchaînement de contradictions avec ma raison ou mon cœur. L'aspect de l'enthousiasme me frappe d'un froid glacial, et je crois que la fréquentation d'un être flasque et flegmatique m'inspirerait les imaginations les plus déréglées. Je confesserai de plus qu'un sentiment peu agréable, mais qui ne m'est pas inconnu, s'était glissé dans mon cœur... c'était, à ne rien cacher, de l'envie. Et à tout prendre, est-il si coupable le jeune homme qui, ayant rencontré une jolie femme qui captive son attention, et qui tout d'un coup en distingue, lui présent, un autre qu'elle ne connaît pas davantage; est-il coupable, dis-je, s'il appartient au grand monde, et qu'il ait l'habitude de tout passer à son amour-propre, en ressentant quelque chose de désagréable?

Nous descendîmes la montagne, et sans dire un mot, nous gagnâmes le boulevard, non loin de la maison où ces dames étaient entrées. Notre beauté était assise près d'une fenêtre. Grouchnitzky lui lança un de ces regards langoureux et sombres qui ont si peu d'effet sur le sexe. Je la lorgnai, et remarquai que le regard de l'enseigne la faisait sourire, tandis que mon geste tant soit peu leste, lui causait de la colère... Et dans le fait, comment un officier de l'armée du Caucase se permettait-il de braquer sa lorgnette sur une princesse moscovite ?

13 *mai*. — Aujourd'hui, dans la matinée, j'ai reçu la visite du docteur. Son nom est Werner, mais il est russe. Il n'y a là rien de bien extraordinaire : j'ai connu un certain Ivanof qui était allemand. Werner est un homme remarquable à plus d'un titre. Il est sceptique et matérialiste, comme presque tous les médecins, et avec cela poëte, mais poëte tout de bon, dans ses actes, et souvent dans l'expression, quoiqu'il n'ait pas écrit deux vers dans sa vie. Il a étudié l'anatomie du cœur humain, comme on étudie les veines d'un cadavre, mais jamais il n'a su mettre à profit ses connaissances. C'est ainsi que souvent l'anatomiste le plus distingué ne saura pas guérir de la fièvre !... Assez ordinairement Werner se moquait à part soi de ses malades, et je l'ai vu pleurer au lit d'un soldat mourant. Il n'avait rien, et rêvait millions ; mais il n'aurait point fait un pas dans un motif d'intérêt. Il me dit un jour qu'il rendrait plutôt service à un ennemi qu'à un ami ; que, dans le second cas, on a l'air de vendre sa bienveillance, tandis que la haine seule avait l'énergie de s'élever à la hauteur d'âme d'un rival. Il était médisant ; plus d'une fois ses épigrammes avaient fait à sa bonhomie une réputation de bêtise. Les autres médecins des eaux, jaloux de son mérite, avaient fait courir le bruit qu'il s'amusait à dessiner les caricatures de ses malades, qui s'en étaient offensés et l'avaient presque tous congédié. Ses amis, c'est-à-dire ce qu'il y avait de mieux parmi les fonctionnaires du Caucase, faisaient de vains efforts pour rétablir son crédit.

Son extérieur était loin, au premier coup d'œil, de prévenir en sa faveur ; mais il plaisait lorsqu'on avait appris à lire sur ses traits irréguliers l'empreinte d'une âme forte et élevée. Il y a eu des exemples que des femmes se sont prises de grande passion pour des gens tels que Werner... dont elles préféraient la figure à celle des jeunes gens les plus beaux... Il faut rendre cette justice aux femmes : elles ont l'instinct de la beauté de l'âme... Peut-être est-ce pour cela que Werner les adorait.

Il était de petite taille, maigre et faible comme un enfant : il avait, comme Byron, une jambe plus courte que l'autre ; en proportion de son buste, sa tête était trop forte. Il portait les cheveux courts, et toutes les protubérances de son crâne, mises à nu par ce genre ou plutôt par cette absence de coiffure, auraient étonné un phrénologue par le mélange des facultés les plus opposées. Ses yeux noirs et petits toujours roulant, allaient chercher jusqu'au fond de vos pensées. Sa mise annonçait le goût et une propreté exquise ; ses mains maigres et petites se dessinaient dans des gants d'un jaune clair. Son surtout, comme son gilet et sa cravate étaient invariablement noirs. Les jeunes gens l'appelaient Méphistophélès. Il feignait d'être irrité qu'on lui donnât ce surnom, mais au fond, sa vanité s'en trouvait flattée.

Nous ne tardâmes pas à nous comprendre, et nous nous liâmes d'amitié ; justement parce que je suis peu propre à être l'ami de quelqu'un. De deux amis, l'un est toujours le très-humble serviteur de l'autre, quoique ni l'un ni l'autre ne se l'avouent. Je ne veux être l'esclave de personne, et l'autre rôle est insipide, parce qu'il faut à la fois commander et tromper. Avec de l'argent et un laquais, on se passe la fantaisie d'être le maître. J'avais fait la connaissance de Werner à S... Il y avait là une jeunesse nombreuse et passablement bruyante. Sur la fin de la soirée la conversation prit un tour philosopho-métaphysique. On parla de la certitude... chacun expliquait ce sentiment à sa manière.

— Pour moi, dit le docteur, je ne suis certain que d'une chose.

— Et cette chose? lui demandai-je; car j'étais curieux de connaître l'avis d'un homme qui jusque-là n'avait pas ouvert la bouche.

— C'est, répondit-il, que tôt ou tard, je mourrai un beau matin...

— Je suis plus riche que vous, lui dis-je : outre cette certitude j'en ai encore une autre, c'est que, par une soirée malencontreuse, j'ai eu le malheur de naître.

Tout le monde trouva que nous déraisonnions; et cependant personne n'avait rien trouvé de plus sensé. A partir de ce moment, nous nous distinguâmes mutuellement de la foule. Nous cherchions l'occasion de nous trouver ensemble; nous traitions les points abstraits très-sérieusement, lorsque enfin nous nous aperçûmes que nous nous abusions l'un l'autre. Alors, en nous regardant à qui mieux mieux, comme faisaient les augures romains du temps de Cicéron, nous partîmes d'un grand éclat de rire, après quoi nous nous séparâmes, enchantés l'un de l'autre.

J'étais étendu sur mon divan, les yeux fixés au plafond, et les mains sous mes aisselles, lorsque Werner entra dans ma chambre. Il prit un fauteuil, mit sa canne dans un coin, bâilla, et m'apprit qu'il faisait une grande chaleur dehors. Je lui répondis que les mouches m'incommodaient fort, et la conversation en resta là pour quelque temps.

— Vous avez sans doute fait la remarque, mon cher

docteur, que sans les sots, le monde serait horriblement ennuyeux. Par exemple, nous sommes ici deux hommes d'esprit : nous savons d'avance qu'on peut discuter sur tout pendant une éternité, et voilà pourquoi nous ne discutons point. Nous connaissons mutuellement nos plus secrètes pensées; un seul mot est pour nous toute une histoire, nous distinguons le germe de chacun de nos sentiments au travers de sa triple enveloppe. Les choses tristes nous paraissent risibles; le plaisant nous attriste, quoiqu'à vrai dire nous soyons, en général, passablement indifférents à tout ce qui n'est pas nous-mêmes. Aussi l'échange de nos pensées et de nos sentiments nous est une chose impossible. Nous savons l'un de l'autre, tout ce qu'il est possible de savoir, et nous n'en voulons pas davantage. Il ne nous reste plus qu'une ressource, c'est de nous raconter des nouvelles. Apprenez-m'en une quelconque.

Fatigué de cette longue tirade, je fermai les yeux en bâillant.

Il répondit après un instant de réflexion :

— Au milieu de tout ce galimatias, il y a cependant une idée.

— Il y en a même deux.

— Dites-moi l'une, et je vous dirai l'autre.

— Fort bien ! commencez ! lui dis-je en regardant toujours le plafond, et en souriant en moi-même.

— Vous avez envie d'apprendre quelque chose sur le compte de quelqu'un de nos baigneurs ou baigneuses, et je me doute déjà de la personne, parce que de ce côté on m'a déjà questionné sur vous.

— En vérité, docteur, nous n'avons plus rien à nous communiquer... chacun de nous lit dans l'âme de l'autre.

— Et maintenant, la seconde idée.

— La seconde? la voici : J'avais envie de vous faire raconter quelque chose; d'abord, parce qu'il m'est moins désagréable d'écouter; secondement parce qu'on n'est pas exposé à se tromper; troisièmement, parce qu'on peut apprendre le secret d'un tiers; quatrièmement, parce que les gens de votre mérite aiment mieux parler qu'écouter... Et maintenant, j'arrive au fait: Qu'est-ce que la princesse Ligovsky vous a dit de moi?

— Vous êtes bien sûr que c'est la maman et non la fille?

— Parfaitement sûr.

— Et pourquoi?

— Parce que la fille s'est informée de Grouchnitzky.

— Vous avez le don des conjectures.

— La jeune princesse a dit qu'elle parierait que le jeune homme en tunique de soldat, avait été dégradé à cause d'un duel...

— Et vous l'avez laissée dans cette agréable illusion?

— Sans doute.

— L'intrigue est nouée ! m'écriai-je avec enthousiasme : quant au dénoûment de cette comédie, c'est à nous de le ménager avec art. Décidément c'est une attention de la fortune qui a pris notre désœuvrement en pitié.

— Je prévois, dit le docteur, que ce pauvre Grouchnitzky sera votre victime...

Puis il ajouta :

— La princesse a dit que votre visage ne lui était pas inconnu. Je lui ai fait observer qu'elle aura pu vous rencontrer dans le monde à Pétersbourg... elle croit aussi se rappeler votre nom... Il paraît que votre aventure a eu du retentissement... la princesse l'a racontée au long, non sans ajouter quelques broderies. Je remarquai que sa fille écoutait avec un intérêt marqué. Elle voyait, sans doute, en vous un héros de roman, quoique d'un autre ordre... Je me suis gardé de contredire sa mère, bien que personne ne sache mieux que moi qu'elle battait la campagne.

— Digne docteur! m'écriai-je en lui tendant ma main qu'il pressa dans la sienne... puis il ajouta :

— Si vous voulez, je vous présenterai...

— Bonté divine! lui dis-je; est-ce que les héros ont besoin d'être présentés... Ils font connaissance comme sauveurs de la beauté qu'ils adorent.

— Est-ce que vous avez réellement des vues sur la jeune princesse?

— Au contraire!... pas le moins du monde! Docteur, une fois dans ma vie, j'ai l'avantage sur vous! vous ne m'avez pas deviné... et cependant, poursuivis-je après quelques moments de silence; ce triomphe n'est pas sans mélange... Je ne confie jamais mes secrets... j'aime qu'on les pénètre, parce qu'au besoin je peux les renier... Maintenant, parlons de la mère et de la fille... un peu de topographie morale...

— La princesse est une femme de quarante-cinq ans : l'estomac est excellent, mais le sang est vicié, ce qui se voit aux taches couleur de brique de ses joues. Elle réside depuis quelques années à Moscou, et là les loisirs l'ont engraissée; elle aime les anecdotes un peu décolletées, et sa conversation est quelquefois risquée, lorsque sa fille n'est pas là pour l'entendre.

Elle m'a dit que Mary avait l'innocence d'une colombe... Qu'est-ce que cela peut me faire? J'avais envie de lui répondre qu'elle pouvait être tranquille et que je ne livrerais ce secret à personne. La princesse suit un traitement pour un rhumatisme... et sa fille pour les maladies qu'elle peut avoir plus tard... Je leur ai prescrit à chacune deux verres d'eau sulfureuse par jour et deux bains de cuve par semaine. Elle est en admiration devant l'esprit et les connaissances de sa fille qui lit Byron et sait l'algèbre. Il paraît qu'à Moscou, l'érudition est de mode parmi les dames... et elles font bien ! En général, les hommes sont si peu aimables, qu'ils ne valent pas la peine qu'une femme d'esprit se mette en frais de coquetterie à leur intention. La princesse aime beaucoup les jeunes gens ; Mary paraît n'en pas faire grand cas... pur moscovitisme ! Les jeunes filles de Moscou sont des espiègles de quarante ans.

— Vous avez été à Moscou, docteur?

— Oui, j'y avais une assez bonne clientèle.

— Continuez : je vous écoute.

— Je crois avoir tout dit... ah ! j'y pense... La jeune princesse aime à juger des sentiments, des passions, etc. Elle a passé un hiver à Pétersbourg, mais ce séjour et surtout la société lui ont déplu... Il est probable qu'elle n'y aura pas fait grand effet.

— Vous n'avez trouvé personne chez elles aujourd'hui?

— Si fait : un adjudant, un officier aux gardes, bien ficelé, et je ne sais quelle dame récemment arrivée, parente de la princesse par son mari... d'une figure très-intéressante... mais fort malade, à ce que j'ai pu voir... Est-ce que vous ne l'avez pas remarquée à la source?... Elle est de taille moyenne, blonde... ses traits sont réguliers, son teint phthisique... Elle a sur la joue droite un signe noir... L'expression de cette physionomie m'a frappé.

— Un signe ! murmurai-je entre mes dents... serait-il possible !

Le docteur, qui me regardait, me dit d'un air solennel en mettant la main sur mon cœur :

— Vous la connaissez !

En effet, mon cœur battait plus vite qu'à l'ordinaire.

— Maintenant, lui dis-je, vous triomphez à votre tour... Seulement ne me trahissez pas... Je ne l'ai pas encore vue... mais, d'après votre portrait, j'ai reconnu une femme que j'ai aimée jadis... Ne lui parlez pas de moi... et si elle vous questionne, traitez-moi aussi défavorablement que possible.

— Comme il vous plaira ! dit Werner en haussant les épaules.

Quand il sortit, j'avais le cœur serré. Était-ce le hasard qui nous réunissait; ou n'était-elle partie pour le Caucase qu'avec la certitude de m'y retrouver ?... Et si nous nous rencontrons ?... et après ?...

Mes pressentiments ne me trompent jamais. Il n'est pas un homme sur lequel le passé exerce une influence aussi puissante. Le souvenir de toutes mes joies, de tous mes chagrins, tombe impitoyablement sur mon âme, sans que les impressions s'en affaiblissent. Je suis stupidement organisé... je n'oublie rien... rien !

L'après-dîner, sur les six heures, je me rendis au boulevard où je trouvai beaucoup de monde. La princesse et sa fille étaient assises sur un banc, entourées d'un groupe de jeunes gens qui faisaient assaut d'amabilité. Je pris place à quelque distance sur un banc opposé, et je parlai à deux officiers de ma connaissance. Il faut croire que je trouvai des choses plaisantes, car ils riaient aux éclats. La curiosité détacha de la cour princière quelques personnes qui passèrent de mon côté; cet exemple fut contagieux : bientôt ces dames se virent totalement délaissées. Je ne tarissais pas : mes anecdotes étaient spirituelles jusqu'à la bêtise, mes remarques sur les passants étaient sanglantes d'ironie... J'étais tellement en verve que je défrayai ces oisifs jusqu'au coucher du soleil.

La jeune princesse donnait le bras à sa mère qu'accompagnait un vieillard boiteux; plus d'une fois en passant près de nous, elle me jeta un regard qu'elle voulait rendre indifférent et où perçait le dépit.

— Qu'est-ce qu'il vous a raconté? demanda-t-elle à un jeune homme qui était retourné près d'elles par politesse... Cela devait être bien intéressant... peut-être ses hauts faits guerriers? Elle prononça ces paroles assez haut, et probablement avec l'intention de me piquer.

— Ah! ah! me dis-je; voilà du courroux, ma jolie princesse... patience... nous verrons ce que cela durera!

Grouchnitzky la suivait comme un animal carnassier, et ne la quittait pas des yeux. Je gagerais, pensai-je, que pas plus tard que demain, il priera quelqu'un de le présenter à la princesse. Elle en sera bien aise... ce que c'est que l'ennui!

16 *mai.* — Depuis deux jours mes affaires ont gaillardement marché. Décidément la jeune princesse me déteste. Il m'est revenu deux ou trois épigrammes assez vives, ce qui m'a infiniment flatté. Elle trouve monstrueusement étrange, qu'habitué comme je le suis au grand monde, et reçu sur le pied d'un ami chez ses cousines et ses tantes de Pétersbourg, je ne fasse aucuns frais pour être présenté chez sa mère. Tous les jours nous nous rencontrons à la source, sur le boulevard; je ne néglige rien pour lui enlever ses adorateurs; adjudants sémillants, pâles Moscovites, sans parler des autres... et je réussis presque toujours. Ordinairement, je n'aime pas à recevoir, et maintenant ma maison est tou-

jours pleine. Chez moi, on dîne, on soupe, on joue... et mon champagne, hélas! s'en va en pétillant comme s'il était sous l'influence magnétique des regards de mon inhumaine!

Hier, je la rencontrai au magasin de Tchelankof. Elle marchandait un merveilleux tapis de Perse. Elle suppliait sa mère de ne pas regarder au prix... ce tapis ferait si bien dans son cabinet!... Je donnai quarante roubles de plus et je l'achetai.

Un regard furieux fut ma récompense. A l'heure du dîner, je fis tout exprès promener mon cheval persan sous ses fenêtres, couvert de mon emplette récente. En ce moment, Werner était chez elles, et je tiens de lui que l'effet fut des plus dramatiques. Mary complote de mettre contre moi l'armée. J'ai déjà remarqué que deux adjudants ne me saluent qu'avec sécheresse, ce qui ne les empêche pas de dîner tous les jours chez moi.

Grouchnitzky s'est enveloppé d'un voile mystérieux. Il tient en marchant ses mains derrière le dos, et ne reconnaît personne. Sa blessure s'est guérie comme par miracle; il ne boite presque plus. Il a trouvé le moyen de parler à la princesse et de glisser quelque fadeur à Mary. Il faut qu'elle ne soit point par trop difficile; car depuis ce moment, elle répond à son salut par le plus gracieux sourire.

— Décidément, me dit-il hier, tu ne veux pas faire la connaissance des Ligovsky?

— Très-décidément.

— A la bonne heure! c'est cependant la maison la plus agréable de Piatigorsk. On y voit la meilleure société.

— La société m'ennuie partout... Est-ce que tu vas chez ces dames?

— Pas encore; j'ai parlé une fois ou deux à la princesse, voilà tout. Tu sais que pour s'introduire, ce n'est pas chose facile, quoique cela se fasse ici... Si je portais l'épaulette, ce serait tout différent.

— Allons donc! Tu es bien plus intéressant comme cela! Tu ne sais pas tirer parti de tes avantages... Cette tunique de soldat, aux yeux de toute femme sensible, te transforme en héros ou en martyr.

Grouchnitzky sourit d'un air de satisfaction.

— Quelle folie!

— Je suis persuadé, continuai-je, que la petite princesse est déjà amoureuse de toi.

Il rougit jusqu'aux oreilles et se gonfla d'orgueil.

O amour-propre! Tu es le levier avec lequel Archimède aurait soulevé le monde!

— Tu plaisantes toujours! en faisant semblant de te fâcher... et d'abord elle me connaît encore si peu!

— Les femmes n'aiment que ceux qu'elles ne connaissent pas.

— Je n'ai aucunement la prétention de lui plaire : je désire seulement être reçu dans une maison agréable, et je serais par trop ridicule de nourrir des espérances... Pour vous autres, à la bonne heure! Avec l'auréole de vos succès de Pétersbourg... vous n'avez qu'à paraître, et toute rigueur se fond... Sais-tu, Petchorin, que la jeune princesse a parlé de toi?

— Comment! Elle t'a déjà parlé de moi?

— Il ne faut pas trop te flatter d'avance. J'étais près d'elle à la source... un pur hasard... Une de ses premières paroles fut : Quel est ce monsieur, dont le regard a quelque chose de si peu avenant? la dernière fois vous étiez ensemble... elle rougit, ne voulant pas préciser le jour où elle ramassa si gracieusement mon verre. — Vous n'avez pas besoin de me rappeler l'époque, lui répondis-je... je m'en souviendrai éternellement. Mon cher Petchorin ! je n'ai pas lieu de te féliciter, tu n'es pas bien dans ses papiers !... et vraiment, c'est dommage..... Mary est une charmante créature !

Il est bon de savoir que Grouchnitzky est un de ces êtres qui, en parlant d'une femme qu'ils connaissent à peine, l'appelleront *ma Mary*, *ma Sophie*, pour peu qu'elle ait eu l'heur de leur plaire.

Je pris un air sérieux et lui répondis :

— En effet, elle n'est pas mal... cependant, prends garde, Grouchnitzky ! En général, les dames russes se contentent d'un amour platonique, quand elles n'ont pas le mariage en vue... et je ne connais pas de supplice comparable à l'amour platonique. La jeune princesse, si je ne me trompe, est de ces femmes qui veulent qu'on les amuse ; s'il lui arrive de s'ennuyer une seule fois avec toi, tu es un homme perdu... Il faudra que ton silence pique sa curiosité et que ton entretien ne la satisfasse jamais entièrement : ta tâche sera de l'émouvoir à propos de tout et de rien : vingt fois en public elle heurtera l'opinion à cause de toi, et se complaira dans ce sacrifice dont elle se vengera en te tourmentant... Tantôt elle te dira sans ambages qu'elle ne peut pas te souffrir. Si tu ne prends pas sur elle de l'ascendant, son premier baiser ne te donnera aucun droit à un second... Après avoir fait à satiété la coquette, elle prendra pour mari quelque monstre, par déférence pour sa mère ; elle se croira malheureuse de n'avoir aimé qu'une fois (c'est de toi qu'il sera question) et de n'avoir pu s'unir à l'objet de sa passion, parce que cet homme avait une tunique de soldat, bien que sous cette étoffe grossière battît un cœur noble et ardent...

Mon Grouchnitzky frappait la table de son poing, et se promenait à grands pas dans la chambre.

Je riais dans ma barbe, mais il était trop ému pour s'en apercevoir. Nul doute qu'il ne fût amoureux tout de bon; car il était devenu encore plus présomptueux. Il avait depuis peu un anneau d'argent de fabrique commune... Cette emplette récente me parut suspecte... J'examinai cet anneau... Le nom de Mary était gravé à l'intérieur ainsi que la date du jour où elle lui avait ramassé son verre. Je gardai pour moi cette découverte... Je ne veux point d'éclaircissement forcé... je prétends qu'il me choisisse de lui-même pour confident... et alors, quel plaisir!

. . . .

Aujourd'hui je me suis levé tard; je vais à la source... personne encore. Il commence à faire chaud. Des nuages blancs et plucheux arrivent du côté des montagnes neigeuses, et présagent une tempête; la cime du Machouk fume, comme une torche qui vient de s'éteindre. Autour de lui se roulent, en rampant comme des serpents, des flocons de vapeurs grisâtres, gênés dans leurs mouvements, comme s'ils étaient retenus par les épines des buissons. L'atmosphère était chargée d'électricité. Je m'étais enfoncé dans une allée de vignes qui conduit à une grotte. Je me sentais triste. Je pensais à cette jeune femme dont le docteur m'avait parlé... Pourquoi est-elle ici? Est-ce bien elle? Et pourquoi est-ce que je suppose que ce n'est pas elle, tout en étant bien persuadé que ce n'est point une autre? Est-ce qu'il n'y a pas bien des femmes qui ont un signe à la joue? Tout en faisant ces réflexions, j'étais arrivé jusqu'à la grotte... Le premier objet que rencontre mon regard sous cette voûte fraîche et obscure, c'est une femme assise sur un banc de pierre. Elle porte un chapeau de paille; un châle noir l'enveloppe... Sa tête retombe sur son sein, et le chapeau me dérobe ses traits. J'allais me retirer pour ne point la déranger dans ses méditations lorsqu'elle m'aperçut.

— Véra! m'écriai-je involontairement.

Elle tressaillit et devint toute pâle.

— Je savais que vous étiez ici, me dit-elle.

Je m'assis à ses côtés et lui pris la main. Un frisson parcourut mes veines lorsque j'entendis cette voix aimée. Elle fixa sur moi un regard calme et profond avec une expression de défiance et de reproche.

— Voilà bien longtemps, lui dis-je, que nous nous sommes quittés.

— Longtemps en effet, et nous avons tous deux bien changé!

— Ce qui veut dire que tu ne m'aimes plus!

— Je suis mariée!...

— Une seconde fois... Mais, il y a de cela quelques années, ce motif existait... et cependant...

Elle dégagea sa main de la mienne, et ses joues se colorèrent d'une vive rougeur.

— Peut-être aimes-tu ton second mari?

Elle se détourna sans répondre.

— Serait-il jaloux?

Même silence.

— Peut-être est-il jeune, aimable, riche?... et tu crains...

Ses traits exprimaient le désespoir... elle pleurait.

— Dis-moi, murmura-t-elle enfin, trouves-tu un grand plaisir à me tourmenter? Je devrais te haïr... Depuis que nous nous connaissons, tu ne m'as causé que du chagrin...

Sa voix tremblait ; elle se pencha vers moi et laissa retomber sa tête sur mon sein.

— Peut-être est-ce pour cela que tu m'as aimé... La joie s'oublie... la peine, jamais !

Je la serrai avec force dans mes bras, et longtemps nous restâmes dans cette étreinte... Enfin nos lèvres se joignirent pour se confondre dans un long baiser. Ses mains étaient glacées tandis que sa tête brûlait.

Alors commença entre elle et moi un de ces dialogues qui ne sauraient ni s'écrire, ni se répéter, ni s'oublier... Les sons remplacent les paroles, et prennent une signification comme dans un opéra italien.

Décidément elle ne veut pas que je fasse connaissance avec son mari... C'est ce petit vieillard boiteux que j'ai vu passer sur le boulevard... Elle l'a épousé pour sa fortune, parce qu'elle a un fils. Ce vieux richard souffre de rhumatismes. Je ne me permis aucune plaisanterie sur son compte. Elle le respecte comme un père, et le trompera comme un mari. Singulière chose que le cœur humain... surtout le cœur d'une femme !

Le mari de Véra, Siméon Vassiliévitch G...f, est parent éloigné de la princesse Ligovsky. Il demeure à côté d'elle. Véra voit souvent la princesse ; je lui ai promis de me faire présenter chez ces dames, et de faire ma cour à Mary, pour détourner tout soupçon. Ainsi mes plans sont en voie de réussite, et l'avenir me sourit... Ce sera amusant !

Oui, amusant ! J'ai passé cette période de la vie où l'on cherche le bonheur, où l'on éprouve le besoin d'aimer quelque chose avec force, avec passion : aujourd'hui il me suffit d'être aimé, et encore de peu de personnes. Je crois même qu'une seule liaison me suffirait... Pitoyable habitude du cœur !

Une chose m'a toujours paru étrange : je n'ai jamais été l'esclave d'une femme; au contraire, j'ai toujours exercé sur les volontés et le cœur de mes maîtresses un empire absolu, et cela sans le vouloir. Comment cela se fait-il? Serait-ce parce que je ne fais pas grand cas de quoi que ce soit, et que les femmes craignent toujours que je ne leur échappe? ou n'est-ce que la puissance magnétique d'une forte organisation? ou enfin serait-ce parce que je n'ai jamais rencontré de femmes disposées à me résister?

Je dois avouer que je n'aime point les femmes à caractère... ce n'est pas l'affaire du sexe.

Cependant je me souviens qu'une fois, une seule fois, j'ai aimé une femme qui savait vouloir avec énergie, et dont jamais je ne pus triompher... Nous nous séparâmes ennemis; et encore, peut-être que si je l'eusse rencontrée cinq ans plus tard, nous nous serions séparés... à l'amiable.

Véra est malade, sérieusement malade, quoiqu'elle n'en veuille pas convenir. Je crains qu'elle ne soit phthisique, ou minée par une fièvre lente.

L'orage a éclaté tandis que nous étions dans la grotte, où nous sommes restés une demi-heure de trop. Véra ne m'a point demandé de lui jurer fidélité; elle ne s'est point informée si j'en avais aimé d'autres depuis notre séparation. Elle s'est fiée à moi comme autrefois et avec la même assurance... et je ne la tromperai pas... C'est la seule femme au monde que je n'aurais pas le courage de tromper. Je sais que bientôt nous nous séparerons encore, et peut-être pour toujours... Chacun de nous suivra son sentier vers la tombe... mais son souvenir ne s'effacera jamais de mon âme... Elle le sait, bien qu'elle soutienne le contraire.

Enfin nous nous sommes quittés... Longtemps je l'ai suivie du regard... jusqu'à ce que son chapeau de paille ait disparu derrière les rochers et les buissons. Mon cœur souffrait comme lors de notre première séparation. Oh! que je me trouvai heureux d'être encore capable de souffrir! Est-ce que la jeunesse, avec ses orages salutaires, ferait un retour vers mon être, ou n'est-ce qu'un regard d'adieu, un présent suprême qu'elle me donne comme souvenir? C'est singulier! à me voir on me prendrait encore pour un adolescent : mon visage, quoique pâle, n'a point perdu sa fraîcheur; mes membres sont souples et annoncent l'harmonie de l'organisme; mes cheveux sont épais et bouclés; mes yeux sont vifs, et le sang bout dans mes veines...

Rentré chez moi, je montai à cheval et fis une promenade dans les steppes. J'aime à monter un cheval fougueux au milieu de ces hautes herbes et à lutter contre le vent. Je respire avec volupté les parfums de l'air, tandis que mon regard plonge dans les profondeurs des lointains et cherche à saisir les formes incertaines des objets qui deviennent de plus en plus distinctes. Toutes les peines du cœur, tous les troubles de l'esprit s'éclaircissent... L'âme se sent légère, l'activité du corps triomphe du malaise moral. En présence de ces montagnes boisées, qu'éclaire le soleil du midi, de ce ciel d'azur, de ces torrents qui mugissent, en se précipitant de rochers en rochers, je défie toute la puissance d'un regard de femme.

Le Cosaque, qui, à mon costume, me prend sans doute pour un Circassien, se demande quel peut être mon but. En effet, on m'a dit qu'à cheval et vêtu à la Tcherkesse, je ressemble à s'y méprendre à un Kabardien. J'aime cet accoutrement de guerre, et j'y mets une recherche coquette : pas un galon de trop, des armes de prix, et tout

10.

le reste, simple; rien d'exagéré dans la fourrure de mon bonnet; l'étrier chaussant exactement la sandale; le bechmet blanc, et la circassienne d'un brun foncé. J'ai longtemps étudié les allures du cavalier montagnard, et rien ne flatte plus mon amour-propre que d'entendre louer mon habileté dans ce genre d'équitation. J'ai quatre chevaux, un pour moi et trois pour mes amis; car je trouverais insipide de galoper seul à travers champs; ils montent mes chevaux avec plaisir, mais se gardent bien de me tenir compagnie.

Il était déjà six heures lorsque je me souvins qu'il était temps de dîner; mon cheval était rendu. Je pris la route qui conduit de Piatigorsk à la colonie allemande, où les baigneurs se permettent quelquefois un pique-nique. Ce chemin serpente entre des bosquets et rejoint de petites ravines où coulent en murmurant des ruisseaux au milieu d'herbes vigoureuses. Tout autour s'élèvent en amphithéâtre les masses bleuâtres du Bechtou, du Zmennoï, du Jéleznoï et du Lissoï. En descendant la pente d'un de ces ravins, appelés *balki* dans la langue du pays, je m'arrêtai pour laisser paître ma monture. Au même instant j'aperçus sur la route une cavalcade élégante; des dames portant des amazones bleues ou noires, des cavaliers dont le costume offrait un mélange de la tenue circassienne et nigégorodienne. En tête étaient Grouchnitzky et la princesse Mary.

Les dames qui fréquentent les bains croient encore aux excursions des Tcherkesses en plein jour; c'était probablement pour les rassurer que Grouchnitzky portait des armes par-dessus sa tunique de soldat. Cet accoutrement lui donnait un air assez ridicule. Un buisson me dérobait aux promeneurs, que je pouvais voir à travers les branches. Je devinai à l'expression des figures que la conversation avait pris un tour sentimental. Enfin je les vis s'approcher de la pente... Grouchnitzky prit le cheval de la princesse par la bride, et je pus entendre les derniers mots de leur entretien :

— Et vous avez l'intention de passer toute votre vie dans le Caucase ?

— Et pourquoi retournerais-je en Russie, où des milliers de personnes plus riches que moi me mépriseront, tandis qu'ici, sous ce vêtement grossier, j'ai eu le bonheur de faire votre connaissance...

— Mais pas du tout... interrompit la jeune princesse en rougissant.

Les traits de Grouchnitzky exprimaient la satisfaction. Il continua :

— Ici mon existence s'écoule inaperçue et rapide, sous les balles des montagnards ; et si Dieu daignait m'envoyer, ne fût-ce qu'une fois par an, un de ces purs regards de femme, comme celui...

En ce moment ils étaient devant moi... Je frappai mon cheval de mon fouet, et il s'élança du buisson.

— Mon Dieu ! un Circassien ! s'écria la princesse tout effrayée.

Pour la désabuser entièrement, je répondis en français :

— Ne craignez rien, Madame ; je ne suis pas plus dangereux que votre cavalier.

Elle parut troublée. Était-ce une conséquence de sa méprise, ou parce que ma remarque l'avait blessée ? Je préférerais de beaucoup la seconde hypothèse. Grouchnitzky me jeta un regard significatif.

Le soir, sur les onze heures, j'allai prendre le frais sous les tilleuls du boulevard. La ville dormait, et quelques lumières brillaient çà et là aux fenêtres. De trois côtés noircissaient les ramifications du Machouk, sur la cime duquel reposait un nuage de mauvais augure. La lune se levait à l'orient... Dans le lointain, la dentelure des montagnes de neige brillait comme une frange d'argent. Le cri des factionnaires qui se répondaient se mêlaient au murmure des sources thermales, qu'on laisse s'épancher pendant la nuit. De temps en temps retentissait dans la rue le bruit d'un cheval et celui d'un chariot nogaïs, qui se confondait avec la mélodie triste et monotone d'un chant tatare. Je m'assis sur un banc et je me plongeai dans mes rêveries. Je sentais le besoin de m'épancher dans l'entretien d'un ami... Mais où le trouver?

— Que fait Véra? me disais-je. Je donnerais beaucoup pour lui serrer la main dans ce moment.

Tout à coup j'entends des pas inégaux et rapides. Grouchnitzky sans doute? Et en effet, c'est lui!

— D'où viens-tu?

— De chez la princesse Ligovsky, répondit-il d'un air important... Quelle voix que celle de Mary!

— Sais-tu? lui dis-je... je parie qu'elle ignore que tu es enseigne... Elle se figure que tu as été dégradé...

— Peut-être bien! Qu'est-ce que cela me fait?

— Seulement, je te disais...

— Sais-tu, à ton tour, que tu l'as irritée tantôt au dernier point? Elle trouve que tu t'es permis là une chose... J'ai eu toutes les peines du monde à lui persuader que tu es trop bien élevé, et que tu connais trop les convenances du monde pour avoir eu l'intention de la blesser. Elle soutient que tu as de l'effronterie dans le regard, et que tu dois avoir une opinion exagérée de ton mérite.

— Cela prouve sa pénétration... Et tu es sans doute disposé à prendre son parti?

— Je n'ai pas encore ce droit...

— Oh! oh! pensai-je... il a déjà des espérances...

— Au reste, continua-t-il, c'est tant pis pour toi; à présent il te serait difficile de faire leur connaissance... C'est dommage. C'est, du moins que je sache, une des maisons les plus agréables...

Je ne pus m'empêcher de sourire.

— Pour l'instant, la maison la plus agréable que je connaisse, c'est la mienne...

Et je me levai pour m'en aller.

— Conviens cependant que tu en es au repentir...

— Moi? quelle folie! Si je veux, j'irai, pas plus tard que demain soir, chez la princesse.

— Nous verrons!...

— Et de plus, par égard pour toi, je compte faire ma cour à Mary.

— En admettant qu'elle veuille bien te parler...

— Je profiterai de l'instant où ton entretien l'ennuiera... Bonsoir!

— J'ai besoin de faire un tour, il me serait impossible de dormir... Écoute, entrons plutôt dans ce restaurant... On y joue... il me faut des émotions fortes...

— Je souhaite que tu perdes...

Et je rentrai chez moi.

21 *mai.* — Il s'est passé presque une semaine, et je n'ai pas encore fait connaissance avec les Ligovsky. J'attends une occasion favorable. Grouchnitzky suit Mary comme son ombre... leurs entretiens n'en finissent pas... Quand donc s'apercevra-t-elle qu'il l'ennuie! La mère n'y fait point attention, parce qu'il n'est pas un parti. Voilà le langage des mères! J'ai surpris deux ou trois regards fort tendres... il est temps que tout cela finisse.

Hier Véra est venue pour la première fois à la source...

Depuis notre rencontre dans la grotte, elle n'était pas sortie de chez elle. Nous avons plongé nos deux verres en même temps, et, en se penchant, elle m'a dit tout bas :

— Tu ne veux donc pas voir les Ligovsky? C'est là seulement que nous pourrions nous rencontrer.

Des reproches! c'est peu gai. Après tout, je les ai mérités.

Voilà une occasion! demain il y a bal avec billets dans la grande salle du restaurant... Je danserai la mazourka avec la jolie princesse.

29 mai. — Le salon du restaurant s'est métamorphosé en salon fashionable. On s'y était rendu dès neuf heures. La princesse et sa fille sont arrivées des dernières. Les dames ont examiné Mary d'un œil envieux, parce qu'elle se met avec goût. Celles qui se regardent comme l'élément aristocratique de la localité se sont empressées autour d'elle. Que voulez-vous? partout où il y a des femmes, il se forme immédiatement un grand et un petit cercle. Près d'une fenêtre, et confondu avec la foule, se tenait Grouchnitzky, collant son visage contre la vitre, et ne perdant pas sa déesse du regard. En passant près de lui, je la vis qui lui faisait de la tête un signe presque imperceptible... Il rayonna comme un astre radieux. Les danses commencèrent : d'abord la polonaise, puis la valse... Les éperons résonnèrent, les basques prirent leur essor et coururent en cercles rapides.

Je me tenais derrière une grosse dame, ombragée de plumes roses. L'étoffe splendide de sa robe me rappela la bienheureuse époque des paniers, et les bigarrures de sa peau, celle des mouches. Elle avait sur le cou des verrues, dont la plus grosse était cachée sous un fermoir. Elle disait à un capitaine de dragons :

— Cette petite princesse Ligovsky est insupportable ! Figurez-vous qu'elle m'a coudoyée sans daigner s'excuser... loin de là, elle s'est détournée et m'a examinée avec sa lorgnette... c'est impayable ! Elle aurait besoin d'une leçon...

— Ce ne sera pas difficile, dit le capitaine.

Et il passa dans une autre pièce.

Je m'approchai de Mary et l'invitai pour une valse, profitant de la liberté qu'on a dans ces réunions de danser avec des personnes inconnues. Elle eut quelque peine à modérer la joie de son triomphe. Cependant elle eut bientôt repris un air indifférent et presque sévère. Elle posa négligemment la main sur mon épaule, inclina légèrement la tête, et nous commençâmes. Je ne crois pas que Taglioni puisse être plus gracieuse et plus svelte. Je sentais son haleine suave sur mon visage. Quelquefois, dans le tourbillon de la valse, une boucle se séparait de ses compagnes et venait caresser mes joues brûlantes... Je fis trois tours. Elle valsa dans la perfection. Elle était essoufflée, ses yeux se troublèrent, ses lèvres s'entr'ouvrirent... à peine eut-elle la force d'articuler la politesse obligée : Monsieur, je vous remercie.

Après quelques minutes de silence, je lui dis d'un ton soumis :

— J'ai appris, princesse, que, sans être connu de vous, j'ai été assez malheureux pour encourir votre disgrâce... que vous me trouviez l'air impertinent... Serait-il vrai?

— Et vous voudriez maintenant me confirmer dans mon opinion? répondit-elle en faisant une petite moue qui, du reste, allait très-bien à sa physionomie.

— Si j'ai eu l'impertinence de vous déplaire, permettez-moi d'y ajouter celle d'implorer mon pardon... C'est que je tiens extrêmement à vous prouver que vous vous êtes méprise sur mon compte.

— Cela ne vous sera pas facile.

— Et pourquoi?

— Parce qu'on ne vous voit jamais chez nous, et que des bals comme celui-ci ne se renouvellent que rarement.

Ce qui veut dire, pensai-je, que leur porte m'est à jamais fermée.

— Savez-vous, princesse, lui dis-je avec une teinte d'humeur, qu'il ne faut jamais repousser un coupable repentant... Le désespoir peut le rendre plus coupable encore... et alors...

Les éclats de rire et les chuchotements de ceux qui nous entouraient détournèrent mon attention et ne me permirent pas d'achever ma phrase. A quelques pas de moi était un groupe d'hommes, et au milieu d'eux le capitaine de dragons, qui manifestait les intentions les plus hostiles à l'égard de la charmante princesse; il paraissait enchanté de je ne sais quoi, se frottait les mains, riait et échangeait avec les autres des signes d'intelligence. Tout à coup un monsieur en frac se détacha du groupe; il portait de longues moustaches, et sa figure était rubiconde. Avec une démarche peu assurée il s'approcha de Mary... il était ivre. Il s'arrêta devant elle, les mains derrière le dos, et, fixant sur elle ses yeux d'un gris éteint, il lui dit d'une voix enrouée :

— Permettez... Ma foi, sans plus de façons, je vous engage pour la mazourka...

— Que me voulez-vous? demanda Mary d'une voix

tremblante, en jetant autour d'elle un regard qui implorait la protection.

Par malheur, sa mère était loin d'elle, et il ne se trouvait là aucun cavalier de sa connaissance, si ce n'est un adjudant, qui eut l'air de ne rien voir, et qui s'esquiva pour ne pas se compromettre.

— Eh bien! dit l'homme entre deux vins, en faisant signe au capitaine de dragons, qui ne cessait de l'encourager, est-ce que vous me refuseriez? Encore une fois, j'ai l'honneur de vous engager pour une mazourka... Vous croyez peut-être que j'ai un peu trop bu... je puis vous protester...

Je vis l'instant où elle allait s'évanouir de frayeur et de dégoût.

Je m'approchai de l'ivrogne, et, le prenant assez rudement par le bras, je le regardai en face, et l'engageai à se retirer, parce que, lui dis-je, la princesse s'était déjà engagée avec moi pour la première mazourka.

— A la bonne heure! reprit-il. Ce sera donc pour une autre fois.

Et il rejoignit en riant les autres conspirateurs, qui l'emmenèrent aussitôt dans une pièce voisine.

Un regard d'une expression enchanteresse fut ma récompense.

Mary retourna auprès de sa mère, et lui raconta toute cette scène. La princesse me chercha dans la foule pour me remercier. Elle me dit qu'elle connaissait ma mère, qu'elle était liée avec une demi-douzaine de mes tantes.

— Je ne sais, ajouta-t-elle, comment il se fait que nous ne nous connaissions pas encore... Allons, convenez-en, c'est votre faute. Vous fuyez tout le monde... c'est à n'y rien comprendre. J'espère que l'air de mon salon dissipera votre spleen... Qu'en dites-vous?

Je répondis par une de ces phrases banales qui ne font jamais défaut pour peu qu'on en ait l'habitude.

Les quadrilles se prolongèrent fort avant dans la nuit.

Enfin on joua la mazourka : je pris place à côté de la jeune princesse.

Je ne lui dis pas un mot de l'homme ivre, ni de ma conduite précédente, ni de Grouchnitzky. L'impression qu'avait produite sur elle la scène dont j'ai parlé s'effaça graduellement; son joli visage avait repris tous ses agréments; elle maniait agréablement la plaisanterie; sa conversation était semée de saillies, vive et sans contrainte... dans ses remarques elle allait quelquefois jusqu'à la profondeur... Je lui donnai à comprendre, dans une phrase bien entortillée, qu'elle me plaisait depuis longtemps... Elle baissa la tête et rougit légèrement.

— Vous êtes un homme singulier! me dit-elle ensuite en levant sur moi ses beaux yeux et en affectant un air moqueur.

— Je ne voulais pas vous faire ma cour, de peur d'être perdu dans la foule de vos adorateurs.

— Vous ne deviez pas avoir cette crainte... ils sont tous si ennuyeux...

— Tous?... sans exception?

Elle me regarda attentivement, comme cherchant à rassembler ses souvenirs; puis elle rougit de nouveau, et répondit d'un air décidé :

— Tous!

— Même mon ami Grouchnitzky?

— Est-ce qu'il est votre ami? demanda-t-elle avec l'accent du doute.

— Oui.

— On ne peut pas le mettre au rang des ennuyeux...

— Mais au rang des malheureux, interrompis-je en riant.

— Sans doute ! Et vous en riez !... Je voudrais bien vous voir à sa place...

— N'ai-je pas été comme lui enseigne ?... Et ce temps a été le plus heureux de ma vie...

— Il est donc enseigne ? dit-elle vivement... Puis elle ajouta :

— J'avais cru...

— Qu'est-ce que vous aviez cru ?

Ici elle changea de conversation, et nous ne revînmes plus sur ce sujet.

La mazourka est finie... nous nous séparons... en nous promettant de nous revoir. Les dames montent en voiture... et je vais souper...

— Ah ! ah ! dit Werner qui m'accoste, vous ne deviez faire la connaissance de ces dames qu'en les délivrant de quelque grand péril...

— J'ai fait plus encore... j'ai empêché la jeune princesse de s'évanouir en plein bal.

— Comment cela ?

— Devinez... vous qui devinez tout !

30 *mai*. — A sept heures du soir j'étais sur les boulevards. Grouchnitzky, qui m'avait aperçu de loin, vint à ma rencontre. Ses yeux brillaient, animés de je ne sais quel enthousiasme ridicule. Il saisit ma main, la serra avec force, et me dit d'un ton tragique :

— Merci, Petchorin... Tu me comprends ?

— Pas le moins du monde... En tout cas, cela n'en vaut pas la peine, lui répondis-je, ne me sentant sur la conscience rien qui ressemblât à un service.

— Comment ! Hier ? est-ce que tu oublies ?... Mary m'a tout raconté.

— Est-ce que vous avez déjà tout mis en commun?... même la reconnaissance?

— Écoute, reprit-il d'un air solennel... je te prie de ne pas plaisanter sur mon amour... Vois-tu, je l'aime à en devenir fou !... et je crois... j'espère que je suis payé de retour... J'ai une grâce à te demander : tu iras chez elle ce soir; promets-moi de bien l'observer... Je sais que tu as une grande expérience dans ces sortes de choses... tu connais mieux les femmes que moi... Oh! les femmes!... les femmes! qui peut se flatter de les comprendre! Leur sourire est en contradiction avec leur regard; leurs paroles promettent et séduisent, mais le son de leur voix les dément. Tantôt elles pénètrent nos pensées les plus cachées, tantôt elles ne comprennent pas les allusions les plus simples... Ainsi la princesse Mary me regardait hier avec passion... aujourd'hui elle est indifférente et froide...

— C'est peut-être l'effet des eaux.

— Tu vois toujours le mauvais côté des choses, matérialiste que tu es! ajouta-t-il d'un ton de mépris.

— Eh bien! parlons d'autre chose.

Et je lui fis je ne sais quel mauvais jeu de mots qui l'enchanta.

A huit heures nous allâmes ensemble chez la princesse. Avant d'entrer, j'aperçus Véra à la fenêtre. Nous nous jetâmes un regard à la dérobée. A peine étions-nous dans le salon qu'elle parut. La princesse me présenta à cette dame comme à une parente. On prit le thé; il y avait beaucoup de monde; la conversation devint générale. Je ne négligeai rien pour être agréable à la princesse, et plus d'une fois mes plaisanteries la firent rire... Sa fille avait envie d'en faire autant, mais elle resta dans son rôle sentimental... Elle suppose que l'emploi lui va bien, et peut-être a-t-elle raison. Grouchnitzky paraît enchanté de voir qu'elle n'est pas atteinte par la contagion de mon enjouement.

Après le thé on passa dans le salon.

— Es-tu contente de ma docilité, Véra? lui dis-je en m'approchant d'elle.

Elle me jeta un regard où se peignaient vivement l'amour et la reconnaissance. Je suis habitué à ces regards; mais il fut un temps où ils faisaient mon bonheur. La princesse dit à sa fille de se mettre au piano. Tout le monde la pria de chanter... Je me tus, et, profitant de la circonstance, je me retirai avec Véra dans l'embrasure d'une fenêtre. Elle avait, disait-elle, à me communiquer quelque chose d'une haute importance... J'étais tout oreilles... c'était une pauvreté...

Cependant mon indifférence avait piqué la jolie musicienne... comme je pus le reconnaître à un regard de Junon. Personne ne comprend mieux que moi ce langage muet, mais expressif, rapide et énergique!...

Elle chanta : sa voix n'est pas mal, mais elle chante médiocrement... Au reste, j'écoutais à peine... Grouchnitzky, en revanche, la dévorait des yeux, et répétait à chaque instant à voix basse : Charmant! délicieux!

— Écoute, me dit Véra, je ne veux pas que tu fasses connaissance avec mon mari; l'important est que tu plaises à la princesse : cela te sera facile, car tu peux ce que tu veux... C'est le seul endroit où nous puissions nous rencontrer...

— Le seul?

Elle rougit et ajouta :

— Tu sais que je suis ton esclave; je n'ai jamais eu rien à te refuser... et je serai punie de cette faiblesse : tu m'oublieras... Au moins faut-il que je conserve ma réputation... pas pour moi, tu le sais mieux que personne !... Oh ! de grâce, ne me tourmente pas comme autrefois de tes doutes imaginaires et de ton indifférence factice ! Peut-être que je mourrai bientôt... je sens que je m'affaiblis de jour en jour... et malgré cet avertissement solennel, il m'est impossible de penser à une vie future... je ne puis m'occuper que de toi. Vous autres hommes, vous ne concevez pas le prix d'un regard, de l'attouchement de deux mains qui se cherchent et se pressent... Pour moi, je te le jure, rien qu'en entendant le son de ta voix, je sens une impression étrange, un bonheur tel que tes baisers mêmes ne pourraient me causer des transports comparables !...

Mary avait cessé de chanter... un murmure approbateur l'environnait... Je m'approchai d'elle après tous les autres, et mon compliment fut des plus froids.

Elle avança la lèvre inférieure, et me fit une légère révérence d'un air ironique.

— Ce qu'il y a de plus flatteur pour moi, me dit-elle, c'est que vous ne m'avez pas même écoutée... Peut-être n'aimez-vous pas la musique ?

— Au contraire... surtout après dîner.

— Grouchnitzky a raison de dire que vous êtes l'homme du monde le plus prosaïque... Je vois que vous n'êtes musicien qu'au point de vue gastronomique...

— Vous êtes encore dans l'erreur : personne n'est moins gastronome que moi ; j'ai le plus mauvais estomac... Mais, après un repas, la musique porte au sommeil, et le repos est salutaire dans cette circonstance... Ainsi, c'est sous le rapport de l'hygiène que j'apprécie la musique... Le soir, elle m'agace les nerfs, et m'inspire un excès de tristesse ou de gaieté... ce qui n'a rien de bien agréable, lorsqu'on n'a pas l'intention préconçue d'être gai ou mélancolique... d'autant plus que, dans un cercle, la tristesse est ridicule autant qu'une gaieté excessive est de mauvais ton.

Elle ne m'écouta pas jusqu'au bout, et alla s'asseoir près de Grouchnitzky, qui fut son partner pour je ne sais quel dialogue sentimental. Il paraît qu'elle ne lui répondit qu'avec distraction, quoiqu'elle voulût paraître très-occupée de ses grandes phrases; car, de temps à autre, je vis qu'il la regardait d'un air étonné, tâchant de pénétrer la cause de son trouble, que trahissait l'expression de sa physionomie.

— Je vous ai devinée... prenez garde à vous! Vous voulez me payer de la même monnaie et piquer mon amour-propre... Vous n'y réussirez pas!... Si vous voulez une guerre ouverte, je serai sans pitié.

J'essayai à différentes reprises de me mêler à leur conversation; mais elle reçut froidement mes avances, et je m'éloignai en feignant le dépit. Grouchnitzky triomphait. A votre aise, mon pauvre ami!... bientôt ce sera mon tour... Que voulez-vous? c'est un pressentiment... Quand j'ai fait la connaissance d'une femme, je devine, sans jamais m'y méprendre, si elle m'aimera ou non...

Je passai le reste de la soirée près de Véra... Nous parlâmes du passé jusqu'à satiété... Pourquoi m'aime-t-elle à ce point? En conscience, je l'ignore... d'autant plus que c'est la seule femme qui m'ait bien connu, avec toutes mes petites faiblesses et toutes mes mauvaises passions... Est-ce malgré cela ou pour cela?

Je suis sorti en même temps que Grouchnitzky. Nous cheminâmes assez longtemps en silence. Enfin il me dit en me prenant par le bras :

— Eh bien!

J'avais envie de lui répondre : — Tu n'es qu'un imbécile!... mais je me contentai de hausser les épaules.

6 juin. — Je n'ai rien changé à mon système. Mary commence à prendre goût à ma conversation. Je lui ai raconté quelques-unes des aventures les plus romanesques de ma vie... Elle commence à voir que je ne suis pas taillé sur le patron de tout le monde. Je ne prends rien au sérieux, et le sentiment moins que tout le reste. Elle commence à s'en alarmer. Elle n'ose, devant moi, se lancer avec Grouchnitzky dans les régions sentimentales. Il lui arrive même de sourire avec malice aux phrases ampoulées de l'enseigne; mais toutes les fois que je les trouve ensemble, je prends un air débonnaire, et m'éloigne pour ne point les troubler. La première fois, elle parut m'en savoir bon gré; la seconde, elle se fâcha contre moi, et la troisième, contre Grouchnitzky.

Hier elle me dit :

— Vous avez bien peu d'amour-propre... Pourquoi vous imaginez-vous que j'aime mieux être avec Grouchnitzky?

Je lui répondis que je sacrifiais mon propre bonheur à celui d'un ami.

— Sans parler du mien, ajouta-t-elle.

Je la regardai attentivement, et pris un air sérieux... Le restant de la journée, je ne lui adressai pas une parole... Le soir elle était pensive... ce matin, à la source, elle était plus pensive encore. A l'instant où je l'abordai, elle écoutait d'un air distrait Grouchnitzky, qui s'évertuait à faire des phrases sur la belle nature... A peine m'eut-elle aperçu, qu'elle se mit à rire à gorge déployée, tout en faisant semblant de ne pas savoir que j'étais là... c'était une grave imprudence ! Je m'éloignai pour les observer à la dérobée : je la vis, par deux fois, se détourner et bâiller. Décidément Grouchnitzky l'ennuie. Dans deux jours elle ne lui adressera pas même la parole.

13 *juin*. — Je me demande souvent pourquoi je brigue si obstinément l'amour d'une jeune fille que je ne veux point séduire et que je n'épouserai jamais? Pourquoi cette coquetterie féminine?... Véra m'aime plus que ne m'aimera jamais Mary... Si je me figurais qu'il serait presque impossible de triompher d'elle, la difficulté pourrait stimuler mon amour-propre...

Mais il n'en est rien. Ce n'est pas, comme on peut bien penser, ce besoin inquiet d'aimer, qui fait notre tourment dans les premières années de la jeunesse, qui nous fait courir d'une femme à une autre, jusqu'à ce que nous en trouvions une qui ne peut nous souffrir: c'est d'alors que date notre constance... notre passion est vraie, infinie, comme une ligne mathématique qui sort d'un point et plonge dans l'espace... le secret de cet infini réside dans l'impossibilité d'ariver à un but, c'est-à-dire à une fin.

—Pourquoi donc toutes les peines que je me donne? Serait-ce par haine pour Grouchnitzki? Le pauvre garçon ne vaut pas la haine... Est-ce une suite de ce sentiment mauvais et invincible qui fait que nous rabaissons les plus douces erreurs du prochain, pour avoir la satisfaction de lui dire quand il nous demandera avec désespoir à quoi il pourra croire désormais:

— Mon cher, cela m'est arrivé comme à toi; et cependant tu vois que je dîne, soupe et dors le plus tranquillement du monde. Je puis mourir sans frayeur et sans verser une larme.

Mais il y a un charme incompréhensible à dominer sur une âme encore neuve! Elle est comme une fleur dont le parfum le plus pur attend pour s'exhaler le premier rayon du soleil. C'est en ce moment qu'il faut la cueillir, et, après s'être enivré de ses émanations suaves, la

jeter sur le chemin où le premier venu la ramassera !...
Je sens en moi cette soif insatiable qui convoite tout ce
qui se présente devant moi ; je ne vois la joie et les peines
d'autrui que par rapport à moi-même et comme un
aliment qui nourrit les forces de mon âme. Moi-même,
sous l'empire de la passion, je suis moins exposé à
errer ; mon ambition a été refoulée par les circonstances,
mais elle s'est manifestée d'une autre manière... car
l'ambition n'est que la soif de la domination, et ma plus
grande jouissance est de voir ployer sous ma volonté
tout ce qui m'entoure ; être un objet de dévouement,
d'amour et de crainte, n'est-ce pas le premier indice et
en même temps le plus grand triomphe de la domination ? Et le bonheur est-il autre chose que la satisfaction
de l'orgueil ? Si je me croyais meilleur et plus puissant
que le reste des hommes, je m'estimerais heureux ; si
tout le monde m'aimait, je trouverais en moi une source
intarissable d'amour. Le mal engendre le mal ; la première douleur donne l'idée du plaisir qu'on trouve à
tourmenter son semblable ; l'idée du mal ne peut entrer
dans l'esprit d'un homme, sans éveiller en même temps
celle de faire le mal. Les idées, a dit je ne sais quel moraliste, sont des conditions organiques : elles prennent
une forme en naissant, et cette forme est l'acte. Celui
qui a eu plus d'idées a plus agi : voilà pourquoi un génie,
enchaîné à des occupations administratives, doit mourir
ou devenir fou, de même qu'un homme doué d'une organisation vigoureuse, condamné à une vie sédentaire, et
sevré d'excès, doit finir par un coup de sang.

Les passions ne sont que l'idée dans son premier
développement ; elles sont un attribut de la jeunesse du
cœur... celui-là se trompe grossièrement qui croit à leur
empire indéfini ! Combien de fleuves paisibles naissent

de cataractes bruyantes : il n'en est pas qui gardent un cours impétueux et turbulent jusqu'à la mer. Mais ce calme est souvent l'indice d'une force puissante, bien que cachée : la plénitude et la profondeur des sentiments et des pensées n'admet point les emportements déréglés : l'âme dans la douleur, comme dans la joie, se rend un compte sévère de tout, et reconnaît qu'il en doit être ainsi... elle sait que, sans les orages, l'ardeur du soleil finirait par la dessécher; elle pénètre les conditions de sa vie ; elle s'applaudit ou se punit, avec un sentiment paternel. C'est seulement lorsqu'il est parvenu à cette connaissance parfaite de lui-même que l'homme peut apprécier la justice de Dieu.

En relisant ces dernières pages, je m'aperçois que je me suis laissé entraîner loin de mon sujet... mais qu'importe? J'écris ces mémoires pour moi... tout ce qu'il m'arrive de leur confier me rappellera plus tard d'intéressants souvenirs.

. . . .
. . . .

Grouchnitzky est venu et s'est jeté à mon cou... il vient de passer officier... Nous avons bu du champagne. Peu de temps après lui est arrivé le docteur Werner.

— Permettez-moi de ne pas vous féliciter, lui dit-il...

— Et pourquoi?

— Parce que la capote de soldat vous sied à ravir... et vous conviendrez qu'un uniforme d'officier de l'armée, confectionné ici, ne vous donnera pas un air intéressant... Jusqu'ici, voyez-vous, vous étiez une exception, et maintenant vous voilà comme tout le monde.

— Dites tout ce qu'il vous plaira, docteur... Je n'en ai pas moins de bonnes raisons pour me féliciter...

— Il ne sait pas, me dit-il à l'oreille, quelles espérances

m'ouvrent ces épaulettes... O épaulettes! chères épaulettes! vos étoiles guideront mes pas... Tenez, je suis au comble du bonheur !

— Viens-tu faire un tour avec nous à la fondrière? lui demandai-je.

— Moi! pour rien au monde je ne voudrais paraître devant elle avant d'avoir mon uniforme.

— Veux-tu que nous l'informions?...

— Non, je t'en prie... Je veux lui ménager cette surprise...

— A propos, où en es-tu avec elle?

Il se troubla et devint pensif : il avait envie de faire l'avantageux, de nous conter quelque mensonge... et en même temps, il en avait du remords... d'un autre côté il lui en coûtait d'avouer la vérité.

— Crois-tu qu'elle t'aime?

— Si elle m'aime?... mais à quoi penses-tu, Petchorin?... à peine me connaît-elle... et d'ailleurs, cela serait qu'elle n'irait pas me le dire...

— Fort bien! Et selon toi, un homme comme il faut doit également tenir sa passion secrète?

— Hé! mon cher... il y a une manière... il est des choses qu'on laisse deviner sans les dire...

— C'est vrai!... seulement l'amour qui ne s'explique que par des regards, n'engage pas une femme comme celui qui parle... Prends garde, Grouchnitzky... elle t'abuse...

— Elle! reprit-il en levant les yeux au ciel avec un sourire de satisfaction... Je te plains, Petchorin!...

Il sortit.

Le soir, il y avait beaucoup de monde à la promenade de la fondrière. Les savants de l'endroit prétendent que cette fondrière n'est qu'un cratère éteint. Elle se trouve sur la pente du Machouk à une verste de la ville. On y arrive par un sentier étroit au milieu de buissons et de rochers; je donnai le bras à Mary pour gravir sur la montagne, et durant tout ce trajet, je restai son cavalier.

La médisance fit les premiers frais de notre conversation; je m'égayai sur le compte des présents et des absents, en commençant par le ridicule, et en passant aux reproches plus sérieux... Ma bile coulait à flots....D'abord, je n'avais fait que plaisanter, mais bientôt je devins plus que caustique... Elle avait commencé par rire... elle finit par avoir peur.

— Vous êtes un homme bien dangereux! me dit-elle... Je crois que j'aimerais autant m'exposer au couteau d'un meurtrier qu'aux atteintes de votre langage... Sans badiner... lorsqu'il vous prendra fantaisie de mal parler de moi, tuez-moi plutôt... je crois que cela vous coûterait peu.

— Est-ce que j'ai l'air d'un assassin?

— Vous êtes bien pire...

Après un instant de silence, je lui dis d'un air profondément touché :

— Oui, tel a été mon sort depuis mon enfance! Chacun croyait lire sur mes traits les indices de sentiments pervers... on supposait gratuitement les choses les plus fausses, et ces sentiments ont fini par naître. J'étais timide, on disait que j'étais hypocrite... je devins caché. Je sentais vivement le bien et le mal... personne ne me caressait; on prenait à tâche de m'aigrir... je devins rancuneux... J'étais sombre au milieu d'enfants gais et dissipés :... je me sentais au-dessus d'eux et on les mit au-dessus de moi... je devins haineux. J'étais d'une nature aimante... personne ne me comprenait... la haine devint une habitude de mon cœur... Ma triste jeunesse n'a été qu'une lutte incessante avec moi-même et avec le monde... J'ai refoulé au fond de mon cœur tous mes bons sentiments... et ils s'y sont éteints. J'étais sincère... on ne me croyait pas... et je me formai à la dissimulation : lorsque je connus le monde et les ressorts de la société, l'étude de la vie me dégoûtai ; je voyais les ignorants réussir, et profiter de tous les avantages que j'avais poursuivis avec tant de persévérance. Alors le découragement s'empara de moi, non ce découragement dont on se guérit par un coup de feu ; mais ce détachement de tout, sentiment sans énergie qui se déguise sous le sourire de la bienveillance. Devenu incomplet au point de vue moral, je sentis se dessécher et mourir une partie des facultés de mon âme, et je les retranchai de ma nature ; ce qui survécut était bon et serviable ; mais personne ne s'en doutait, dans l'ignorance où l'on était que j'avais répudié la meilleure moitié de moi-même, cette moitié dont vous m'avez fait souvenir, et dont je viens de vous lire l'épitaphe. En général, on se moque des épitaphes, mais je ne partage pas cette manière de voir... je pense moins à ce qu'elles sont qu'à ce qu'elles recouvrent.. Au reste, je ne vous demande pas d'être de mon avis : si cette tirade vous paraît ridicule, riez-en tout à votre aise... Je puis vous assurer que je n'en serai pas formalisé le moins du monde.

En ce moment, mon regard rencontra le sien... quelques larmes brillaient dans ses yeux : son bras qui s'appuyait sur le mien tremblait ; une vive rougeur enflammait ses joues... elle me plaignait ! La pitié, ce sentiment auquel cèdent si facilement les femmes, avait jeté ses atteintes dans son cœur inexpérimenté. Pendant tout le reste de la promenade, elle fut distraite, et oublia jusqu'à sa coquetterie naturelle... C'était un symptôme significatif !...

Nous arrivâmes à la fondrière ; les dames quittèrent leurs cavaliers, mais elle continua de me donner le bras. Elle ne s'inquiétait pas des épigrammes de nos dandys... l'escarpement dont elle foulait le bord ne lui causait aucune crainte, tandis que les autres dames jetaient des exclamations et se couvraient les yeux.

Au retour, je ne repris point notre premier entretien ; mais à toutes mes plaisanteries elle répondait brièvement et d'un air distrait.

— Avez-vous jamais aimé ? lui demandai-je enfin.

Elle me regarda attentivement, secoua la tête et retomba dans sa rêverie. Il était évident qu'elle voulait dire quelque chose, mais qu'elle ne savait comment commencer. Les soulèvements de son sein trahissaient son agitation... Que voulez-vous ?... une manche de mousseline est une barrière impuissante, et une étincelle électrique passa de mon bras dans le sien... Presque toutes les passions commencent ainsi, et nous nous abusons bien souvent en nous figurant qu'une femme nous aime pour nos avantages physiques ou pour notre mérite... Sans doute, ces choses-là préparent favorablement à recevoir le feu sacré, mais c'est le premier attouchement qui décide de tout.

— N'est-ce pas, me dit-elle, que j'ai été bien aimable aujourd'hui ?

La promenade était finie... nous nous séparâmes.

Elle est mécontente d'elle-même... elle s'accuse sans doute de froideur.. Décidément, c'est un triomphe !... Demain elle voudra me dédommager... Je sais tout cela d'avance, et voilà l'ennui !

12 juin. — Aujourd'hui j'ai vu Véra... elle m'a poursuivi de sa jalousie... Il paraît que la petite princesse a eu l'idée de lui faire ses confidences... Il faut convenir que le choix est judicieux !

— Je prévois comment tout cela finira, me dit Véra. Avoue-moi plutôt que tu l'aimes.

— Et si je ne l'aime pas?

— Alors pourquoi ces assiduités?... pourquoi exciter son imagination?... Je te connais! Si tu veux que je te croie, pars pour une huitaine pour Kislovodsk... Nous partons après-demain... La princesse ne viendra que plus tard. Loue près de notre demeure un appartement. Nous allons occuper une grande maison près de la source, et, tout à côté, il y en a une appartenant au même propriétaire, et qui n'est pas encore arrêtée... La princesse Ligovsky a retenu le rez-de-chaussée de la nôtre... Tu viendras?

Je promis, et, pour ne point reculer, je fis retenir le logement en question.

Grouchnitzky est venu chez moi à six heures du soir pour me communiquer l'importante nouvelle que son uniforme serait prêt le lendemain, justement pour le bal.

— Enfin je pourrai danser avec elle toute la soirée... je pourrai lui parler tout à mon aise !

— Et à quand ce bal?

— Demain !... Comment ! tu ne le savais pas?... Ce sera très-brillant... l'autorité s'est chargée de tout.

— Viens faire un tour de boulevard...

— Pour rien au monde avec cette indigne capote...

— Elle est donc en défaveur?...

Je sortis seul et rencontrai la princesse Mary... Je la

retins pour une mazourka... Elle en parut surprise autant que charmée.

— Vous aurez demain une surprise agréable, lui dis-je...

— Comment?

— C'est un secret dont le bal vous donnera le mot.

— J'ai cru que vous ne dansiez que par complaisance... comme la dernière fois... reprit-elle avec le plus aimable sourire.

Elle ne paraissait nullement occupée de l'absence de Grouchnitzky.

J'ai passé la fin de la soirée chez la princesse. Il n'y avait personne, à l'exception de Véra et d'un vieillard des plus amusants. J'étais en veine : j'improvisai quelques anecdotes saisissantes... La princesse Mary écoutait mes folies avec une attention et une confiance qui me faisaient presque honte. Qu'a-t-elle fait de sa vivacité, de sa coquetterie, de ses caprices, de ses petits airs de dédain? Rien de tout cela n'a échappé à Véra... Son visage défait exprime le chagrin... Elle est assise dans l'embrasure d'une fenêtre, plongée dans les profondeurs d'un fauteuil... Elle me fait pitié...

J'entamai ensuite le récit dramatique de toute mon histoire avec Béla... en changeant les noms, bien entendu.

J'exprimai avec tant de vivacité ma tendresse, les tourments, les transports de notre amour; j'exposai sous un jour si favorable sa conduite, son caractère, qu'il lui fallut bien me pardonner mes attentions pour Mary.

Elle se leva, vint s'asseoir près de nous, et sembla renaître. Nous ne nous séparâmes qu'à deux heures du matin, sans nous souvenir qu'il est dans les règles de l'hygiène de ne pas dépasser onze heures.

13 juin. — Une demi-heure avant l'ouverture du bal m'arriva Grouchnitzky dans tout l'éclat de son nouvel uniforme. Au troisième bouton était attachée une chaîne de bronze où pendait un double lorgnon ; ses épaulettes d'une grandeur démesurée se relevaient comme deux ailes d'Amour... ses bottes craquaient... Dans sa main gauche il tenait des gants glacés couleur cannelle et sa casquette, tandis que de la droite il distribuait en petites boucles la frisure de son toupet. Le contentement de soi-même et en même temps je ne sais quelle défiance se peignaient sur ses traits. Sa toilette endimanchée, la fierté de sa démarche, m'auraient fait rire en toute autre circonstance.

Il jeta ses gants et sa toque sur la table et se mit à égaliser les basques de son uniforme, en se regardant au miroir. Une volumineuse cravate noire, qui enveloppait un faux col des plus hauts, lui serrait le menton et dépassait le collet d'un bon demi-pouce ; mais c'était trop peu à son avis, et il trouva le moyen de le faire monter jusqu'aux oreilles... Par suite de ces évolutions pénibles, il avait la face rouge et allumée.

— On dit que tous ces jours-ci tu as fait une cour opiniâtre à ma princesse, me dit-il d'un air indifférent, et sans même me regarder.

— Il faut bien que les fous prennent le thé quelque part... lui répondis-je en empruntant cette citation à Pouchkin.

— A propos, trouves-tu que mon uniforme me va bien ?... Ce maudit juif... Comme il me gêne sous les aisselles ! As-tu des odeurs ?

— Ce n'est pas encore assez !... Tu sens d'une lieue la pommade à la rose.

Il répandit un demi-flacon d'essence sur sa cravate, son mouchoir de poche et ses gants.

— Comptes-tu danser? me demanda-t-il.

— Je ne crois pas.

— J'ai peur de danser la première mazourka avec la princesse... à peine sais-je une figure.

— Et tu l'as invitée pour la mazourka?

— Pas encore.

— Prends garde qu'on ne te prévienne...

— Et en effet, ajouta-t-il en se frappant le front... Adieu... je vais l'attendre sur le perron...

Il prit sa toque et s'éloigna en courant.

Au bout d'une demi-heure je sortis... La rue était sombre et déserte. Autour du restaurant où se donnait le bal, la foule se pressait. Les fenêtres rayonnaient de lumière, et le vent du soir m'apportait les sons de la musique du régiment. J'avançai comme à regret... je me sentais triste...

Se pourrait-il, me disais-je, que ma seule mission ici-bas soit de briser les espérances des autres... Depuis que j'existe et que je suis en état d'agir, une sorte de fatalité me mêle au dénoûment des drames les plus étranges... comme si, sans moi, on ne pouvait ni mourir ni se désoler! Je suis un personnage nécessaire du cinquième acte... j'ai rempli le rôle du bourreau ou du traître... Quel peut être en cela le but de la Providence?... Suis-je destiné à défrayer l'imagination des auteurs de tragédies bourgeoises et de romans ou de nouvelles?... Qui sait?... combien y a-t-il de gens qui, après avoir rêvé la fin d'Alexandre le Grand ou de Byron, meurent conseillers titulaires?...

En entrant dans la salle, je me cachai dans la foule des cavaliers, pour faire à mon aise mes observations.

Grouchnitzky était debout à côté de la jeune princesse et lui parlait d'un air animé. Elle l'écoutait avec distraction, regardait de côté et d'autre, en approchant son éventail de ses lèvres... Ses traits décelaient l'impatience... elle semblait chercher quelqu'un. Je m'approchai tout doucement pour écouter leur conversation.

— Vous vous plaisez à me tourmenter, princesse ! disait Grouchnitzky... Vous avez terriblement changé depuis la dernière fois.

— Et vous aussi, répondit-elle en lui jetant un regard rapide, où il n'eut pas l'esprit de démêler une expression d'ironie.

— Moi ! j'ai changé, moi ! oh ! jamais !... vous savez trop que c'est impossible ! Celui qui vous a vu une fois... n'oubliera de sa vie votre image adorée !

— Mais en vérité !...

— Pourquoi refusez-vous maintenant d'écouter ce qui tout récemment n'excitait chez vous aucune colère?

— Parce que je hais les répétitions.

— Je me suis cruellement abusé !... J'ai cru, aveugle que j'étais, que mes épaulettes me donneraient au moins le droit d'espérer... Mais non... Mieux eût valu cent fois garder cette capote de soldat, à laquelle peut-être j'ai dû d'être remarqué de vous...

— Et en effet, elle vous allait beaucoup mieux...

En ce moment je m'approchai et saluai Mary... Elle rougit légèrement, puis elle me dit :

— N'est-ce pas, monsieur Petchorin, que la capote grise allait bien mieux à M. Grouchnitzky?...

— Je ne suis pas de votre avis, lui répondis-je... l'uniforme le rajeunit encore davantage.

Grouchnitzky ne put supporter ce coup. Comme tous les adolescents, il a la prétention de paraître homme fait. Il se figure que les traces profondes des passions ont donné à ses traits l'expression de l'âge. Il me jeta un regard courroucé, frappa du pied... et s'éloigna.

— Convenez-en, dis-je à la jeune princesse, quoiqu'il ait toujours été passablement ridicule, il vous paraissait intéressant comme enseigne?...

Son regard devint fixe, et elle ne me répondit rien.

Pendant toute la soirée, Grouchnitzky poursuivit la princesse; il fut ou son partner ou son vis-à-vis, et il ne cessa de la dévorer du regard. Il soupirait, et l'assommait de ses langueurs et de ses reproches. Au troisième quadrille, elle le détestait.

— Je ne me serais pas attendu à cela de ta part, me dit-il en me prenant par le bras.

— De quoi parles-tu?

— Tu danseras avec elle la mazourka?... me demanda-t-il d'une voix solennelle... elle en est convenue...

— Hé bien?... est-ce que c'est un secret?

— Je ne devais pas m'attendre à moins de la part de cette petite coquette... Mais je me vengerai!...

— Tu peux pester contre ta capote ou ton uniforme, mais tu n'as pas le droit de t'en prendre à elle... En quoi est-elle blâmable, si tu as cessé de lui plaire?

— Et alors pourquoi donner des espérances?

— Et pourquoi as-tu espéré?... On peut désirer, faire sa cour... mais qui diable s'avise d'espérer?

— Tu as gagné notre pari... mais pas tout à fait encore... me dit-il avec un sourire haineux.

La mazourka commença. Grouchnitzky ne dansait qu'avec la princesse, qu'invitaient à l'envi les autres cavaliers... Il est clair que c'était une conspiration contre moi. Tant mieux! elle a envie de causer avec moi... on l'en empêche... elle le désirera bien davantage.

Je lui serrai la main deux fois ; à la seconde, elle la retira sans dire un mot.

— Je dormirai mal cette nuit, me dit-elle lorsque la mazourka fut finie.

— Et c'est Grouchnitzky qui en aura été la cause ?

— Oh ! point du tout !...

Et son visage devint si pensif, si triste, que je me promis de lui baiser la main dès ce soir même.

Lorsqu'on remonta en voiture, je pressai rapidement sa petite main contre mes lèvres... Il faisait sombre... personne ne put s'en apercevoir.

Je rentrai dans la salle, fort content de moi-même.

Les jeunes gens soupaient à une grande table. Grouchnitzky était du nombre. Quand j'entrai, tout le monde se tut, ce qui indiquait qu'on parlait de moi. J'ai plus d'un ennemi depuis le dernier bal, et particulièrement le capitaine de dragons... Pour l'instant, Grouchnitzky est, à n'en pas douter, le chef d'une clique qui ne m'est rien moins que bienveillante. Il prend un air si fier et si martial !...

J'en suis enchanté ; j'aime mes ennemis... mais non pas au point de vue chrétien. Ils sont pour moi un amusement, et leur aspect fait que je me sens vivre. Être toujours sur le qui-vive, épier chaque regard, le sens de chaque parole; deviner les intentions, jouer la dupe ; et, au moment où l'on s'y attend le moins, renverser d'un seul choc l'édifice si péniblement élevé de leurs intrigues et de leurs combinaisons... voilà ce qui s'appelle vivre !

Pendant tout le temps du souper Grouchnitzky parla bas au capitaine et lui fit des signes d'intelligence.

14 *juin*. — Aujourd'hui matin Véra est partie avec

son mari pour Kislovodsk. J'ai rencontré leur voiture en allant chez les Ligovsky. Elle me fit un signe de tête... son regard exprimait le reproche.

A qui la faute? Pourquoi ne me procure-t-elle pas l'occasion de la voir en particulier? L'amour est comme le feu, il s'éteint faute d'aliment. Peut-être la jalousie fera-t-elle ce que mes prières n'ont pu faire.

Je suis resté avec la princesse une grande heure... Mary n'a point paru. La cabale nouvellement organisée, et qui pour armes avait adopté la lorgnette, était en effet menaçante.

Je ne suis pas fâché qu'elle soit malade... Ils lui auraient fait quelque impertinence. La crinière de Grouchnitzky est négligée; il en est aux grands désespoirs. Je crois qu'il est réellement peiné... D'abord il est blessé dans son amour-propre... Que voulez-vous? chez certaines gens le désespoir même est ridicule!...

En rentrant chez moi, je sentis que quelque chose me manquait... *Je ne l'ai pas vue!... elle est indisposée!* Est-ce que par hasard je serais amoureux?... Allons donc!...

15 *juin*. — A onze heures du matin, heure à laquelle la princesse Ligovsky transpire régulièrement dans la cuve d'Iermolof, je passai près de sa maison. Mary était assise toute pensive à la fenêtre... En me voyant elle s'élança de sa chaise.

J'entrai dans l'antichambre... aucun des domestiques n'y était... Profitant de la liberté dont on jouit aux eaux, j'entrai sans être annoncé.

Son joli minois était tout pâle. Elle était debout près de son piano et s'appuyait d'une main sur le dos d'un fauteuil...Cette main tremblait. Je m'approchai et lui dis:

— Vous êtes fâchée contre moi?...

Elle me jeta un long et triste regard, et secoua la tête... Ses lèvres s'ouvraient pour prononcer quelque chose, mais sans pouvoir articuler un seul mot; ses yeux se remplirent de larmes... Elle se laissa tomber dans son fauteuil et couvrit sa figure de ses mains.

— Qu'avez-vous? lui dis-je en lui prenant la main.

— Vous ne m'estimez pas!... Oh! de grâce, laissez-moi!...

Je fis quelques pas pour me retirer... Elle se redressa sur son siége... ses yeux brillaient...

Je m'arrêtai en saisissant le bouton de la porte, et lui dis :

— Excusez-moi, princesse!... Je me suis conduit en insensé... Une autre fois cela ne m'arrivera plus... je prendrai mes mesures... Et pourquoi seriez-vous instruite de tout ce qui s'est passé dans mon âme? Vous ne le saurez jamais, et ce sera tant mieux pour vous... Adieu!

Comme je sortais, il me sembla l'entendre pleurer.

Je me suis promené à pied jusqu'au soir aux environs du Machouk, et je rentrai épuisé de fatigue. Je me jetai sur mon lit... Werner entra chez moi.

— Est-il vrai, me demanda-t-il, que vous allez vous marier avec la jeune princesse Ligovsky?

— Comment?

— Toute la ville en parle... tous mes malades ne sont occupés que de cette grande nouvelle... Rien de tel que les malades pour tout savoir!

Il y a là-dessous du Grouchnitzky, me dis-je.

— Pour vous prouver, docteur, combien ces bruits sont peu fondés, je vous dirai, mais entre nous, que je pars demain pour Kislovodsk...

— Et la princesse aussi?...

— Non, elle ne partira que la semaine prochaine.

— Ainsi vous ne vous mariez point?...

— Docteur! docteur! regardez-moi un peu, et dites-moi si j'ai l'air d'un fiancé ou de quelque chose qui y ressemble?

— Je ne dis pas cela... mais vous savez qu'il est des circonstances... (ici il fit une pause en souriant) où un homme d'honneur est tenu de se marier... et qu'il est des mamans qui ne savent pas prévenir ces circonstances... Je vous conseille donc en ami d'être plus circonspect. L'air des eaux est terriblement dangereux... Combien ai-je vu de jeunes gens, dignes d'un meilleur sort, partir d'ici avec le bouquet de noces!... Il n'est pas jusqu'à moi qu'on n'ait voulu marier! C'était une dame de province dont la fille était extrêmement pâle. J'eus l'imprudence de lui dire que les couleurs lui reviendraient après le mariage... Elle versa des larmes de reconnaissance, et elle m'offrit la main de sa fille avec toute sa fortune... qui consistait en cinquante âmes, autant que je puis me le rappeler... Je m'en tirai en disant que j'étais peu propre au mariage...

Werner sortit bien convaincu qu'il m'avait donné un avertissement salutaire.

Il n'en résultait pas moins que des bruits fâcheux couraient dans la ville sur Mary et sur moi... Mon cher Grouchnitzky, cela ne se passera pas comme cela!

18 *juin*. — Voilà trois jours que je suis à Kislovodsk. Je vois régulièrement Véra à la source et à la promenade. Le matin, à peine éveillé, je m'assieds à ma fenêtre et je braque ma lorgnette sur son balcon. Depuis longtemps déjà elle est habillée, et je la vois arborer le signal convenu. Nous nous rencontrons comme fortuitement dans

le jardin, qui s'étend depuis notre demeure jusqu'à la source. L'air vivifiant des montagnes lui a rendu la fraîcheur et les forces. Ce n'est pas sans de bonnes raisons que le Narzan passe pour la source par excellence. Les habitants de l'endroit prétendent que l'air de Kislovodsk prédispose à l'amour, que tous les romans du cœur s'y dénouent après avoir commencé dans le voisinage du Machouk.

Et en effet, tout ici respire la solitude; tout est mystère, et les ombrages profonds des allées de tilleuls qui se penchent pour se mirer dans les sources qui, murmurantes et blanchissantes d'écume, courent au milieu des vertes montagnes, et les cavernes silencieuses et sombres dont les ramifications divergent dans toutes les directions, et la fraîcheur de l'atmosphère chargée des parfums des hautes herbes et de l'acacia blanc, et le bruit continuel et plein de sommeil des courants d'eau qui, après s'être rencontrés au fond du val, poursuivent leur cours fraternel, et vont se jeter ensemble dans le Polkoumok.

De ce côté la caverne s'élargit et se change en une colline verdoyante où serpente un chemin poudreux. Toutes les fois que je regarde ce chemin, il me semble voir un visage rosé regarder de la portière d'une voiture. J'en ai déjà vu passer un grand nombre, mais ce n'était pas la sienne... Le village, qui est bâti derrière le fort, est très-fréquenté. Dans le restaurant qui s'élève sur la hauteur, à quelques pas de mon traiteur, on commence à distinguer le soir des lumières entre les peupliers... et jusque bien avant dans la nuit on entend la voix des convives et le bruit des verres.

Nulle part il ne se boit plus de vin de Kakhétie et d'eaux minérales.

> Grand bien leur fasse !..., quant à moi,
> Je les laisse doubler l'emploi.

Grouchnitzky et sa cabale ne quittent guère le restaurant ; à peine me salue-t-il quand il me rencontre.

Il est ici depuis hier, et il a déjà trouvé le moyen de se quereller avec trois vieillards qui voulaient entrer dans la cuve avant lui... Décidément les mécomptes ont surexcité ses esprits belliqueux.

22 juin. — Enfin elles sont arrivées. J'étais à la fenêtre... j'entendais le bruit de leur voiture... et mon cœur tressaillit. Cela ressemble assez à de l'amour... Je suis si drôlement bâti qu'avec moi il ne faut jurer de rien.

J'ai dîné chez ces dames. La princesse a été pour moi d'une grâce parfaite... mais elle ne quitte pas sa fille... Cela va mal... Véra est jalouse de Mary... Voilà où j'en suis ! De quoi une femme n'est-elle pas capable pour désoler une rivale ? Cela me rappelle qu'une fois je n'ai été aimé que parce que je m'adressais ailleurs. L'esprit femelle est un paradoxe à mille faces... Rarement vous persuaderez une femme ; il faut l'amener à vouloir... L'ordre des preuves au moyen desquelles les femmes triomphent de leurs préjugés est ce qu'il y a au monde de plus original. Pour se mettre au courant de leur dialectique, il faut commencer par renverser toutes les règles de l'école ; prenons un exemple :

En suivant le sens logique, une femme se dira : — Cet homme m'aime, mais je suis mariée : donc je ne dois pas l'aimer.

Dans sa logique à elle, voilà comment elle raisonnera : — Je ne dois pas l'aimer, car je suis mariée ; mais il m'aime... donc...

Ici il y a une suspension, parce que le raisonnement

n'a déjà plus rien à formuler... C'est alors le tour de la langue, des yeux et du cœur... si toutefois elle en a un.

Et si ces mémoires viennent à tomber entre les mains d'une femme... — Quelle calomnie! s'écriera-t-elle.

Depuis que les poëtes écrivent et que les femmes les lisent (ce qui est méritoire de la part du sexe), on les a si souvent comparées à des anges, qu'elles ont fini par se persuader, dans la naïveté de leur amour-propre, que le compliment était fondé, sans se rappeler que ces mêmes poëtes avaient fait de Néron... un dieu.

Je devrais cependant parler d'elles avec plus de ménagements, moi qui n'ai aimé qu'elles au monde; moi qui, dans toutes les circonstances, n'ai jamais hésité à leur sacrifier mon repos, mon ambition et même ma vie... Ne vous y trompez pas... ce n'est point dans un accès d'humeur, ou parce que je me sens blessé dans mon amour-propre, que je lève le voile magique qui dérobe leurs imperfections, et que ne perce qu'à peine l'œil le plus exercé. Non, tout ce que je pense d'elles vient

> D'un esprit froid qui juge sans faiblesse
> Et d'un cœur plein qui sonde sa tristesse.

Il serait à souhaiter pour les femmes que tous les hommes les connussent aussi bien que moi, car je les aime cent fois davantage depuis que, cessant de les craindre, j'ai pénétré leurs petites faiblesses.

A ce sujet, je me rappelle que Werner compare les femmes à la forêt enchantée dont parle le Tasse dans sa *Jérusalem délivrée...*

« Dès les premiers pas tu rencontreras Dieu sait quels monstres : le devoir, l'orgueil, les convenances, l'opinion, la raillerie, le mépris... et Dieu sait encore!... Ne regarde point et marche droit... peu à peu toutes ces figures s'effacent, et tu découvres une prairie paisible et riante au milieu de laquelle est un myrte verdoyant. Mais si ton cœur tremble au début de la carrière, si tu essaies de retourner sur tes pas, malheur à toi! »

24 juin. — La soirée d'aujourd'hui a été fertile en événements. A trois verstes de Kislovodsk, dans un canal où coule le Polkoumok, s'élève un rocher que l'on nomme l'*Anneau*. C'est une porte façonnée par la nature. Elle est située sur une colline élevée, et par cette ouverture le soleil couchant envoie ses derniers rayons. Une nombreuse cavalcade s'y rend pour jouir de ce spectacle, quoique, à vrai dire, aucun des promeneurs ne pensât au soleil. J'étais à cheval à côté de la princesse Mary. En retournant à Kislovodsk, il fallait traverser le Podkoumok à gué. Les plus petits ruisseaux sont dangereux dans les montagnes, surtout parce que leur fond offre l'aspect d'un kaléidoscope. Chaque jour l'impétuosité du courant le modifie. Là où se trouvait hier une pierre, il y a aujourd'hui un trou. Je pris par la bride le cheval de la jeune princesse, et je le conduisis... il y avait à peine de l'eau jusqu'au genou. Nous avancions avec précaution contre le courant. On sait qu'en traversant un courant rapide il ne faut point regarder l'eau ; sinon la tête vous tourne. J'avais oublié de lui faire cette recommandation.

Nous étions déjà parvenus au milieu de la rivière, à l'endroit le plus rapide, lorsque tout à coup je la vis chanceler sur sa selle.

— Je me trouve mal!... me dit-elle d'une voix faible.

Aussitôt je me penchai vers elle, et mon bras étreignit sa taille svelte.

— Regardez en haut ! lui dis-je tout bas... Ce ne sera rien... N'ayez pas peur ; je suis avec vous.

Elle reprit ses sens, et essaya de se dégager... Mais je la pressai avec plus de force... Ma joue touchait presque la sienne qui était brûlante.

— Mon Dieu ! que faites-vous ?...

Sans tenir compte de son trouble ni de ses craintes, j'imprimai mes lèvres sur sa joue délicate... Elle tressaillit, mais ne prononça pas une parole. Nous étions derrière les autres : personne ne s'aperçut de rien.

Dès que nous eûmes touché le rivage, tout le monde partit au trot. La princesse Mary ralentit son cheval... Je me tenais près d'elle. Il était visible que mon silence l'inquiétait ; mais j'avais juré de ne pas dire un mot... pour attendre ce que cela deviendrait. J'étais curieux de voir comment elle se tirerait de cette situation difficile.

— Ou vous me méprisez, me dit-elle enfin, ou vous m'aimez beaucoup !.. Il y avait des larmes dans sa voix. Peut-être que vous avez l'intention de vous jouer de moi, de bien me tourmenter, et de me laisser là... Ce serait une conduite si indigne, si basse, que le soupçon seul... Oh ! non !... N'est-ce pas, ajouta-t-elle avec le ton d'une tendre persuasion... n'est-ce pas qu'il n'y a rien en moi qui exclue les égards? Votre hardiesse... je dois vous la pardonner... puisque je l'ai permise... Répondez, parlez, je veux entendre votre voix !...

Ces dernières paroles exprimaient si vivement une impatience de femme, que je ne pus m'empêcher de sourire... Par bonheur, il faisait déjà obscur... Je ne répondis pas un mot.

— Vous vous taisez? poursuivit-elle ; vous voulez sans doute me forcer à parler la première... à vous avouer que je vous aime?

Je restai silencieux.

— Est-ce cela que vous voulez? reprit-elle en se tournant brusquement vers moi... Dans son regard décidé il y avait une expression étrange.

— Pourquoi? répondis-je enfin en haussant les épaules.

Elle donna un coup de cravache à son cheval, et s'élança de toute sa vitesse sur ce chemin étroit et dangereux. Tout cela fut si prompt, que j'eus à peine le temps de la rejoindre, et encore ne fut-ce que lorsqu'elle eut rejoint le reste de la société. Jusqu'au logis, elle ne fit que parler et rire. Cette agitation avait quelque chose de fébrile... Elle ne m'adressa pas un seul regard... Tout le monde parut frappé de cette gaieté inaccoutumée. La princesse se réjouissait de voir sa fille dans cette disposition, tandis que c'était tout bonnement une crise de nerfs... Elle ne dormira pas de la nuit; elle pleurera... Je me complais singulièrement dans cette idée... Quelquefois je tiens du vampire... Et cependant je passe pour un bon enfant, et cette réputation je l'ambitionne !

On descendit de cheval... Les dames se rendirent chez la princesse... J'étais troublé... Je sentais le besoin de galoper dans la montagne pour chasser les idées noires qui m'obsédaient.

La soirée était d'une fraîcheur délicieuse. La lune commençait à se lever derrière les cimes. A chaque pas la corne de ma monture retentissait sourdement dans le silence du ravin. Près de la cataracte, je fis boire mon cheval... J'aspirai avidement l'air frais de la nuit, et je repris le chemin de ma demeure. Je traversai le village. Les lumières commençaient à s'éteindre... Les sentinelles du rempart et les cosaques des patrouilles se répondaient au milieu de ce silence.

Je remarquai qu'une des maisons du village située sur

le coteau était extraordinairement éclairée... Le bruit des demandes et des réponses qui se croisaient avec vivacité, celui des exclamations qui retentissaient de temps à autre, annonçait une réunion de militaires. J'avançai avec précaution, et me cachai derrière une fenêtre. A travers les volets mal fermés, je pouvais distinguer les convives et suivre leur conversation. On parlait de moi.

Le capitaine de dragons, échauffé par le vin, frappa du poing sur la table, et, demandant un moment d'attention :

— Messieurs ! dit-il... tout cela n'aboutit à rien... Il faut donner une leçon à Petchorin !... Ces freluquets de Pétersbourg se figurent être Dieu sait quoi, jusqu'à ce qu'on les remette à leur place. Il croit connaître le monde mieux que personne, parce qu'il porte des gants jaunes et des bottes vernies... Et ce sourire de protection !... Et avec tout cela je suis sûr que c'est un poltron !... Oui, un poltron !

— C'est aussi mon avis, dit Grouchnitzky ; il aime à railler... Une fois, je lui ai parlé de manière à faire dégaîner immédiatement un homme qui se respecte... il s'est contenté de tourner la chose en plaisanterie... Je ne l'ai pas provoqué, bien entendu, parce que c'était à lui de le faire... D'ailleurs, je ne voulais pas me compromettre...

— Grouchnitzky lui en veut, dit un autre, parce qu'il lui a soufflé la petite princesse.

— En voilà une idée ! reprit Grouchnitzky... Il est vrai que je lui ai fait un peu la cour, mais j'ai tout de suite abandonné la partie, parce que, n'ayant pas l'intention de me marier, je ne veux pas afficher une jeune personne... Ce n'est pas dans mes principes.

— Je vous soutiens, reprit le capitaine, que c'est un poltron fieffé (je parle de Petchorin et non de Grouchnitzky)... Grouchnitzky est un garçon de cœur... et de plus, c'est mon ami... Messieurs! personne ici n'élève la voix pour défendre Petchorin... Personne?... Hé bien! tant mieux!... Voulez-vous mettre son courage à l'épreuve?... Rien que pour nous amuser?...

— Nous ne demandons pas mieux; mais comment?

— Voici comment, reprit le capitaine. Grouchnitzky a des motifs pour se plaindre de lui... Le premier rôle lui revient de droit. Il relèvera la première bagatelle, et provoquera Petchorin... Attendez... Voilà le plaisant... Il l'appelle en duel : c'est bien... Le cartel, les apprêts, les conditions, tout se fera de la manière la plus solennelle... Je m'en charge... Je serai ton second, mon pauvre ami!... Bien encore!... Seulement les pistolets ne seront chargés qu'à poudre... Je parie avec qui voudra que Petchorin saignera du nez... La distance sera de six pas... Nous verrons bien, ou le diable m'emporte!... Approuvez-vous ce plan, Messieurs?

— Le tour est excellent... Rien de mieux imaginé... s'écrièrent tous les convives.

— Et toi, Grouchnitzky?

J'attendais avec émotion la réponse de Grouchnitzky... Sans cet heureux hasard, me disais-je avec une colère froide, j'aurais été le plastron de ces étourdis... Si Grouchnitzky avait refusé, je me serais jeté à son cou...

Après quelques instants de silence, il se leva, tendit la main au capitaine, et dit avec emphase :

— J'y consens.

Cette résolution fut accueillie avec un enthousiasme difficile à décrire.

Je retournai chez moi, agité par deux sentiments contraires. Le premier était du chagrin. Pourquoi me haïssent-ils tous? Quel est leur motif?... Ai-je offensé quelqu'un d'entre eux? Non... Serais-je donc de ces gens dont la seule vue inspire la malveillance? Je sentais la colère se glisser dans mon cœur comme un venin... Prenez garde, monsieur Grouchnitzky! répétais-je en me promenant à grands pas dans ma chambre... je ne suis pas homme à supporter ce genre de badinage!... L'approbation de vos amis pourra vous coûter cher! Je ne serai le jouet de personne!...

Je ne dormis pas de la nuit. Le matin, j'étais jaune comme un citron.

Le matin, je rencontrai Mary près de la source.

— Vous êtes malade? me dit-elle en me regardant avec attention.

— Je n'ai pas fermé l'œil de toute la nuit.

— Ni moi non plus... Je vous ai accusé... peut-être à tort?... Mais expliquez-vous, et tout vous sera pardonné...

— Tout?

— Tout... mais vous serez franc... Seulement ne tardez pas... Voyez-vous, j'y ai bien pensé, tant j'avais envie de ne pas vous trouver coupable... Peut-être craignez-vous des obstacles de la part de ma famille... Vous vous trompez... Quand on saura... j'obtiendrai... Sa voix tremblait. Si votre position personnelle?... sachez que je puis tout sacrifier pour être à celui que j'aime... Oh! répondez, de grâce!... répondez vite... N'est-ce pas que vous ne me méprisez pas?

En disant ces mots, elle me prit la main.

La princesse marchait devant nous avec le mari de Véra; elle ne s'aperçut de rien. Mais nous pouvions être vus par les malades, l'espèce la plus curieuse entre tous les curieux, et je me hâtai de dégager ma main de son étreinte passionnée.

— Je vous dirai toute la vérité, lui répondis-je... Je ne me justifierai, ni n'expliquerai ma conduite... Je ne vous aime pas.

Ses lèvres pâlirent.

— Laissez-moi, me dit-elle d'une voix faible.

Je haussai les épaules, et m'éloignai.

25 *juin*. — Quelquefois je me surprends à me mépriser... N'est-ce pas pour cela que je méprise les autres? Mon cœur est fermé aux nobles penchants; j'aurais trop peur de paraître ridicule à mes propres yeux. Un autre, à ma place, aurait mis aux pieds de la jeune princesse *son cœur et sa fortune*; mais le mot *mariage* produit sur moi un effet magique. Quelle que soit ma passion pour une femme, dès qu'elle touche, fût-ce de loin, cette corde, adieu mon amour! Mon cœur prend la dureté d'une pierre, et c'est fini!... Je suis capable de tous les sacrifices, à l'exception de celui-là. Je risquerai vingt fois ma vie et même mon honneur sur une carte... mais je ne puis me résoudre à vendre ma liberté... Pourquoi y tiens-je tant! Qu'est-ce qu'elle me rapporte? Ai-je quelque chose en vue? L'avenir me promet-il quelque compensation?... Aucune... C'est une crainte instinctive, un pressentiment indéfinissable... Il est des gens qui ont une frayeur horrible des araignées, des taracanes, des souris... L'avouerai-je?... J'étais encore enfant... ma mère me fit tirer la bonne aventure par une vieille femme... Elle me prédit que j'aurais une méchante femme, et qu'elle me ferait mourir; alors cela me fit une grande impression... et m'inspira un éloignement invincible pour le mariage... Avec tout cela, j'ai le pressentiment que sa prédiction s'accomplira... Je tâcherai du moins qu'elle s'accomplisse le plus tard possible.

26 *juin*. — Hier est arrivé le prestidigitateur Apfelbaum. On a placardé une longue affiche à la porte du restaurant, laquelle prévient l'honorable public que le susdit Apfelbaum, qui fait des tours incroyables, et qui est à la fois acrobate, chimiste et physicien, aura l'honneur de donner une grande représentation aujourd'hui, à huit heures du soir, dans la salle de la noblesse (c'est-à-dire chez le restaurateur). On se procurera des billets au prix de deux roubles et demi.

Tout le monde veut aller voir Apfelbaum, même la princesse Ligovski, malgré la maladie de sa fille.

Après le dîner, j'ai passé sous les fenêtres de Véra. Elle était seule sur le balcon... ce billet tomba à mes pieds :

« Viens aujourd'hui à dix heures par le grand esca-
« lier : Mon mari est parti pour Piatigorsk, et ne sera
« de retour que demain matin. J'ai donné des billets
« pour la représentation de ce soir à tous mes gens et à
« ceux de la princesse... Je t'attends... n'y manque
« pas. »

— Ah! ah! me dis-je... enfin!

A huit heures, j'allai voir le faiseur de tours. La salle se remplit peu à peu. Dans les derniers rangs, je remarquai les domestiques et les femmes de chambre de Véra et de la princesse au grand complet.

Au premier rang se pavanait Grouchnitzky armé de sa lorgnette. C'était toujours à lui que s'adressait le faiseur de tours lorsqu'il avait besoin d'un mouchoir de poche, d'une montre, d'un anneau, etc., etc.

Voilà déjà quelque temps que Grouchnitzky ne me salue plus... Mais aujourd'hui il m'a regardé par deux fois d'un air impertinent. Il me paiera tout cela la première fois que nous règlerons nos comptes.

Entre neuf et dix heures je me levai et sortis.

Il faisait obscur à ne rien distinguer. Des vapeurs pesantes et brumeuses reposaient sur la crête des montagnes environnantes : à peine de loin en loin, un vent faible agitait la cime des peupliers qui s'élevaient autour du restaurant dont l'entrée était assiégée par une foule de peuple. Je descendis la pente de la montagne, et je doublai le pas. Tout à coup je crus m'apercevoir que quelqu'un me suivait. Je m'arrêtai pour m'en assurer. L'obscurité était telle qu'il était impossible de rien distinguer... Cependant, pour plus de sûreté, je fis quelques détours autour de la maison, comme si je n'avais d'autre but que celui d'une promenade. Comme je passais sous les fenêtres de la princesse, j'entendis encore un bruit de pas derrière moi. Un homme enveloppé d'un manteau marchait rapidement à mes côtés. Ce manége m'inquiétait... Cependant je me glissai sur le perron, et je montai en toute hâte les degrés obscurs. La porte s'ouvrit; je sentis une main douce et petite sur la mienne...

— Personne ne t'a vu? murmura Véra en se pressant contre moi.

— Personne.

— A présent es-tu sûr que je t'aime?... Oh! j'ai longtemps balancé... mais tu fais de moi tout ce que tu veux !

Son cœur battait avec force,... ses mains étaient froides comme deux glaçons... Elle débuta par des reproches et des plaintes jalouses... Elle exigea que je convinsse de tout, en protestant qu'elle se résignerait à mon infidélité, parce qu'elle ne voulait que mon bonheur... Je n'en étais pas très-persuadé, mais pour la tranquilliser je promis et jurai tout ce qu'elle voulut.

— Ainsi tu n'épouseras pas Mary ?... tu ne l'aimes pas ?... Cependant elle se figure... Sais-tu bien qu'elle est folle de toi, la pauvre enfant !.. . . . .
. . . .
. . . .

Sur les deux heures après minuit, j'ouvris la fenêtre, et après avoir noué deux châles, je me laissai glisser du balcon supérieur sur celui du premier étage, en m'aidant d'une colonne. Il y avait encore de la lumière chez la jeune princesse. Je ne sais quel démon me poussa à regarder dans sa chambre... Le rideau n'était pas entièrement tiré.

Mary était assise sur sa couche, les mains croisées sur ses genoux... Un bonnet de nuit garni de dentelles contenait à peine son épaisse chevelure... Un grand châle ponceau était jeté sur ses blanches épaules, et son pied mignon était emprisonné dans des pantoufles de Perse, richement nuancées. Immobile dans cette posture, elle laissait retomber sa tête sur son sein; près d'elle, sur une petite table, était un livre ouvert; mais, distraite par d'autres pensées, elle avait sans doute parcouru pour la centième fois la même page... En ce moment, quelqu'un sembla s'agiter derrière un buisson... Je sautai du balcon sur l'herbe... Une main invisible se posa sur mon épaule, et une voix rude s'écria:

— Ah ! je vous y tiens... Niez-vous maintenant vos rendez-vous nocturnes avec les princesses ?...

— Tiens le bien... dit une autre voix qui sortait de je ne sais où.

C'étaient Grouchnitzky et le capitaine de dragons.

J'assenai sur la tête de ce dernier un vigoureux coup de poing.... il trébucha et je m'élançai dans les charmilles... Tous les sentiers du jardin qui couvrait le terrain en pente où s'élevaient nos maisons, m'étaient parfaitement connus.

— Au voleur! à la garde! s'écrièrent-ils, et un coup de feu se fit entendre immédiatement... la bourre encore fumante vint tomber presque à mes pieds.

Une minute plus tard, j'étais chez moi... Je me déshabillai et me mis au lit. A peine mon domestique avait-il fermé la porte aux verrous, que Grouchintzky et le capitaine se mirent à frapper chez moi :

— Petchorin! dormez-vous? Etes-vous à la maison? s'écria le capitaine.

— Je dors, lui répondis-je avec humeur.

— Levez-vous! les brigands!... les Tcherkesses!...

— Je suis enrhumé... je n'ai pas envie de m'exposer à un refroidissement.

Ils se retirèrent... Je regrette de leur avoir répondu : ils auraient passé une bonne heure de plus à me chercher dans le jardin.

Cependant, il se fit un grand tumulte. Un cosaque arriva à toute bride du fort... tout le monde était en l'air... On battit tous les buissons, et bien entendu ce fut peine perdue... Ce qui n'empêcha bien des gens d'être fermement persuadés, que si la garnison y avait mis plus de résolution et de zèle, il serait resté sur le carreau quelques douzaines de montagnards.

27 *juin*. — Le matin il n'était question parmi les baigneurs que de l'événement de la nuit. Après avoir bu le nombre voulu de verres d'eau minérale du Narzan, et avoir arpenté dix fois l'allée des tilleuls, je rencontrai le mari de Véra qui ne faisait que d'arriver à Piatigorsk. Il me prit sous le bras, et nous allâmes déjeuner ensemble au restaurant. Il était extrêmement inquiet au sujet de sa femme.

— Quelle peur elle a eue cette nuit! me dit-il : et il fallait que cela arrivât tout justement pendant mon absence.

Nous nous assîmes pour déjeuner à une table près d'une porte qui donnait sur une pièce voisine, à l'angle de l'établissement. Dans cette pièce étaient une dizaine de jeunes gens.. Grouchnitzky se trouvait du nombre.

Pour la seconde fois le hasard me fournissait l'occasion d'écouter une conversation qui devait décider de son sort. Il ne pouvait me voir, et par conséquent je n'avais à soupçonner de sa part aucune feinte... et c'est ce qui le rendait plus coupable à mes yeux.

— Est-ce que c'étaient vraiment les Tcherkesses? demanda l'un d'eux... Quelqu'un les a-t-il vus?

— « Je vous raconterai toute la vérité, répondit Grouchnitzky... seulement promettez-moi le secret : voilà comment tout s'est passé : — Hier un homme que je ne nommerai pas vient me dire que sur les dix heures du soir, il a vu quelqu'un se glisser dans la maison des Ligovsky. Il est bon de vous faire remarquer que la princesse était ici à la représentation, mais que sa fille était restée à la maison. Je suivis la personne qui venait de me donner ce renseignement, et nous nous rendîmes sous les fenêtres pour guetter l'heureux séducteur. »

J'avoue que j'eus peur, quoique mon compagnon fût tout occupé de son déjeuner... il pouvait entendre des choses fort désagréables, pour peu que Grouchintzky eût deviné la vérité; mais aveuglé par la jalousie, celui-ci était loin de la soupçonner.

— Hé bien donc, continua Grouchnitzky, nous étions sur le lieu du délit, armés d'un fusil chargé seulement à poudre... nous n'avions l'intention que de l'effrayer. Nous attendîmes dans le jardin jusqu'à deux heures...!

Enfin, Dieu sait d'où il tombait ; ce n'est pas de la fenêtre qui ne s'est pas ouverte... mais probablement de la porte vitrée... Enfin, dis-je, nous voyons quelqu'un descendre du balcon... Que dites-vous de cette petite princesse?... Voilà les dames de Moscou!... Après cela allez vous fier à quelqu'un ! Nous voulions l'arrêter ; mais il s'est arraché de nos mains, et s'est jeté dans les buissons... C'est alors que j'ai tiré sur lui.

Un murmure de doute accueillit ce récit.

— Vous ne me croyez pas ! continua-t-il. Foi de gentilhomme ! je vous en donne ma parole d'honneur !... c'est la pure vérité ; et pour lever tous vos doutes, je vous nommerai la personne.

— Qui est-ce?... nomme-la.

— C'est Petchorin, répondit Grouchnitzky.

Au moment où il levait les yeux, j'étais dans l'ouverture de la porte, debout devant lui. Il rougit en me voyant...

Je m'approchai de lui, et prononçai lentement et en appuyant sur chaque syllabe, ce qui suit :

— Je regrette infiniment de n'être entré qu'après vous avoir entendu donner votre parole d'honneur pour soutenir la plus indigne des calomnies. Ma présence vous eût épargné une bassesse de plus.

Grouchnitzky s'élança de son siége, et paraissait disposé à s'échauffer.

— Je vous prie, continuai-je du même ton, de démentir à l'instant même vos paroles... vous savez mieux que personne qu'elles sont controuvées. Je n'aurais pas cru que l'indifférence d'une femme pour votre mérite, pût lui attirer une vengeance si noire. Écoutez-moi bien : si vous persistez dans votre dire, vous manquez à l'honneur, et vous jouez votre vie.

Grouchnitzky était debout devant moi, les yeux baissés et en proie à une vive agitation. Mais la lutte de la conscience avec l'amour-propre fut de courte durée. Le capitaine de dragons, qui était assis près de lui, le poussait du coude : il tressaillit, et me répondit avec pétulance et sans lever les yeux :

— Monsieur, quand j'avance quelque chose, c'est que je le pense, et je suis tout prêt à le répéter... Je n'ai pas peur de vos menaces, et ne recule devant aucune conséquence.

— Quant à ce dernier point, repris-je froidement, votre conduite le prouve de reste.

Et je sortis de la pièce en emmenant le capitaine.

— Vous êtes l'ami de Grouchnitzky, lui dis-je, et vous serez probablement son second ?

Le capitaine s'inclina avec un air d'importance.

— Vous avez deviné juste, répondit-il : et de plus, c'est une obligation pour moi, parce que l'injure qu'il a reçue me regarde personnellement. J'étais avec lui la nuit passée, ajouta-t-il en redressant sa taille disgracieuse.

— Ah ! c'est donc vous que j'ai frappé si rudement à la tête ?...

Il devint de toutes les couleurs ; toute la méchanceté de son âme se peignit sur ses traits.

— J'aurai l'honneur de vous envoyer mon second, repris-je en le saluant avec politesse, et comme si je n'avais aucunement remarqué le trouble où le mettait sa fureur.

Sur le perron du restaurant je rencontrai le mari de Véra... il paraissait m'attendre.

Il saisit ma main d'un air qui ressemblait à de l'enthousiasme.

— Noble jeune homme ! me dit-il les larmes aux

yeux ; j'ai tout entendu... Que de perversité et d'ingratitude ! Après cela, recevez donc de telles gens dans une maison honnête ! Heureusement que je n'ai pas de filles ! Mais celle pour qui vous risquez vos jours vous en récompensera... Comptez sur ma discrétion à toute épreuve. J'ai aussi été jeune et au service militaire ; je sais que ce sont des choses dont il ne faut pas se mêler... Adieu.

Le pauvre homme !! il se félicite de ne pas avoir de filles !...

Je me rendis chez Werner que je trouvai chez lui. Je l'instruisis de tout, de mes rapports avec Véra et Mary, de la conversation que j'avais entendue, et qui ne me laissait aucun doute sur l'intention où étaient ces messieurs de me mystifier, en me faisant battre avec des armes non chargées.

— Maintenant ajoutai-je, il ne s'agit plus de plaisanterie... l'affaire a tourné autrement qu'ils ne s'y attendaient.

Le docteur consentit à être mon second ; je lui donnai quelques instructions sur les règles des duels : il devait exiger que tout se passât le plus secrètement possible, par la raison que, tout disposé que j'étais à exposer ma vie, je ne l'étais nullement à perdre ma carrière et mon avenir. Ensuite je rentrai chez moi. Au bout d'une heure le docteur était de retour de son expédition.

— Décidément, me dit-il, il s'ourdit contre vous une conspiration. J'ai trouvé chez Grouchnitzky le capitaine de dragons, et une autre personne dont le nom m'échappe. Je m'étais arrêté un instant dans l'antichambre pour déposer mes galoches. Ils discutaient à haute voix...

— Je n'y consentirai pour rien au monde ! disait

Grouchnitzky... il m'a insulté publiquement; avant c'était différent...

— Qu'est-ce que cela te fait? répondit le capitaine : je prends tout sur moi. J'ai été second dans cinq duels, et je sais ce qu'il y a à faire. Tout est prévu. Seulement ne viens pas me contrecarrer. Il est bon de lui faire peur... mais pourquoi s'exposer inutilement à un danger qu'on peut éviter?...

— Dans ce moment j'entrai. La conversation cessa aussitôt. Nous avons discuté assez longtemps, enfin voilà ce dont nous sommes convenus. A cinq verstes d'ici se trouve un ravin profond : ils s'y rendront demain à quatre heures du matin, et nous les rejoindrons une demi-heure plus tard... La distance sera de six pas... Grouchnitzky lui-même l'a exigé... Celui qui tombera sera censé avoir été tué par les Tcherkesses... Maintenant je vais vous faire part de mes soupçons : ces messieurs, c'est-à-dire les seconds de Grouchnitzky ont, à ce qu'il paraît, légèrement modifié leur plan, et veulent charger seulement l'un des pistolets, celui de Grouchnitzky. Cela ressemble quelque peu à un assassinat; mais en temps de guerre, surtout au milieu des Asiatiques, les ruses sont permises. Cependant Grouchnitzky paraît plus scrupuleux que son conseil. Qu'en pensez-vous? faut-il leur faire voir que nous savons tout?

— Gardez-vous-en bien, docteur! Soyez tranquille; je ne serai pas leur dupe.

— Quelles sont donc vos intentions?

— C'est mon secret.

— Prenez garde!... Songez que c'est à six pas!

— Docteur, je vous attends demain à quatre heures... les chevaux seront prêts... Au revoir.

Je restai jusqu'au soir dans ma chambre... Un domestique est venu m'inviter de la part de la princesse... J'ai fait dire que j'étais malade. . . . .

Il est deux heures après minuit... Impossible de dormir... et cependant il serait nécessaire de reposer un peu... ma main pourrait trembler. Au reste, il est difficile de manquer son homme à six pas... Ah! monsieur Grouchnitzky! votre mystification ne vous réussira pas... Nous changerons les rôles... Ce sera moi qui lirai sur votre visage vos craintes secrètes... Pourquoi tenez-vous fatalement à cette distance de six pas? Croyez-vous que je vais complaisamment présenter mon front à votre balle?... Nous tirerons au sort, s'il vous plaît! et alors, alors! Et s'il est plus heureux que moi?... si mon étoile m'abandonne?... Et dans le fait, elle a été si longtemps fidèle à mes caprices! Hé bien! va pour la mort! Le monde ne fera pas une grande perte; et moi-même je suis blasé et dégoûté de vivre... Je ressemble à un homme qui bâille au bal, et qui ne s'en va pas parce que sa voiture n'est pas encore là... La voiture est prête... bonsoir!... Je repasse dans ma mémoire tout ce qui m'est arrivé, et cela m'amène involontairement à me demander : Pourquoi suis-je né? Quel emploi utile a eu ma vie? Et cependant j'étais destiné à quelque chose de noble et d'élevé... car je sens en moi une force extraordinaire... Mais j'ai manqué à cette mission... J'ai cédé à l'appât des passions vides et ingrates; de leur fournaise, je suis sorti dur et froid comme le fer. Mais j'ai perdu pour toujours la flamme des nobles instincts, la fleur de la vie. Et depuis ce temps, combien de fois déjà n'ai-je pas rempli le rôle de la hache dans les mains du destin? Instrument de châtiment, je suis tombé sur la tête des victimes désignées, souvent sans colère, toujours sans pitié. Mon amour n'a fait le bonheur de personne, parce que je n'ai jamais rien sacrifié pour celles que j'aimais; je n'ai aimé que pour moi, pour ma satisfaction personnelle... J'ai cédé à un étrange besoin du cœur.. J'ai vidé avidement la coupe des voluptés et des souffrances, et mes aspirations sont restées insatiables. Tel qu'un homme qui s'endort, épuisé par la faim, il voit en songe les mets les plus savoureux, les vins les plus exquis, il croit se repaître de ces richesses imaginaires et se sent soulagé... L'illusion s'évanouit... il se réveille avec un redoublement de besoin et de désespoir.

Peut-être est-ce mon dernier jour!... et je n'aurai pas laissé sur la terre un seul être qui m'ait bien compris. Les uns me croient plus pervers que je ne le suis, les autres meilleur. Ceux-ci diront : c'était un bon enfant; ceux-là : c'était un homme abominable... La vérité est entre ces deux extrêmes... La vie ne vaut pas qu'on la regrette... et cependant on vit, par curiosité, dans l'attente de je ne sais quoi... C'est à la fois risible et triste.

Voilà déjà six semaines que je suis au fort de N***; Maxime Maximitch est à la chasse... Je suis seul, contemplant de ma fenêtre les nuages grisâtres qui couvrent les montagnes et les coteaux... Au milieu de ces vapeurs, le soleil apparaît comme une tache jaune. L'air est froid, le vent siffle et balance les volets de ma chambre... Pour chasser l'ennui, j'ai envie de continuer mon journal, que tant de circonstances extraordinaires m'avaient forcé d'interrompre.

Je relis ma dernière page... C'est singulier!... je croyais mourir... C'était impossible... je n'avais pas encore épuisé le sentiment de la souffrance, et maintenant je sens que j'ai longtemps à vivre.

Comme tout le passé se retrace nettement dans mes souvenirs! le temps n'en a pas effacé un seul trait, une seule nuance!

Je me rappelle parfaitement que la nuit qui précéda mon duel fut pour moi sans sommeil… Il m'était impossible d'écrire; un trouble secret s'était emparé de tout mon être.

Je me promenai dans ma chambre; puis j'ouvris un roman de Walter Scott qui se trouvait sur ma table : c'était *les Puritains d'Écosse*. D'abord, mon attention ne se fixait qu'avec effort; puis je m'oubliai, entraîné par la magie du récit…

Enfin le jour parut. Mes nerfs s'étaient calmés. Je me regardai au miroir… Mon visage était pâle, et mes traits portaient les traces de l'insomnie; mais mes yeux, quoique cernés, brillaient d'un orgueil inflexible… J'étais content de moi.

Après avoir donné l'ordre de seller nos chevaux, je m'habillai, et courus à la source du Narzan… En sortant de la cuve, je sentis que la fraîcheur vivifiante de ces eaux thermales avait réparé mes forces. J'étais dispos et plein de résolution… On eût dit que je me préparais pour une fête… Après cela, qu'on dise encore que l'âme est indépendante de l'état physique!…

A mon retour, je trouvai le docteur chez moi. Son pantalon de manége, son arkhalouk et son bonnet persan lui donnaient un air si drôle, que j'éclatai de rire. Sa figure, qui n'a rien de martial, paraissait encore plus longue dans cet accoutrement.

— Pourquoi cette mine allongée, docteur? lui dis-je. Est-ce qu'il ne vous est pas arrivé cent fois de conduire des gens de ce monde dans l'autre avec la plus grande indifférence? Figurez-vous que j'ai une bonne fièvre bilieuse... Je puis m'en tirer... je puis sauter le pas ; cette alternative est dans l'ordre naturel des choses... Regardez-moi comme vous regarderiez un patient qui souffre d'une maladie qui ne s'est pas encore révélée à votre expérience par ses symptômes, ce qui exciterait à un haut degré votre intérêt... Vous avez l'occasion de faire sur moi de curieuses observations physiologiques... L'attente d'une mort violente n'est-elle pas une maladie réelle ?

Cette pensée frappa le docteur, qui reprit son enjouement.

Nous montâmes à cheval ; Werner se cramponna à la bride de ses deux mains, et nous partîmes. Nous eûmes bientôt dépassé le fort, et traversé le village en suivant un chemin à moitié couvert de hautes herbes, et coupé à chaque instant par des ruisseaux rapides qu'il fallait passer à gué, au grand désespoir du docteur, parce que son cheval une fois dans l'eau s'arrêtait obstinément.

Je ne me souviens pas d'une matinée plus pure et plus fraîche... Le soleil, se dégageant, commençait à paraître derrière les cimes verdoyantes, et la chaleur douce de ses rayons naissants, dans leur lutte contre la fraîcheur des ombres à peine dissipées, inspirait je ne sais quelle mélancolie pleine de charme. La lumière matinale ne pénétrait pas encore dans le ravin ; elle dorait seulement le couronnement des hauteurs, qui des deux côtés étaient suspendues sur nos têtes. Des buissons épais qui couvraient leurs anfractuosités, nous couvraient, au moindre vent, d'une pluie de fleurs argentées... Dans ce moment, plus que dans toute autre circonstance, je sentis que j'aimais la nature. Chaque goutte de rosée qui tremblait sur les larges feuilles de la vigne, et où se reflétaient avec les couleurs de l'arc-en-ciel des milliers de rayons, attirait mon admiration. Avec quelle avidité mon regard interrogeait les profondeurs vaporeuses de la vallée ! En descendant, le chemin se rétrécit toujours ; les rochers deviennent plus imposants et plus sombres, et finissent par se confondre comme pour former une muraille impénétrable... Nous chevauchions en silence.

— Avez-vous fait votre testament ? me demanda tout à coup Werner.

— Non.

— Et si vous êtes tué ?

— Les héritiers se trouveront d'eux-mêmes.

— Comment ! vous n'avez pas d'amis... pas un mot d'adieu pour personne ?

Je secouai la tête.

— Il n'est pas une femme au monde à laquelle vous voudriez léguer quelque chose comme souvenir ?

— Voulez-vous, docteur, que je vous ouvre mon âme tout entière ?... Voyez-vous, j'ai passé l'âge où l'on meurt en prononçant un nom adoré, où l'on lègue à un ami une mèche de cheveux qui lui rappelle ou ne lui rappelle pas votre souvenir. En envisageant une mort prochaine et paisible, je ne pense qu'à moi-même... Des amis qui m'oublieront demain, ou qui même mettront sur mon compte Dieu sait quelles sottises... des femmes qui, dans les bras d'un autre, se moqueront de moi de peur d'exciter sa jalousie... Ma foi ! qu'ils s'arrangent ! D'une vie si orageuse je n'emporte que des idées et pas un sentiment. Depuis longtemps chez moi le cœur est mort et la tête seule vit... J'enchaîne mes passions et mes actes avec curiosité, mais sans intérêt. Il y a deux hommes en moi : l'un vit dans toute la plénitude de cette acception, l'autre pense et juge le premier. L'un va peut-être vous dire adieu pour l'éternité... et le second...

Regardez, docteur... ne distinguez-vous pas là-bas trois figures?... à droite, sur le rocher... Ce sont sans doute nos adversaires.

Nous pressâmes nos chevaux.

Au pied du rocher, et au milieu des buissons, trois chevaux étaient attachés; nous attachâmes les nôtres au même endroit, et nous arrivâmes, en suivant un petit sentier, à une plate-forme de peu d'étendue où nous attendaient Grouchnitzky avec ses témoins, le capitaine de dragons et un certain Ivan Ignatiévitch dont je n'ai jamais entendu prononcer le nom de famille.

— Voilà longtemps que nous vous attendons, dit le capitaine d'un air ironique.

Je tirai ma montre et la lui montrai.

Il s'excusa en prétendant que la sienne avançait.

Pendant quelques minutes nous gardâmes le silence... Enfin le docteur se tourna vers Grouchnitzky et lui dit :

— Il me semble qu'ayant montré l'un et l'autre que vous étiez prêts à vous battre et à satisfaire aux exigences de l'honneur, vous pourriez, Messieurs, vous expliquer et terminer ce différend à l'amiable.

— Je ne demande pas mieux, ajoutai-je.

Le capitaine fit un signe à Grouchnitzky, qui, se figurant que j'avais peur, prit un air important que démentaient sa pâleur et son trouble. C'était la première fois qu'il levait les yeux sur moi depuis que nous étions arrivés...

— Expliquez vos conditions, et soyez sûr que tout ce qu'il me sera possible de faire...

— Les voici : vous rétracterez publiquement vos paroles calomnieuses, et vous me ferez des excuses...

— Monsieur! je m'étonne que vous osiez me présenter de telles conditions...

— N'est-ce pas la seule satisfaction que je puisse exiger?

— En ce cas, nous nous battrons.

Je haussai les épaules.

— Soit! répondis-je... mais réfléchissez que l'un de nous deux tombera...

— Je souhaite que ce soit vous...

— Et moi je suis sûr du contraire.

Il se troubla, rougit, et rit d'un rire forcé.

Le capitaine le prit à l'écart, et pendant longtemps ils parlèrent à voix basse. J'étais arrivé dans une disposition d'esprit assez pacifique; mais la colère commençait à me gagner.

Le docteur s'approcha de moi.

— Écoutez, me dit-il, visiblement troublé : vous avez sans doute oublié ce qui a été convenu entre eux. Je ne sais pas charger un pistolet... mais dans une occasion comme celle-ci... Vous êtes un singulier homme... déclarez-leur que vous êtes instruit de leurs desseins, et ils n'oseront pas... Quelle fantaisie!... ils tireront sur vous comme sur un moineau...

— De grâce, ne vous inquiétez pas... j'arrangerai les choses de manière à ne leur laisser aucun avantage... Laissez-les se concerter...

— Messieurs, m'écriai-je, cela commence à m'ennuyer... Quand on est décidé à se battre, on se bat... Vous avez eu tout le temps hier de faire vos arrangements...

— Nous sommes prêts, répondit le capitaine... Placez-vous, Messieurs!... Docteur, veuillez mesurer six pas...

— En place! répéta Ivan Ignatiévitch d'une voix glapissante.

— Un instant! encore une condition. Comme c'est un duel à mort, nous ne devons rien négliger pour que tout se passe le plus secrètement possible, et pour ne point compromettre nos seconds. Êtes-vous de cet avis?

— Entièrement.

— Voilà donc ce que j'ai pensé. Vous voyez, au sommet de cette roche suspendue, ce plateau étroit? Ce point est à deux cents pieds au moins d'élévation... il plonge sur des pointes de rocs. Nous nous tiendrons l'un et l'autre sur le bord du précipice... de cette manière la blessure la plus légère sera mortelle : c'est abonder dans vos intentions, puisque c'est vous qui avez décidé que nous tirerions à six pas. Celui de nous qui sera blessé tombera immanquablement dans l'abîme, et se brisera contre les pierres tranchantes; le docteur extraira la balle, et il sera naturel d'attribuer cette mort à un faux pas. Nous allons tirer au sort à qui fera feu le premier. Je vous déclare que je ne me battrai qu'à cette condition.

— A la bonne heure! dit le capitaine en jetant à Grouchnitzky un regard significatif qui trahissait leur intelligence.

Mon adversaire changeait à chaque instant de visage. Je l'avais mis dans une position délicate : en tirant sur moi selon les règles ordinaires du duel, il pouvait me blesser légèrement, et satisfaire son ressentiment sans trop charger sa conscience; mais à présent il était dans l'alternative de tirer en l'air ou de commettre un assassinat, ou enfin, renonçant à son lâche subterfuge, de me combattre à chances égales. Je n'aurais pas voulu être à sa place. Il prit le capitaine à part et lui parla avec une agitation extrême... je voyais ses lèvres trembler et bleuir... Mais le capitaine se détournait de lui avec un sourire de pitié.

— Tu n'es qu'un fou! lui dit-il assez haut. Il n'y a pas moyen de te faire comprendre... Allons, Messieurs!

Un sentier étroit menait au rocher que j'avais désigné. Des fragments de rocs formaient comme les degrés de cette montée naturelle. Nous grimpions en nous accrochant aux branches. Grouchnitzky marchait le premier, puis ses témoins... le docteur et moi fermions la marche.

— Vous m'étonnez! me dit Werner en me serrant la main avec force... Permettez que je tâte votre pouls... Oh! oh! un peu fébricitant... mais le visage est impassible... et vos yeux ont plus d'éclat qu'à l'ordinaire.

En ce moment quelques cailloux vinrent rouler à mes pieds. Grouchnitzky avait trébuché; la branche qu'il avait saisie s'était rompue, et il aurait glissé jusqu'en bas sur le dos si ses témoins ne l'eussent soutenu.

— Prenez garde! lui criai-je... ne tombez pas à l'avance... c'est un mauvais augure... Pensez à Jules César!

Enfin nous voilà sur la plate-forme... Elle était couverte d'un sable fin, comme si on l'eût disposée tout exprès pour un duel. Tout à l'entour les crêtes des montagnes qui se perdaient dans le lointain semblaient se presser comme un troupeau innombrable. Au sud, l'Elborous élevait sa tête chenue, formant la limite des sommets éternellement glacés autour desquels voltigeaient des vapeurs qui s'élevaient du levant.

Je m'avançai sur le bord du précipice et regardai en bas... Je crus que la tête allait me tourner. Le fond paraissait sombre et froid comme un sépulcre. Les roches aiguës semblaient attendre leur proie.

Le théâtre du combat figurait un triangle régulier. A partir de l'angle du sommet, on mesura six pas... On convint que celui qui essuierait le premier le feu de son adversaire serait debout sur ce même angle, le dos tourné au précipice. S'il n'était pas tué, il changerait de place avec celui qui l'aurait manqué.

J'étais résolu à laisser à Grouchnitzky tous les avanges... je voulais l'éprouver. Peut-être qu'une étincelle de générosité s'allumerait dans son cœur... et alors tout s'arrangerait pour le mieux... mais l'amour-propre et la faiblesse de caractère devaient l'emporter... Je me réservais de l'épargner si le sort me favorisait... Quel est celui qui n'a pas fait de semblables capitulations avec sa conscience?

— Tirez les sorts, docteur! dit le capitaine.

Werner tira de sa poche une pièce d'argent et la jeta en l'air.

— Pile! s'écria Grouchnitzky, qu'un signe de connivence venait de rappeler à lui-même.

— Face! dis-je à mon tour.

La pièce d'argent tournoya et résonna en tombant... Tout le monde courut pour voir...

— Vous êtes heureux, dis-je à Grouchnitzky... c'est à vous de tirer le premier... Mais rappelez-vous bien une chose : c'est que si vous ne me tuez pas, je promets de ne pas vous manquer... sur ma parole d'honneur.

Il rougit; il avait honte de tuer un homme désarmé... Je le regardai fixement... Il y eut un instant où je crus qu'il allait se jeter à mes pieds, en implorant son pardon... Mais comment confesser une action si basse?... Il ne lui restait plus qu'un moyen... c'était de tirer en l'air... Une seule considération pouvait l'arrêter : la crainte que je voulusse recommencer le combat.

— Il est temps ! me dit le docteur en me tirant par le bras... Si vous ne parlez maintenant, si vous ne leur déclarez que vous connaissez leur complot, tout est perdu... Le voilà qui charge les armes... Si vous vous taisez, je vais parler...

— Non, docteur ! lui dis-je en le retenant par le bras... vous allez tout gâter... vous m'avez promis de me laisser faire... Qui sait ?... peut-être ai-je l'intention de me faire tuer...

Il me regarda avec surprise.

— Dans ce cas, c'est différent !... seulement ne me faites pas de reproches dans l'autre monde...

Le capitaine avait chargé les armes... il donna un pistolet à Grouchnitzky, en lui disant quelque chose à voix basse ; puis il me présenta l'autre.

Je me tenais à l'angle désigné, le genou fortement appuyé contre une pierre et le corps incliné en avant, pour ne pas tomber en arrière dans le cas où je ne serais blessé que légèrement.

Grouchnitzky se plaça en face de moi, et au signal donné il leva son pistolet. Ses genoux tremblaient. Il me visait au front...

Une rage inexprimable bouillonnait dans mon sein.

Tout à coup il rabattit le chien de son pistolet, et, pâle comme un linge, il se tourna vers son second.

— Je ne puis... prononça-t-il d'une voix sourde.

— Poltron ! lui répondit le capitaine.

Le coup partit... la balle m'effleura le genou... Je fis involontairement quelques pas en avant pour m'éloigner du bord.

— Allons, mon cher Grouchnitzky, je suis fâché que tu aies manqué ton coup... A ton tour maintenant... à ta place!... Et d'abord embrassons-nous... car je ne te reverrai plus!...

Ils s'embrassèrent... le capitaine avait de la peine à contenir son hilarité...

— N'aie pas peur, ajouta-t-il en le regardant avec finesse.

> Nature, existence et destin,
> Tout cela pèse moins que rien.

Après cette citation philosophique, il retourna à sa place. Ivan Ignatiévitch embrassa aussi Grouchnitzky en pleurant... et mon adversaire se trouva seul devant moi. Jusqu'à présent je cherche à me rendre compte du sentiment qui m'agitait... c'était le ressentiment de l'amour-propre blessé, le mépris, la colère que réveillait l'idée que cet homme, maintenant si assuré et si tranquille, avait voulu, deux minutes auparavant, et sans courir le moindre danger, me tuer comme un chien... car, blessé un peu grièvement à la jambe, je tombais immanquablement dans l'abîme.

Pendant quelques instants je le regardai fixement, cherchant à découvrir sur ses traits quelque indice de repentir... Je crus m'apercevoir qu'il retenait un sourire.

— Ce que vous avez de mieux à faire en face de la mort, lui dis-je, c'est de vous recommander à Dieu.

— Ne vous inquiétez pas plus de mon âme que de la vôtre. Je ne vous demande qu'une chose, c'est de tirer plus vite.

— Et vous ne rétractez pas votre calomnie... vous ne voulez pas me faire des excuses?... Réfléchissez... la conscience ne vous reproche-t-elle rien?

— Monsieur Pétchorin, s'écria le capitaine, vous n'êtes pas ici pour faire un sermon... permettez-moi de vous le dire... Finissons-en ; quelqu'un peut passer de ce côté et nous voir.

— Fort bien... Docteur, approchez un peu.

Werner s'avança... Le pauvre docteur ! il était plus pâle dix fois que ne l'avait été Grouchnitzky dix minutes auparavant.

Je prononçai les paroles suivantes à haute et intelligible voix, et en pesant sur chaque syllabe, comme une sentence de mort :

— Docteur, ces messieurs, dans leur précipitation, ont sans doute oublié de mettre une balle dans mon pistolet : je vous prie de le recharger...

— Ce n'est pas possible ! s'écria le capitaine ; ce n'est pas possible ! j'ai chargé les deux armes... il faut que la balle de votre pistolet soit tombée... il n'y a pas de ma faute !... Mais vous n'avez pas le droit de le recharger... cela ne se fait pas... c'est contre toutes les règles du duel... Je ne le permettrai pas.

— Eh bien ! dis-je au capitaine, nous allons nous battre ensemble dans ces dernières conditions...

Il demeura interdit.

Grouchnitzky était devant moi, morne et la tête baissée.

— Laisse-les faire ! dit-il enfin au capitaine, qui essayait d'arracher le pistolet des mains du docteur... tu sais bien qu'ils ont raison.

Le capitaine faisait toutes sortes de signes à Grouchnitzky, qui ne voulait pas même le regarder.

Quand le pistolet fut chargé, le docteur me le présenta.

Le capitaine cracha en frappant du pied.

— Tu n'es qu'un fou ! lui dit-il, un fou fieffé ! Puisque tu t'étais reposé sur moi, il fallait m'écouter en tout... Au reste, cela te regarde ! Fais-toi tuer comme une mouche...

Il s'éloigna en murmurant entre ses dents : — Cela n'empêche pas que c'est contre toutes les règles.

— Grouchnitzky ! lui dis-je, il est encore temps... rétracte tes calomnies, et je te pardonne tout. Tu n'as pas réussi à me mystifier... cela me suffit... Rappelle-toi que nous avons été amis...

Son visage était tout en feu... ses yeux étincelaient.

— Tirez ! me répondit-il. Je me méprise autant que je vous hais. Si vous ne me tuez pas, je vous égorgerai la nuit, à la première occasion. La terre est trop petite pour nous deux...

Mon coup partit...

Quand la fumée se fut dissipée, la place de Grouchnitzky était vide... seulement une légère colonne de poussière s'élevait du bord de l'abîme.

Une exclamation générale se fit entendre.

— *Finita la comedia!* dis-je au docteur.

Sans me répondre, il se détourna avec horreur.

Je levai les épaules, et saluai les témoins de Grouchnitzky.

En redescendant le petit sentier, j'aperçus parmi les fentes des rochers le corps ensanglanté... Involontairement je fermai les yeux... Après avoir détaché mon cheval, je retournai chez moi au pas... J'avais comme une pierre sur le cœur... le soleil me semblait pâle et ses rayons sans chaleur.

Au lieu de traverser le village, je tournai à droite dans le ravin... La vue d'un homme m'était pénible... j'avais besoin d'être seul.

La tête baissée et rendant les rênes, je chevauchai longtemps... Enfin, me trouvant dans un lieu qui m'était entièrement inconnu, je retournai sur mes pas en tâchant de retrouver mon chemin... Le soleil se couchait lorsque je rentrai à Kislovodsk, non moins épuisé que ma monture.

Mon domestique me dit que Werner était venu et lui avait remis deux billets pour moi, l'un de lui, l'autre de... Véra!

J'ouvris le premier; il était ainsi conçu :

« Tout est arrangé pour le mieux... Le corps, entiè-
« rement défiguré, a été rapporté; la balle a été extraite
« de la poitrine. Tout le monde est persuadé que ce
« malheur ne peut être attribué qu'au hasard. Cependant
« le commandant, qui aura probablement été instruit de
« votre querelle, a secoué la tête sans rien dire. Il
« n'existe aucune preuve... vous pouvez dormir tran-
« quille... Adieu... »

J'hésitai longtemps à décacheter l'autre billet... Que pouvait-elle m'écrire?... Un funeste pressentiment pesait sur mon cœur.

Le voilà ce billet dont chaque mot restera ineffaçable dans mon souvenir :

« Je t'écris dans la ferme conviction que nous ne nous
« reverrons jamais. Il y a de cela quelques années qu'en
« me séparant de toi j'avais la même crainte... mais il a
« plu au ciel de m'éprouver une seconde fois... Cette
« épreuve, je n'ai pu la supporter... mon faible cœur a
« cédé à cette voix connue... Tu ne me mépriseras point
« pour cela, n'est-ce pas? Cette lettre sera tout ensemble
« un adieu et une confession : c'est une obligation pour

« moi de te dire tout ce qui s'est amassé sur mon cœur
« depuis qu'il t'aime... Je ne t'accuserai pas : tu as agi
« avec moi comme tout autre homme aurait agi à ta
« place... Tu m'as aimée comme ta propriété, comme
« une source de plaisirs, de soins et de peines qui se
« succédaient tour à tour, et sans lesquels l'existence est
« ennuyeuse et monotone. J'ai compris cela dès le com-
« mencement... mais tu étais malheureux, et je me suis
« sacrifiée dans l'espoir que tu m'en récompenserais un
« jour ; qu'un temps viendrait où tu comprendrais toute
« ma tendresse, qui est indépendante de toute condition.
« Depuis, il s'est passé bien du temps ; j'ai pénétré tous
« les secrets de ta nature... et j'ai acquis la conviction
« que mon espoir était chimérique... J'en ai cruellement
« souffert ! Mais mon affection a grandi avec mon âme...
« elle pouvait souffrir, mais non s'éteindre.

« Nous nous séparons pour toujours ; mais tu peux
« être persuadé que je n'en aimerai jamais un autre. Mon
« âme a épuisé pour toi tous ses trésors, toutes ses lar-
« mes, toutes ses espérances. Celle qui t'a aimé une fois
« ne peut regarder sans un certain mépris les autres
« hommes... Ce n'est pas que tu sois mieux qu'eux... oh !
« non ! mais il y a en toi quelque chose qui t'est propre,
« qui n'est qu'à toi... je ne sais quel mélange d'orgueil
« et de mystère... Quoi que tu dises, il y a dans ta voix
« une puissance irrésistible... personne autant que toi ne
« sait vouloir être aimable ; personne n'a au même degré
« le secret de rendre le mal attrayant... nul regard ne
« promet autant de bonheur que le tien... personne,
« autant que toi, ne sait tirer parti de ses avantages... et
« personne enfin n'est aussi réellement malheureux,
« parce que personne ne prend autant de peine pour se
« persuader le contraire.

« Ce matin mon mari est entré chez moi et m'a ra-
« conté ta querelle avec Grouchnitzky. Mon émotion
« s'est trahie sans doute, car il a tenu longtemps ses
« regards fixés sur moi. J'ai failli m'évanouir en appre-
« nant que tu allais te battre et que j'en suis la cause...
« J'ai cru que j'en deviendrais folle... Mais à présent que
« j'ai bien réfléchi, je suis sûre que tu ne périras pas : il
« est impossible que tu meures sans moi... c'est impos-
« sible!... Mon mari s'est longtemps promené dans la
« chambre... Je ne me rappelle pas ce qu'il m'a dit, ni
« ce que j'ai pu lui répondre... Peut-être bien lui ai-je
« avoué que je t'aimais... Je me souviens seulement que,
« sur la fin de notre entretien, il m'a adressé un repro-
« che injurieux, et qu'il est sorti. Je l'ai entendu qui
« donnait l'ordre de charger la voiture... Voilà déjà
« trois heures que je suis à la fenêtre, guettant ton re-
« tour... Mais tu es vivant, tu ne peux pas mourir!...
« la voiture va être prête... Adieu... adieu... Je suis
« perdue, mais résignée. Si je pouvais être assurée
« que tu ne m'oublieras jamais... je ne dis pas que tu
« m'aimeras toujours... non, je me contenterai d'un
« souvenir. Adieu... on vient... il faut que je cache cette
« lettre.

« N'est-ce pas que tu n'aimes pas Mary?... que tu ne
« te marieras pas avec elle?... Il est bien juste que tu me
« fasses ce sacrifice, à moi qui ai tout sacrifié pour
« toi... »

Hors de moi, je courus au perron et m'élançai sur
mon cheval tcherkesse, qu'on promenait dans la cour.
Sans pitié pour le pauvre animal, me voilà galopant sur
le chemin de Piatigorsk.

Le soleil allait disparaître dans un cercle de nuages

sombres qui venaient du couchant... le ravin était obscur et humide. Le Podkoumok, en courant sur les rochers, faisait entendre un murmure sourd et monotone. Haletant d'impatience, je pressai mon coursier... L'idée de ne pas la retrouver à Piatigorsk me faisait l'effet d'un coup de marteau sur le cœur. La voir une minute... une seule minute, lui dire adieu, presser sa main!... Dans mon égarement je mêlais les prières aux malédictions, le rire aux larmes... Non! jamais on ne se fera une idée de mon agitation et de mon désespoir!... La possibilité de la perdre à jamais me la rendait plus chère que la vie, que l'honneur... que le bonheur même!... Dieu sait quelles idées étranges et furieuses se heurtaient dans ma tête... et plus je souffrais, plus je harcelais mon pauvre cheval... Bientôt je remarquai qu'il respirait plus difficilement... déjà, par deux fois, il avait bronché sur un plan uni... Il y avait encore cinq verstes jusqu'à Essentoukof, colonie cosaque où je pouvais prendre un autre cheval.

Si le mien conservait encore ses forces seulement dix minutes, tout était sauvé... Mais tout à coup, en faisant un effort pour gravir sur une montée, à la sortie de la montagne, il s'affaisse et tombe... Je saute à terre, j'essaie de le faire relever en le tirant par la bride... tout est inutile... un faible gémissement sortit de ses dents serrées...: au bout de quelques instants il expira... J'étais seul dans la steppe, privé de mon dernier espoir... J'essayai d'achever la route à pied... mes jambes vacillaient... Épuisé par les épreuves du jour et par les veilles, je tombai sur l'herbe humide et pleurai comme un enfant.

Longtemps je restai immobile, répandant des larmes amères, et m'abandonnant à mon désespoir... Je crus que mon sein allait se briser; toute ma fermeté, tout mon sang-froid m'avaient quitté... mon âme était sans ressort, ma raison se taisait... Si quelqu'un m'eût rencontré dans cet état, il eût détourné les yeux avec mépris.

Quand la rosée de la nuit et le vent de la montagne eurent rafraîchi mes sens et que je pus rassembler mes idées, je compris qu'il était également inutile et insensé de poursuivre un bonheur qui m'échappait. Quel est mon but? me dis-je; la revoir?... Pourquoi?... tout n'est-il pas fini entre nous? Un triste baiser d'adieu ajoutera-t-il au souvenir de nos jouissances passées?... Notre séparation n'en sera que plus amère.

Cependant je suis bien aise de pouvoir pleurer encore! Il est vrai que l'ébranlement de mes nerfs, une nuit entière sans sommeil, deux minutes en face d'une balle de pistolet et un estomac vide expliquent bien des choses.

Tout est donc pour le mieux! cette nouvelle souffrance aura fait diversion, pour me servir d'une expression militaire. Les larmes soulagent; et si je n'avais pas fait quinze verstes au galop, et autant pour revenir, je n'aurais probablement pas fermé l'œil de toute la nuit.

A cinq heures du matin, j'étais à Kislovodsk... je me jetai sur mon lit, et je dormis du sommeil de Napoléon après Waterloo.

Quand je m'éveillai, il faisait déjà sombre. J'ouvris ma fenêtre, et j'écartai mon arkhalouk pour que le vent du soir vînt rafraîchir ma poitrine. Le repos que m'avait procuré l'excès de fatigue me laissait un reste d'agitation. Dans le lointain et derrière la rivière, à travers le sommet des tilleuls qui la couvraient de leur ombrage, je voyais briller des lumières dans le fort et dans le village. Notre cour était silencieuse ; il n'y avait point de lumière chez la princesse.

Le docteur entra; son visage était soucieux... Contre son habitude, il ne me tendit point la main.

— D'où venez-vous, docteur?

— De chez la princesse... Sa fille est malade... ce sont les nerfs... Mais ce n'est pas de cela qu'il est question... L'autorité a des soupçons... et bien qu'il n'existe aucun indice matériel, je vous conseille d'être sur vos gardes. La princesse sait que vous vous êtes battu pour sa fille ; elle me l'a dit aujourd'hui. Le petit vieillard lui a tout raconté... Comment le démentir, lui qui a été témoin de votre querelle avec Grouchnitzky dans le restaurant? Je suis venu vous avertir... Adieu... Peut-être nous voyons-nous pour la dernière fois... ils vous enverront quelque part...

Il s'arrêta sur le seuil. Il avait envie de me serrer la main... et si j'eusse témoigné la moindre envie de m'y prêter, il se serait jeté à mon cou; mais je restai froid comme une pierre... Il sortit.

Voilà les hommes ! Ils se ressemblent tous... ils connaissent à l'avance quelles peuvent être les suites d'une action ; ils vous aident, vous conseillent, en facilitent même le succès, parce qu'ils ne voient point qu'il y avait autre chose à faire ; et puis ils s'en lavent les mains, et se détournent de celui qui a osé prendre sur lui tout le poids de la responsabilité. Ils sont tous comme cela... même les meilleurs et les plus capables!...

Le lendemain matin, je reçus de l'autorité supérieure l'ordre de me rendre au fort de N. ; j'allai prendre congé de la princesse.

Elle parut surprise lorsque, m'ayant demandé si je

n'avais rien d'important à lui communiquer, je me bornai à lui répondre que je lui souhaitais toute sorte de bonheur, et autres phrases banales.

— Et moi, reprit-elle, j'ai à vous dire quelque chose de sérieux.

Je m'assis sans ajouter un mot.

Il était visible qu'elle ne savait par où commencer... Son visage s'empourpra légèrement, tandis que ses gros doigts jouaient sur la table; enfin, d'une voix émue, elle s'exprima ainsi :

— Écoutez, monsieur Petchorin... je vous crois un homme d'honneur.

Je m'inclinai.

— J'en suis même sûre, quoique votre conduite puisse inspirer quelques doutes... mais vous avez peut-être des motifs que j'ignore, et maintenant vous devez me les confier. Vous avez défendu ma fille contre des imputations calomnieuses; vous vous êtes battu pour elle... ainsi vous avez risqué votre vie... Ne répondez pas... je sais que vous n'en conviendrez point, parce que Grouchnitzky a été tué... (Ici elle fit le signe de la croix.) Que Dieu lui fasse miséricorde et à vous aussi !... Tout cela ne me regarde aucunement... je n'ai pas le courage de vous blâmer, parce que ma fille, bien innocemment sans doute, a été la cause de ce malheur... Elle m'a tout dit... je le crois du moins : vous lui avez déclaré votre amour (ici elle poussa un gros soupir) et elle vous a avoué le sien... Mais elle est malade, et je suis sûre que sa maladie n'est pas ordinaire ! Les peines secrètes ne tuent point; elle ne veut pas en convenir, mais j'ai la conviction que vous en êtes la cause... Écoutez : peut-être vous figurez-vous qu'il me faut des titres, de l'opulence... détrompez-vous : je n'ambitionne que le bonheur de ma fille. Votre posi-

tion actuelle est précaire; mais tout peut se réparer...
Vous avez une carrière; ma fille vous aime; elle a été
élevée de manière à faire le bonheur d'un époux. Je suis
riche, et c'est ma fille unique... dites-moi ce qui vous
retient? Vous le voyez, je ne devrais peut-être pas vous
parler ainsi à cœur ouvert; mais j'ai foi en votre affection, en votre honneur... Je vous répète que je n'ai
qu'une fille...

Elle se mit à pleurer.

— Princesse, lui dis-je, il m'est impossible de vous
répondre; mais permettez que je m'entretienne un instant avec votre fille...

— Jamais! s'écria-t-elle en se levant de son siége, et
dans une agitation extraordinaire.

— Comme il vous plaira...

Et je m'apprêtais à sortir.

Elle réfléchit un moment, me fit signe de la main de
rester, et sortit.

J'attendis environ cinq minutes; le cœur me battait,
mais mes pensées suivaient tranquillement leur cours;
ma tête était froide... J'avais beau interroger mon cœur,
je n'y trouvais pas une étincelle d'amour pour la gracieuse Mary.

La porte s'ouvrit... elle entra. Dieu! combien elle était
changée! et en si peu de temps!

Arrivée au milieu de la chambre, elle chancela; je
m'élançai pour la soutenir, et la conduisis jusqu'à un
fauteuil.

J'étais debout devant elle. Nous gardions tous deux le
silence... Ses grands yeux chargés de tristesse semblaient chercher dans mes regards quelque chose qui
ressemblât à de l'espoir... Un sourire pénible errait sur
ses lèvres pâles; ses mains délicates, réunies sur ses ge-

noux, avaient tellement maigri que je ne pus me défendre d'un sentiment de pitié.

— Princesse, lui dis-je, vous savez que tout cela n'était qu'une plaisanterie?... Vous me méprisez sans doute.

Une rougeur maladive couvrit ses joues.

— Ainsi vous ne pouvez m'aimer...

Elle se détourna, appuya son coude sur la table, en couvrant ses yeux de sa main... Il me semble qu'elle pleurait.

— O mon Dieu! s'écria-t-elle d'une voix faible.

Ma position devenait critique,... un instant encore, et je tombais à ses pieds.

— Vous voyez donc vous-même, continuai-je d'une voix ferme et avec un sourire forcé, que je ne peux pas vous épouser... Et si même vous le désiriez maintenant, vous ne tarderiez pas à vous en repentir. L'entretien que je viens d'avoir avec madame votre mère rendait nécessaire une explication franche et dure... Je crois que la princesse est dans l'erreur... il vous sera facile de la dissuader. Vous voyez tout ce qu'il y a de pitoyable et de mauvais dans le rôle que je joue devant vous... j'en conviens... Voilà tout ce que je puis faire pour vous. Quelque mauvaise que puisse être votre opinion à mon égard, je m'y soumets... Vous voyez qu'il n'est pas possible de me mettre plus bas. N'est-il pas vrai que si même vous m'aviez aimé, vous me mépriseriez maintenant?

Elle se tourna de mon côté, pâle comme un marbre, mais ses yeux jetaient des flammes.

— Vous avez ma haine... me dit-elle.

Je lui rendis grâce, et, après l'avoir saluée, je sortis.

Une heure plus tard je quittais Kislovodsk, emporté rapidement par une kibitka attelée de trois chevaux. A quelques verstes d'Essentoukof, je reconnus, près de la route, le corps de mon cheval. On avait enlevé la selle... sans doute quelque cosaque... Au lieu de la selle, je vis deux corbeaux à l'œuvre... Je détournai les yeux en soupirant.

LE FATALISTE

Je me trouvais, avec un bataillon d'infanterie, sur le flanc gauche de l'armée, dans une colonie de cosaques du Don. Les officiers se réunissaient tantôt chez l'un, tantôt chez l'autre, et l'on passait la soirée à jouer.

Un soir, que le boston nous ennuyait, nous jetâmes les cartes sous la table, et nous restâmes longtemps à causer. C'était chez le major S**. Par extraordinaire, l'entretien devint intéressant. Quelqu'un fit la réflexion que le fatalisme des mahométans avait parmi nous de nombreux sectateurs; chacun de nous raconta des anecdotes plus ou moins extraordinaires, pour ou contre cette assertion.

— Tout cela, Messieurs, ne prouve rien, dit le vieux major; en effet, personne d'entre vous n'a été témoin des faits qu'il avance, comme preuves de son argumentation.

— Sans doute, lui répondit-on, mais ils nous ont été attestés par des personnes incapables d'altérer la vérité.

— Sottises! reprit un de nous. Qui donc a vu le registre où est inscrite l'heure de notre mort? Et, s'il y avait réellement une prédestination, que deviendrait notre volonté, et quel serait le rôle du jugement? Dans cette hypothèse, nous ne serions plus responsables de nos actes.

A ce moment, un officier, qui était resté assis dans un coin, se leva et s'approcha lentement de la table. Tout le monde fut frappé de l'expression solennelle de son regard. Il était Servien, comme son nom l'indiquait.

L'extérieur du lieutenant Boulitch était dans une harmonie parfaite avec son caractère : sa taille élevée, son teint basané, ses cheveux noirs, ses yeux pénétrants également noirs, son nez long et régulier, un des traits du type national, le sourire froid et triste qui errait constamment sur ses lèvres, tout cela formait un ensemble qui annonçait un être à part, incapable de partager les idées et les passions de ceux que le hasard lui avait donnés pour compagnons.

Il était brave, parlant peu, mais sa parole était incisive... Jamais il n'avait confié à personne les particularités de sa vie intime ni ses secrets de famille. A peine faisait-il usage de vin, et quant aux jeunes filles cosaques, qu'il faut avoir vues pour les apprécier ce qu'elles valent, jamais il ne leur avait adressé un mot d'amour. On prétendait néanmoins que la femme du colonel n'était pas insensible à l'expression de ses grands yeux noirs; mais il se fâchait tout de bon dès qu'on le mettait sur ce chapitre.

Il avait cependant une passion dont il ne faisait pas mystère... celle du jeu. Devant un tapis vert, il oubliait tout, et il perdait souvent; mais ce malheur constant ne faisait que l'exciter davantage. Une fois, c'était la nuit et en pleine expédition, il avait improvisé une banque sur le parapet : il avait un bonheur fou... Tout à coup la fusillade s'engage ; on sonne l'alarme ; chacun court à ses armes.

— Mets à la banque, dit Boulitch, sans se déranger, à un des ponteurs les plus ardents.

— Va pour le sept, dit ce dernier en courant.

Boulitch, impassible au milieu de ce tumulte, jeta la taille.... La carte sortit...

Quand il rejoignit les combattants, l'affaire était chaude ; sans s'inquiéter des balles ni des cimeterres des Tchétchénetz, il alla chercher l'heureux ponteur :

— Le sept est sorti ! lui cria-t-il en le découvrant au milieu des tirailleurs qui commençaient à déloger l'ennemi d'un fourré qu'il occupait ; il aborda son homme, tira sa bourse et son portefeuille, et le paya tranquillement. Après avoir acquitté cette dette, il choisit sa place sur le champ de bataille, et ne cessa le feu que lorsque l'affaire fut terminée.

Quand nous vîmes le lieutenant Boulitch s'approcher de la table, tout le monde se tut dans l'attente de quelque saillie originale.

— Messieurs, dit-il d'une voix calme, quoique plus basse que le diapason ordinaire, à quoi bon toutes ces vaines discussions ? Il vous faut des preuves : je vous propose de faire sur moi l'expérience de l'alternative suivante : L'homme peut-il disposer volontairement de sa vie, ou son heure fatale est-elle fixée par le seul destin ? Qui veut se soumettre à cette épreuve ?

— Ce n'est pas moi ! — Ni moi ! s'écria-t-on de toutes parts. Voilà une idée !

— Je propose un pari, dis-je en plaisantant.

— Lequel ?

— Je soutiens qu'il n'y a point de prédestination,

repris-je en jetant une vingtaine de ducats sur la table ;
c'était tout ce que j'avais sur moi.

— Je tiens le pari, répondit Boulitch d'une voix
sourde. Major, vous déciderez comme juge ; voilà quinze
ducats; vous me devez les cinq autres, et je vous prie
de compléter la somme.

— Fort bien ! dit le major ; mais je ne comprends
pas, je l'avoue, quel est le point en litige, et comment
vous résoudrez la question.

Sans prononcer un mot, Boulitch sortit et passa dans
la chambre à coucher du major ; nous le suivîmes. Il
s'approcha de la muraille où étaient suspendues des
armes de différent calibre, parmi lesquelles il prit au
hasard un pistolet.

Nous ne comprenions pas où il voulait en venir ; mais
lorsqu'il eut armé et amorcé le pistolet, plusieurs d'entre
nous s'écrièrent et lui arrêtèrent le bras.

— Que prétends-tu faire !... Mais c'est de la démence !

— Messieurs, dit-il d'une voix lente et en dégageant
son bras, qui de vous consent à payer pour moi les
vingt ducats du pari ?

Tous s'éloignèrent sans répondre.

Boulitch passa dans une autre pièce, et s'assit près
d'une table. Nous étions tous autour de lui. Il nous fit
signe de rester dans cette position, ce que nous fîmes
en silence. En ce moment il exerçait sur nous une
influence inexplicable ; mes regards ne quittaient pas les
siens qui me considéraient tranquillement, tandis qu'un
léger sourire effleurait ses lèvres pâles... Malgré son
sang-froid, je crus voir le cachet de la mort dans l'expression de ses traits. J'ai remarqué, et beaucoup de
vieux militaires ont confirmé cette observation, que
l'homme destiné à périr violemment au bout de quelques

heures porte sur sa physionomie une empreinte fatale qui ne trompe point un œil exercé.

— Vous allez mourir! lui dis-je. Il se tourna brusquement vers moi, mais il me répondit avec calme :

— Peut-être que oui, peut-être que non... Ensuite, s'adressant au major, il lui demanda :

— Le pistolet est-il chargé?

Le major, dans son trouble, ne se le rappelait pas bien.

— Assez! Boulitch, lui dit un de nous. Il est sans doute chargé... la manière dont il était suspendu l'indique... Pourquoi cette plaisanterie?

— On n'en pourrait guère imaginer de plus mauvaise, ajouta un autre.

— Cinquante roubles contre cinq, dit un troisième, que le pistolet n'est pas chargé!

On tint le pari.

Toutes ces lenteurs m'ennuyaient.

— Écoutez! dis-je, ou tirez, ou remettez le pistolet à sa place, et allons nous coucher.

— Bien trouvé! s'écrièrent plusieurs; allons nous coucher.

— Messieurs, reprit Boulitch, je vous prie de ne pas bouger... et il mit le canon de l'arme sur son front.

Nous étions tous comme pétrifiés.

— Monsieur Petchorin, me dit-il, prenez une carte et jetez-la en l'air.

Je pris sur la table l'as de cœur, et le jetai en l'air... Nous respirions à peine... Tous les regards exprimaient la terreur et je ne sais quel sentiment de curiosité pénible en se portant du pistolet à la carte fatale qui tourna sur elle-même, et retomba lentement sur la table. A peine avait-elle touché le tapis que Boulitch lâcha la détente..... Le coup avait raté!

— Dieu soit loué! s'écrièrent plusieurs officiers; le pistolet n'était pas chargé.

— C'est ce que nous allons voir, dit Boulitch.

Il arma de nouveau la batterie, visa une casquette suspendue près de la fenêtre... Le coup partit; la chambre était remplie de fumée... Lorsqu'elle se fut dissipée, on visita la casquette : elle était percée justement au milieu, et la balle était logée dans la muraille.

Pendant quelques minutes, personne ne put articuler un mot. Boulitch, le plus tranquillement du monde, mit mes ducats dans sa poche.

Quelques-uns se demandaient pourquoi le pistolet avait raté la première fois; d'autres pensaient que le bassinet était engorgé; d'autres insinuaient que la poudre de la première fois était humide, et que, pour la seconde, Boulitch en avait pris de meilleure. Mais je soutins que cette dernière hypothèse était sans fondement, car, pendant tout le temps qu'avaient duré l'une et l'autre épreuve, j'avais eu constamment les yeux sur le pistolet.

— Vous êtes heureux au jeu, dis-je à Boulitch.

— Pour la première fois de ma vie, reprit-il avec un sourire de satisfaction. Cela m'a mieux réussi que la banque et le vingt et un.

— Aussi les chances offrent-elles un peu plus de danger.

— Hé bien! commencez-vous à croire à la prédestination?

— J'y crois! Seulement, je ne sais comment j'avais la persuasion que vous étiez sur le point de mourir.

Ce même homme, qui venait de s'exposer de sang-froid à une mort probable, se troubla tout à coup.

— En voilà bien assez! dit-il en se levant; le pari est

gagné, et il me semble que vos observations sont maintenant déplacées. Il prit sa casquette et sortit. Je fus frappé de l'impression que j'avais produite sur Boulitch, et non sans raison.

Tous les officiers regagnèrent chacun leur demeure, en s'entretenant diversement de l'aventure de la soirée, et me faisant probablement un crime d'avoir tenu une gageure dont l'enjeu était la vie d'un homme, comme s'il n'eût pas dépendu de lui de se tuer sans mon intervention.

Je regagnai mon gîte en passant par des ruelles désertes : la lune était dans son plein, et d'un rouge qui ressemblait au reflet d'un incendie ; elle venait à peine de se lever derrière les toits dentelés des maisons : les étoiles rayonnaient paisiblement sur un ciel d'azur... Je souriais en pensant que des sages avaient pu croire que ces astres exerçaient une influence fatale sur nos misérables querelles à propos de la possession d'un coin de terre, ou de ce que nous appelons un droit. Hé quoi ! ces flambeaux, allumés selon eux pour éclairer nos luttes et nos triomphes, brûlent encore avec le même éclat, tandis que les passions et les espérances sont éteintes avec les hommes du passé ! Les luminaires célestes seraient là comme ces feux allumés sur la lisière d'un bois pour servir de guides à des voyageurs égarés ! Mais aussi, quelle force de volonté ne devait-on pas puiser dans la conviction que le ciel tout entier, avec ses mondes innombrables, s'occupait des intérêts des hommes, et les suivait avec une sympathie inaltérable quoique muette...

Et nous, leurs descendants indignes, qui rampons sur la terre sans vocation et sans orgueil, sans jouissances et sans peur autre que celle dont le cœur est involontairement saisi à l'idée d'une fin inévitable, nous ne sommes plus capables des grands sacrifices, soit qu'il s'agisse du bonheur de l'humanité, soit du nôtre propre, parce que nous avons la conscience que ce bonheur est impossible. Nous flottons, au sein de l'indifférence, d'un doute à un autre doute, comme nos pères passaient d'une erreur à une autre erreur, sans avoir comme eux ni l'espoir qui les soutenait, ni ce plaisir vif quoique vague, qui accompagne les forts dans leurs luttes, soit contre leurs semblables, soit contre la destinée...

Il me passa dans l'esprit une foule d'idées de ce genre, et que je n'ai pas retenues parce que je n'aime pas à m'arrêter aux abstractions... Et, en effet, à quoi cela mène-t-il... Dans ma première jeunesse, je rêvais souvent; j'aimais à caresser tour à tour des images sombres ou riantes qu'enfantait mon imagination inquiète... Que m'en est-il resté? Rien que cette fatigue qu'on ressent après une lutte en songe, qu'un souvenir triste et plein d'amertume.

Dans ces vaines luttes, j'ai épuisé et toute ma chaleur d'âme et cette force de volonté indispensables dans les transactions de la vie active. A peine entré dans cette vie, j'en avais déjà épuisé en imagination toutes les chances; tout jeune encore, j'étais blasé comme un vieillard... Mon dégoût était celui d'un homme qui examine une mauvaise imitation d'un ouvrage qui lui est familier.

Ce qui s'était passé dans la soirée avait produit sur moi une impression profonde : mes nerfs étaient ébranlés. Je ne sais trop si je crois aujourd'hui au fatalisme, mais à coup sûr j'y croyais dans ce moment : la preuve était décisive, et bien que j'eusse plaisanté sur nos ancêtres à propos de leur astrologie complaisante, j'étais tombé dans la même ornière ; mais je m'arrêtai à temps sur ce chemin périlleux, et, comme j'ai pour principe de ne rien admettre ni rejeter aveuglément, je laissai de côté la métaphysique pour regarder terre à terre. Bien m'en avait pris : je faillis tomber sur quelque chose de volumineux et de mou, et qui paraissait inanimé ; je me baisse pour regarder... La lune éclairait alors le chemin... Qu'est-ce que j'aperçois... Un verrat nouvellement égorgé... Presque au même instant j'entendis un bruit de pas : deux cosaques sortaient d'une ruelle voisine en courant. L'un d'eux s'approcha de moi, et me demanda si je n'avais pas vu un cosaque ivre qui poursuivait un verrat. Je leur dis que je n'avais pas vu le cosaque, mais je leur montrai la victime de ses instincts belliqueux.

— Le brigand ! dit l'autre cosaque ; quand il a trop pris de vin nouveau, il ne connaît plus rien ni personne... Courons après lui, Jéréméitch ; il faut le lier...

Ils s'éloignèrent, et je continuai ma route en redoublant de circonspection... Enfin j'arrivai chez moi sain et sauf. Je logeais chez un Ouriadnik que j'aimais pour son bon caractère, et à cause de Nastia, sa fille, qui était jolie. Selon son habitude, elle m'attendait près de la petite porte, et enveloppée de sa pelisse ; la lune éclairait ses lèvres gracieuses que le froid de la nuit avait pâlies. En me reconnaissant, elle sourit ; mais je n'étais pas en humeur de m'occuper d'elle.

— Bon soir ! Nastia ! lui dis-je en passant à côté de la jeune fille.

Elle avait envie de répondre quelque chose, mais elle se contenta de soupirer.

Je fermai derrière moi la porte de ma chambre ; j'allumai une chandelle et me jetai sur mon lit. Quand je m'assoupis, l'aube commençait déjà à paraître, mais il était écrit sans doute, au grand livre des destinées, que cette nuit devait être pour moi sans sommeil. Sur les quatre heures du matin on vint frapper à ma fenêtre. Je me levai en sursaut pour savoir ce qu'on me voulait.

— Debout! habille-toi! me cria-t-on de dehors.

Je m'habillai à la hâte, et sortis.

— Sais-tu ce qui est arrivé? me dirent à la fois trois officiers, l'air effaré et tout pâles.

— Qu'est-ce? leur demandai-je.

— Boulitch est mort...

J'étais resté comme pétrifié.

— Il a été tué... Viens vite.

— Où allons-nous?

— Nous te le dirons chemin faisant.

Nous partîmes. Ils me racontèrent tous les détails de cette catastrophe, non sans insister sur l'étrange fatalité qui, la veille, avait sauvé Boulitch d'une mort presque certaine, pour le sacrifier une demi-heure plus tard.

Il marchait dans une rue obscure, lorsqu'il rencontra un cosaque ivre qui venait d'égorger un porc; peut-être cet homme serait-il passé sans le remarquer, si Boulitch ne lui eût demandé...

— Mon ami, qui cherches-tu?

— C'est toi!

Et le cosaque lui porta un coup si furieux de son arme, qu'il le partagea en deux depuis l'épaule jusqu'au cœur... Les deux cosaques que j'avais rencontrés, et qui suivaient le meurtrier, accoururent et relevèrent le blessé qui rendait déjà le dernier soupir et qui n'eut la force que de proférer ces deux mots :

« Il avait raison ! »

— Je compris seul le sens caché de ces paroles, qui se rapportaient à ma prédiction involontaire. Mon instinct ne m'avait pas trompé en me révélant sur son visage les signes d'une mort prochaine.

Le meurtrier s'était enfermé dans une hutte vide : nous y allâmes. Des femmes qui se lamentaient s'y étaient portées en grand nombre, De temps en temps le cosaque s'élançait dans la rue, un poignard à la main, et s'enfuyait à notre approche. La confusion était à son comble.

Lorsque nous arrivâmes, la foule entourait la cabane, dont les portes et les fenêtres étaient fermées à l'intérieur. Les officiers et les cosaques échangeaient entre eux quelques paroles vives ; les femmes pleuraient tout en faisant leurs commentaires. Parmi elles je remarquai une figure de vieille qui exprimait un chagrin profond. Elle était assise sur une poutre, la tête appuyée sur ses deux mains. C'était la mère du meurtrier. De temps en temps, au mouvement de ses lèvres, on eût pu croire qu'elle priait... peut-être maudissait-elle...

Cependant il fallait prendre un parti, et arrêter le coupable..... Personne n'osait s'avancer le premier. Je m'approchai de la fenêtre, et regardai par une fente du volet. Le cosaque était étendu pâle sur le plancher, tenant un pistolet dans sa main droite ; son cimeterre, encore ensanglanté, était à côté de lui. Il roulait les yeux avec une expression effrayante ; quelquefois, saisi d'un tremblement convulsif, il se prenait la tête, comme cherchant à se rappeler son crime. Je crus remarquer de l'indécision dans ce regard effaré, et je dis au major que le meilleur parti à prendre, était d'enfoncer la porte, et de faire prendre ce criminel par nos cosaques, sans lui laisser le temps de se reconnaître.

En ce moment un vieux cosaque s'approcha de la porte et l'appela par son nom ; l'autre répondit.

— Tu as fait une faute, mon cher Ephimitch, lui dit le vieillard ; tu n'as plus qu'à te soumettre.

— Je ne me soumettrai pas ! répondit le cosaque.

— N'offense pas le bon Dieu ! Tu n'es pas un de ces tchétchénetz maudits, mais un chrétien ; si tu t'es laissé égarer par le crime, il ne te reste plus qu'à en accepter les conséquences.

— Je ne me rendrai pas ! s'écria le cosaque d'une voix menaçante, et l'on pouvait entendre le bruit qu'il faisait en armant son pistolet.

— Holà ! la mère ! dit le vieux cosaque ; parle un peu à ton fils ; peut-être t'écoutera-t-il. Tous ces retards ne font qu'offenser Dieu ; et voilà deux heures que ces messieurs attendent.

La vieille le regarda fixement et secoua la tête.

— Vazzili Pétrovitch, dit le vieux cosaque en s'approchant du major, il ne se rendra pas ; je le connais ; et si l'on brise la porte, il en dépêchera plus d'un..... Ne vaudrait-il pas mieux le fusiller par l'ouverture du volet ?

Alors il me passa par l'esprit une idée étrange ; comme Boulitch, j'eus la fantaisie de tenter le sort.

— Attendez, dis-je au major ; je le prendrai vivant.

J'ordonnai au vieux cosaque de l'occuper en lui parlant, et après avoir posté trois hommes près de la porte, avec l'ordre de le tuer ou de venir, au premier signal, à mon secours, je fis le tour de la hutte, et m'approchai de la fenêtre fatale... Le cœur me battait.

— Damné que tu es ! criait le vieux cosaque ; est-ce que tu comptes nous tenir là encore longtemps... Tu te figures que nous ne viendrons pas à bout de toi ?...

Et il se mit à frapper à la porte de toutes ses forces. Je suivais de l'œil, à travers la fente du volet, tous les mouvements du cosaque, qui était loin de soupçonner que l'attaque viendrait de ce côté. Tout à coup, j'ouvris le volet, et me précipitai dans la chambre. Un coup de feu retentit... la balle m'avait rasé l'oreille, et avait déchiré mon épaulette. Mais la fumée de la poudre empêcha le cosaque de trouver immédiatement son cimeterre. Je lui saisis le bras ; les soldats se jetèrent sur lui, et au bout de trois minutes, il était enchaîné et emmené sous escorte. Les curieux se dispersèrent, et je reçus les félicitations des officiers..... franchement il y avait de quoi.

Après cela, le moyen de ne pas être fataliste ! Mais qui peut être convaincu qu'il doit faire ou éviter telle ou telle chose ?... Combien de fois ne prenons-nous pas pour une preuve ce qui n'est qu'une erreur des sens, ou une méprise du jugement !... J'aime à douter de tout... Cette disposition ne nuit pas à la décision du caractère ; loin de là... du moins, quant à moi, je vais en avant avec d'autant plus de résolution, que j'ignore ce qui m'attend. Que peut-il y avoir de pire que la mort ?... Peut-on éviter la mort ?...

En rentrant au fort, je racontai à Maxime Maximitch tout ce qui m'était arrivé et la scène dont j'avais été témoin... Je voulais savoir ce qu'il pensait du fatalisme. D'abord, il ne comprit pas ce que signifiait ce mot, mais après que je lui en eus donné l'explication, il me dit en secouant la tête :

— Mais oui !... sans doute... c'est une chose assez obscure !... Au reste, ces armes de fabrique asiatique ratent souvent, quand elles sont mal graissées, ou qu'on n'appuie pas assez fortement sur la détente. J'avoue que je n'aime guère les carabines circassiennes; c'est une arme qui ne nous va pas; la crosse est trop petite..., et si l'on n'y prend garde, l'amorce peut vous brûler le nez...; quant à leurs cimeterres..., tout ce que je puis dire, c'est que je les respecte infiniment.

Après un instant de silence, il reprit :

—Ce pauvre garçon !... le diable l'a poussé à accoster un ivrogne !... Au reste, c'était sans doute écrit là-haut, dès sa naissance !...

Je ne pus tirer de lui rien autre chose... la métaphysique n'est pas son fort.

DOUBROVSKY

PAR ALEXANDRE POUCHKIN

(Œuvres inédites.)

CHAPITRE PREMIER

Il y a de cela déjà quelque temps, vivait dans une de ses terres le vieux gentilhomme russe Cyrile Pétrovitch Troïékourof. Sa naissance, sa richesse et des alliances puissantes lui avaient acquis une grande considération dans le gouvernement où était situé son domaine de Pakrovsky.

Entouré de flatteurs et de parasites pour qui ses moindres caprices étaient une loi, il se livrait sans réserve à tous les écarts d'un esprit vain et borné. Ses voisins étaient à ses pieds, et il n'y avait pas un employé dans tout le district qui ne tremblât au seul nom de Troïékourof. Au reste, il n'acceptait toutes ces marques de soumission que comme un tribut légitime. Sa maison ne désemplissait pas de convives qui s'évertuaient à chasser l'ennui du vieux seigneur, toujours prêts à partager ses divertissements souvent grossiers.

Personne ne se serait avisé de refuser une invitation de

Troïékourof, et l'on n'eût osé se dispenser de paraître à Pakrovsky, aux jours désignés pour faire sa cour.

De son côté, Cyrile Pétrovitch aimait à recevoir, et quoique taillé en rude viveur, il se donnait régulièrement deux indigestions par semaine, et se grisait non moins régulièrement tous les soirs.

Comme on ne peut pas toujours manger et boire, Cyrile Pétrovitch avait d'autres occupations : il visitait ses terres qui étaient nombreuses, se livrait à la débauche ou imaginait quelque mystification bien méchante dont un des nouveaux convives était ordinairement la victime, ce qui n'empêchait pas que les anciens habitués n'étaient guère plus épargnés, pour peu que l'occasion lui sourît.

Il y avait cependant une exception unique à cette règle, dans la personne d'André Gavrilovitch Doubrovsky. Ce dernier, officier aux gardes en retraite, était possesseur de soixante et dix âmes, et le plus proche voisin de Troïékourof. L'opulent gentilhomme qui regardait à peine des personnages d'un rang élevé, aimait son voisin Doubrosky tout pauvre qu'il était. Ils avaient servi ensemble dans le même régiment et Troïékourof connaissait la fierté et le caractère indomptable de son vieux compagnon d'armes.

Les circonstances les avaient séparés pendant longtemps. Tandis que Troïékourof montait de degré en degré l'échelle des grades, Doubrovsky s'était vu obligé, à cause du délabrement de sa fortune, de prendre son congé et de se retirer dans le seul petit bien qui lui restât.

Quand Cyrile Pétrovitch le sut, il lui offrit toute sorte de secours, mais Doubrovsky refusa, aimant mieux rester pauvre et indépendant.

Longtemps après, lorsque Troïékourof se fut retiré du service avec le grade de général en chef, les deux amis se retrouvèrent, et grande fut leur joie. Ils se voyaient tous les jours ; et Cyrile Pétrovitch, qui jamais ne visitait personne, ne dédaignait pas d'aller trouver Doubrovsky dans sa modeste retraite.

A la conformité de l'âge, de la naissance et de l'éducation venait se joindre celle du caractère : sauf la fortune et le rang, ils avaient eu la même destinée. Tous deux s'étaient mariés jeunes par inclination ; tous deux étaient restés veufs, et il n'était resté à chacun qu'un enfant de leur mariage. Doubrovsky faisait élever son fils à Saint-Pétersbourg ; la fille de Troïékourof était restée dans la maison paternelle ; et souvent ce dernier disait à son vieil ami : Écoute, frère, si ton Vladimir tourne bien, je lui donnerai Marie, quoiqu'il soit pauvre comme un rat d'église. Doubrovsky secouait la tête, et répondait : Non, Cyrile Pétrovitch, mon Vladimir n'est pas un parti pour ta Marie. Un pauvre gentilhomme comme lui doit choisir une compagne sans fortune pour être le maître chez lui, au lieu d'épouser une riche héritière bien vaine et bien gâtée dont il serait moins le mari que le régisseur.

Tout le monde était jaloux de l'intimité qui régnait entre Troïékourof et son voisin, et l'on n'était pas médiocrement étonné de voir un pauvre propriétaire de soixante et dix âmes, donner à table son avis sans s'inquiéter le moins du monde s'il était ou non conforme à celui du maître de la maison. Quelques-uns voulurent s'autoriser de cet exemple, mais il furent rudement remis à leur place. Cette liberté était le privilége du seul Doubrovsky.

Un incident imprévu vint tout changer :

Un soir, c'était en automne, Troïékourof avait annoncé une excursion. Déjà la veille, ordre avait été donné aux chasseurs et aux valets de meute de se tenir prêts pour le lendemain matin à cinq heures. La tente et la cuisine de campagne étaient dressées d'avance à l'endroit où Cyrile Pétrovitch comptait faire halte pour dîner.

Il s'acheminait, escorté de ses hôtes, vers le chenil où plus de cinq cents chiens de chasse et lévriers, tous parfaitement tenus et nourris, célébraient dans leur langage la munificence de leur maître.

Là, se trouvait jusqu'à une infirmerie pour les chiens malades, sous la direction spéciale du chirurgien d'état-major Timochky, à côté d'un endroit entièrement séparé destiné aux chiennes sur le point de mettre bas, et à celles qui nourrissaient leurs petits.

Cyrile Pétrovitch était fier de cet établissement unique, et cherchait toutes les occasions de le faire admirer à ses hôtes qui, de leur côté, ne tarissaient pas en éloges. Tantôt accompagné du chirurgien et des gardiens en chef, il leur montrait le chenil dans tous ses détails, tantôt il s'arrêtait devant une écurie, et s'informait en les désignant par leurs noms, de la santé des chiens malades, dont il critiquait ou approuvait le traitement. Enfin, il se fit amener quelques chiens favoris qu'il accabla des plus tendres caresses.

Au milieu de l'admiration générale, le seul Doubrovsky restait silencieux et fronçait le sourcil. Lui aussi, il aimait la chasse avec passion, mais il fallait bien qu'il se contentât de deux chiens courants et d'un lévrier, et l'envie le mordait au cœur.

— Qu'as-tu, frère? lui demanda Cyrile Pétrovitch; est-ce que tu trouverais ici quelque chose à redire?

— Non répliqua Doubrovsky, le chenil est irréprochable... je réfléchissais seulement que vos gens ont la vie moins douce que vos chiens.

Un des gardiens se trouva blessé de cette remarque : grâce à Dieu et à notre maître, dit-il, nous n'avons pas à nous plaindre ! mais pour dire la vérité, il est tel seigneur qui ne ferait pas mal de changer son habitation contre le chenil de Cyrile Pétrovitch, il y serait mieux chauffé et mieux nourri.

A cette sortie impertinente, Troïékourof poussa un bruyant éclat de rire, et tous les assistants firent chorus, quoiqu'ils sentissent bien que le compliment du valet était aussi à leur adresse.

Doubrovsky gardait le silence ; il était pâle de colère. Cependant on apporta à Troïékourof, une corbeille pleine de petits chiens ; il en choisit quelques-uns et ordonna de noyer les autres.

Tandis que cet incident absorbait l'attention générale, Doubrovsky s'était esquivé.

Ce ne fut que le soir, et au moment de se mettre à table que Troïékourof s'aperçut de son absence. Ses gens lui dirent qu'il s'était retiré chez lui. Il ordonna aussitôt de l'aller chercher.

Il était passé en coutume que Cyrile Pétrovitch ne chassait pas sans Doubrovsky, qui connaissait à fond le noble art de la vénerie. C'était toujours lui qui décidait en dernier ressort dans les cas douteux.

On ne s'était pas encore levé de table, lorsque le domestique revint annoncer que Doubrovsky ne voulait pas revenir.

Grande colère de Troïékourof, et nouveau message avec menace d'une rupture définitive, dans le cas où Doubrovsky ne viendrait pas immédiatement.

En attendant, Troïékourof se leva de table et congédia brusquement ses hôtes; puis il alla se coucher.

Le lendemain matin, son premier soin fut de demander après Doubrovsky. Pour toute réponse, on lui remit un écrit cacheté. Il fit appeler son secrétaire, qui ouvrit la lettre et lut ce qui suit :

« Je ne retournerai à Pakrovsky que lorsque vous au-
« rez envoyé chez moi le valet de meute Paramochka
« pour me faire des excuses : il dépendra de moi de le
« châtier ou de lui faire grâce. Je ne suis pas d'humeur
« à endurer les plaisanteries de vos gens, moi qui ne
« souffre pas même les vôtres. Un vieux gentilhomme
« n'est pas un bouffon, sur quoi je suis

« Votre dévoué serviteur,

« André Doubrovsky. »

Aujourd'hui une lettre ainsi conçue annoncerait l'oubli de toutes les convenances; mais Troïékourof fut moins blessé de la forme que du fond.

— Quoi! s'écria-t-il en sautant pieds nus de son lit; je dois lui envoyer mes gens pour lui faire des excuses! Il s'arrogerait le droit de les punir ou de leur faire grâce! A quoi pense cet homme! Ignore-t-il à qui il a affaire? je saurai bien le lui faire voir. Il me le paiera cher! cela lui apprendra une autrefois à se frotter à un Troïékourof! Il s'habilla et partit pour la chasse; mais tout allait de travers. Dans toute la journée, on ne vit qu'un lièvre, et encore fut-on obligé de le forcer. Le dîner sous la tente n'alla pas mieux; du moins rien n'était au goût du maître. Il battit le cuisinier, injuria ses hôtes; et à son retour il passa avec toute la chasse sur le champ de Doubrovsky.

CHAPITRE II

Quelques jours s'étaient écoulés, et la querelle durait toujours. Doubrovsky n'était plus retourné à Pakrovsky. Troïékourof qui s'ennuyait sans lui, exhalait sa mauvaise humeur dans les termes les plus injurieux, et ces propos amplifiés et envenimés par les domestiques, arrivaient aux oreilles de Doubrovsky.

Un nouvel incident détruisit jusqu'à l'espoir d'un raccommodement.

Un soir que Doubrovsky visitait sa propriété, il entendit dans un bois de bouleaux le bruit d'une cognée, et bientôt après le fracas d'un arbre qui tombe. Il courut au lieu d'où venait le bruit, et aperçut quelques paysans de Pakrovsky qui se sauvaient à toutes jambes. Aidé de son cocher, il réussit à en attraper un qu'il fit garrotter et transporter à sa demeure. Outre cette capture, l'ennemi avait laissé deux chevaux entre les mains du vainqueur. Doubrovsky était exaspéré au plus haut degré. Autrefois, les paysans de Pakrovsky, malgré leur réputation bien méritée de voleurs, n'auraient jamais osé commettre des déprédations sur ses terres ; il comprit que ces coquins comptaient exploiter la discorde des deux voisins, et il résolut de donner à son prisonnier une verte leçon avec les mêmes verges qu'il avait compté dérober dans le bois ; quant aux chevaux, il jugea qu'ils expieraient suffisamment leur complicité en travaillant avec les siens.

Le même jour, le seigneur de Pakrovsky fut informé de cette nouvelle. Dans le premier ferment de sa colère, il voulait avec tous ses gens faire une expédition contre

Kisténovka (c'était le nom de la petite terre de Doubrovsky); n'y pas laisser debout une seule poutre, et assiéger le propriétaire lui-même dans sa maison.

Troïékourof était homme à exécuter cette mesure de violence, lorsque le hasard vint donner une autre direction à son ressentiment.

Il se promenait de long en large dans son salon, lorsqu'il aperçut de la fenêtre une britchka à trois chevaux qui s'arrêta devant la porte de la cour. Un homme en casquette de cuir, et enveloppé d'un manteau, descendit d'un bond de cet équipage, et se dirigea vers le logement du régisseur.

Troïékourof eut bientôt reconnu l'assesseur Schabachkin. Il ordonna de le faire monter.

En moins d'une minute, le fonctionnaire était en présence du redoutable seigneur, lui faisant les salutations les plus humbles, et attendant ses ordres de l'air le plus respectueux.

— Comment vas-tu? lui demanda Troïékourof. Ton nom ne me revient pas... Qu'as-tu à faire ici?

— Je viens de la ville, Excellence, et je venais savoir si votre intendant n'avait pas de commission à me donner.

— Tu ne pouvais venir plus à propos... On t'appelle, dis-tu?... j'ai justement besoin de toi. Bois un coup, et écoute bien ce que je vais dire.

Un accueil si distingué surprit agréablement l'assesseur. Il s'excusa de boire, et se mit à écouter de ses deux oreilles.

— J'ai un voisin, reprit Troïékourof, un pauvre hère, un malappris, un homme de rien. Je veux lui prendre son bien... que dis-tu de cela?

— Votre Excellence, a-t-elle quelques titres...?

— Quelle bêtise! des titres!... et tu dis que l'on te nomme?... Il s'agit de lui prendre son bien, avec ou sans titres.

— Sans titres... c'est difficile, Excellence.

— Réfléchis à cela, entends-tu? réfléchis mûrement...

— Si, par exemple, Votre Excellence pouvait, de manière ou d'autre, se procurer les titres en vertu desquels il est possesseur..., alors, assurément...

— Le malheur est justement que dans le dernier incendie, tous ses titres ont été brûlés... tu comprends?

— Quoi! Excellence! tous ses papiers ont été détruits? Voilà qui suffit. Vous n'avez qu'à réclamer légalement, et nul doute que vous n'ayez complète satisfaction.

— Tu crois? Hé bien! je m'en repose sur ton zèle... et tu peux compter sur ma reconnaissance.

Schabachkin s'inclina profondément et se retira.

L'assesseur prit l'affaire tellement à cœur, que grâce à l'activité de son zèle, Doubrovsky reçut dans la quinzaine une assignation pour comparaître devant le tribunal et produire les titres en vertu desquels la terre de Kisténovka lui appartenait.

A la réception de cet ordre, Doubrovsky cria et tempêta. Le même jour il écrivit au président du collège de justice, une lettre assez cavalière, dans laquelle il exposait que le petit village de Kisténovka était son héritage paternel; que ni Troïékourof ni personne n'avaient rien à y voir, et que toute prétention sur sa propriété, de quelque part qu'elle vînt, ne pouvait être qu'une œuvre de chicane et de friponnerie.

Cette lettre fut on ne peut plus agréable à Schabachkin. Il y vit d'abord la preuve que Doubrovsky n'entendait rien aux affaires; et ensuite qu'il serait facile de compromettre un homme d'un caractère aussi irréfléchi et aussi violent.

Lorsque Doubrovsky pesa la chose de sang froid, il comprit la nécessité de répondre à la question que lui posait le tribunal d'une manière plus précise et plus circonstanciée. Il écrivit donc de nouveau; mais plus tard, cette pièce fut encore jugée insuffisante.

L'affaire traîna en longueur, et Doubrovsky confiant dans son droit, ne fit aucunes démarches; d'ailleurs il n'avait ni l'envie ni les moyens de semer l'argent dans les chancelleries, et il s'amusait de la vénalité de cette canaille, sans soupçonner qu'il pouvait devenir la victime de la malveillance et de la cupidité. De son côté, Troïékourof suivait l'affaire mollement. Le seul Schabachkin y mettait tout le zèle dont il était capable. Fort du crédit de Troïékourof, tantôt il menaçait les juges, tantôt il les achetait et torturait la loi et le droit.

Enfin, le 9 février de l'année ****, Doubrovsky fut cité devant le tribunal de la ville, à l'effet de s'entendre signifier la sentence d'un jugement, touchant une contestation de propriété entre le lieutenant Doubrovsky d'un côté, et le général en chef Troïékourof de l'autre : la citation portait aussi que le dit Doubrovsky devait ou venir signer son désistement, ou faire une déclaration contraire.

Le même jour, Doubrovsky se rendit à la ville et rencontra en chemin Troïékourof. Les deux anciens amis se toisèrent avec fierté, et Doubrovsky put remarquer un sourire haineux sur les traits de son adversaire.

Arrivé à la ville, Doubrovsky descendit chez un marchand de sa connaissance, et dès le lendemain matin il se rendit devant les juges; à peine fit-on attention à lui : mais quand Troïékourof se présenta, tous les membres du tribunal se levèrent de leur siége pour aller à sa rencontre, et lui témoigner tout leur intérêt. Le rang, l'âge et la corpulence du personnage parurent même à ces messieurs mériter les honneurs d'un fauteuil.

Doubrovsky était du côté opposé, appuyé contre la muraille.

Un profond silence s'établit et le secrétaire, d'une voix haute et distincte, exposa l'affaire. Lorsqu'il eut fini, l'assesseur se leva, et saluant humblement Troïékourof, il l'invita à signer le papier qu'il lui présentait. Celui-ci prit d'un air triomphant la plume des mains de l'assesseur, et écrivit qu'il adhérait entièrement aux conclusions de la sentence.

Quand ce fut le tour de Doubrovsky, le secrétaire lui tendit le papier, mais le vieillard resta immobile : une seconde invitation n'eut pas plus de succès. La décision portait qu'il était tenu de donner préalablement satisfaction complète, sauf à présenter plus tard, dans le délai légal et devant qui de droit une opposition où ses droits, si après de plus amples informations, il les croyait encore inattaquables, seraient consciencieusement exposés.

— Tout à coup Doubrovsky releva la tête ; ses yeux étincelaient : il frappa du pied, et donna un coup si violent au secrétaire, que celui-ci laissa tomber l'encrier sur le pantalon de l'assesseur.

Tout le monde était consterné ; les gardiens accoururent, et ce ne fut pas sans peine qu'on put se rendre maître de Doubrovsky.

Il fut entraîné au dehors, et on le mit dans un traîneau.

Troïékourof sortit derrière lui, accompagné de tout le personnel de la justice. Cet acte de démence avait fait sur lui une vive impression ; à peine honora-t-il d'un regard les juges, qui avaient compté sur sa reconnaissance. Il retourna en toute hâte à Pakrovsky, tout étonné des reproches de sa conscience, et mécontent de son triomphe.

Doubrovsky se mit au lit. Un médecin moins ignorant que la plupart de ses confrères, appliqua la saignée et les révulsifs, et bientôt le malade fut en état d'être transporté à Kisténovka, son dernier asile, et qui était sur le point de lui échapper.

CHAPITRE III

Quelques semaines se passèrent. La santé de Doubrovsky n'était pas meilleure : ses accès de folie ne s'étaient pas renouvelés, mais ses forces diminuaient sensiblement. Le vieillard avait rompu avec toutes ses habitudes; il quittait rarement la chambre, et pendant des jours entiers il regardait fixement devant lui d'un air morne et sombre.

La vieille Jégorovna, la bonne fidèle du jeune Doubrovsky, soignait maintenant le père. Elle veillait sur lui comme sur un enfant, le nourrissait, le déshabillait, le couchait. Le vieillard n'écoutait qu'elle, et ne souffrait personne d'autre autour de lui. Voyant qu'il ne pouvait s'occuper ni de ses affaires ni des détails de la maison; Jégorovna jugea nécessaire d'avertir de cet état de choses son jeune maître, qui servait dans un régiment des gardes à Saint-Pétersbourg.

À cet effet elle arracha un feuillet blanc de son livre de dépense, appela le cuisinier Chariton, le seul qui sût écrire à Kisténovka, et lui dicta une dépêche qui fut portée le même jour à la ville et mise à la poste.

Le jeune Vladimir avait été élevé à l'école des cadets, et de là il était entré comme enseigne dans la garde. Le père n'épargnait rien pour le soutenir d'une manière décente et l'on peut dire que sa sollicitude allait au delà de ses moyens. Naturellement vain et passionné, Vladimir se passait bien des fantaisies coûteuses; il jouait, faisait des dettes, et ne s'inquiétait pas de l'avenir. C'est tout au plus si sa prévoyance allait jusqu'à lui faire penser de loin en loin qu'il ne pouvait manquer de faire un riche mariage.

Un jour qu'il était chez lui avec un essaim de camarades, fumant à ne pas s'y voir, son domestique lui apporta une lettre dont l'adresse et le cachet ne l'étonnèrent pas médiocrement. Il l'ouvrit, et lut à la hâte ce qui suit :

« Vladimir Andreïévitch, je prends la liberté de t'é-
« crire ces lignes pour t'informer de la santé de ton père.
« Il va très-mal, et parfois il déraisonne. On le dirait
« retombé en enfance... Mais Dieu est le maître de la
« vie comme de la mort. Viens le plus tôt possible...
« nous t'enverrons des chevaux jusqu'au fossé de sable...
« Il est question que la justice va nous mettre sous l'au-
« torité de Cyrile Pétrovitch, qui parle déjà comme si
« nous lui appartenions. Et cependant nous sommes à
« vous depuis des siècles ; de ma vie je n'ai entendu dire
« autre chose. Tu pourrais, étant à Saint-Pétersbourg,
« soumettre la question à notre père le tsar. Il ne voudra
« pas nous faire un si grand chagrin.

« Ta vieille et fidèle nourrice,
            « Anna Iégorovna Bouziréva. »

Vladimir relut cette lettre à plusieurs reprises. Encore enfant, il avait perdu sa mère; quant à son père, il le connaissait à peine, car il était à Pétersbourg depuis sa huitième année. Il s'était représenté les joies tranquilles de la famille sous des couleurs d'autant plus séduisantes qu'il y était demeuré étranger. La pensée de perdre son père lui tomba comme un poids sur le cœur. Il pensait avec terreur à sa maladie ; il le voyait seul au milieu de son village désert, abandonné aux soins de sa nourrice et de quelques domestiques, et succombant à ses souffrances physiques et morales.

Il s'adressait d'amers reproches sur sa négligence, car depuis longtemps il n'avait reçu aucune nouvelle du vieillard, qu'il supposait occupé d'affaires et de soins domestiques.

Il prit la résolution de partir sans délai, et même de quitter le service si la maladie de son père réclamait sa présence. Tous ses amis, en le voyant consterné, s'étaient retirés.... Il écrivit une demande de congé, et s'abandonna aux rêveries les plus tristes.

Déjà Vladimir approchait de la station où il devait trouver ses chevaux ; de sombres pressentiments l'assiégeaient ; il appréhendait de ne pas retrouver son père vivant, et il se faisait le tableau le plus triste de la vie qui l'attendait au village natal. Qu'allait-il devenir, pauvre, isolé, obligé de se livrer à des travaux d'exploitation dont il n'avait pas même l'idée ?

Arrivé à la station, il apprit que les chevaux l'attendaient déjà depuis quatre jours, et bientôt il reconnut Antoine, le vieux cocher qui autrefois le conduisait dans l'écurie pour lui montrer son petit cheval. Les larmes coulaient sur les joues flétries du vieux serviteur. Il s'inclina jusqu'à terre dès qu'il aperçut son jeune maître.

En apprenant que son père vivait encore, Vladimir ordonna d'atteler ; mais il ne questionna Antoine que lorsqu'ils furent sur le chemin de Kisténovka.

— Dis-moi, Antoine, demanda Vladimir, qu'y a-t-il donc entre mon père et Troïékourof?

— Dieu sait! mon cher maître... On dit qu'il n'était pas d'accord avec Cyrile Pétrovitch, et que celui-ci a porté plainte contre notre vieux maître qu'il accuse de s'être pris à lui-même son propre bien. Je sais que ce n'est pas au valet de se mêler des affaires de son seigneur... toujours est-il que monsieur votre père a eu tort de se heurter contre l'autre... Ce n'est pas l'agneau qui mangera le loup.

— Il paraît, d'après cela, que Troïékourof fait chez nous tout ce qu'il lui plaît?

— Quant à ça, c'est au vu et su de tout le monde.

— Est-il vrai qu'il prétend s'emparer de Kisténovka?

— C'est ce qu'on dit. Dernièrement, à un baptême chez le Staroste, le curé de Pakrovsky disait : — Maintenant votre bon temps est passé à vous autres... Cyrile Pétrovitch ne badine pas. Le forgeron Mikita lui répondit : — C'est bon, Savélitch, n'attriste pas la compagnie ; tu n'as que faire d'effrayer nos hôtes. Cyrile Pétrovitch est maître chez lui, André Gavrilovitch est également maître chez lui ; mais notre maître à tous, c'est Dieu et le tsar... Personne ne mettra un cadenas à nos lèvres.

— Ainsi vous ne seriez pas bien aise de tomber entre les griffes de Troïékourof?

— Que Dieu nous en préserve! Ses propres esclaves sont déjà assez malheureux! Que serait-ce avec nous autres étrangers! Il ne se contentera pas de nous ôter la peau, il lui faudra notre chair... Que Dieu accorde à notre maître une longue vie !... mais s'il le rappelle, n'avons-nous pas notre jeune seigneur ? Ne nous abandonnez pas, et nous vous resterons fidèles et dévoués.

Touché de l'attachement du vieux serviteur, Vladimir l'écoutait en silence, tout en poursuivant le cours de ses pensées. Il était plongé depuis plus d'une heure dans ses réflexions, lorsqu'il fut tout à coup rappelé à la vie réelle par l'exclamation d'Antoine :

— Voilà Pakrovsky !

Il leva la tête. Ils côtoyaient un lac spacieux d'où sortait une petite rivière qui serpentait à travers des collines. Sur une de ces collines s'élevaient d'un petit bois le toit vert et le belvédère d'un château en pierre. Tout auprès on distinguait les cinq coupoles d'une église que dominait un vieux clocher. Tout alentour étaient disséminées de nombreuses cabanes, avec des jardins potagers et des puits à bascule.

Doubrovsky reconnut le site. Il se rappelait que, sur cette même colline, il avait joué avec la petite Marie Troïekourof, plus jeune que lui de deux ans, et qui promettait déjà de devenir une beauté. Il était sur le point de s'informer d'elle ; mais une sorte de honte le retint.

En passant devant la maison seigneuriale, il aperçut une robe blanche à travers les arbres du jardin. Au même instant, cédant à un amour-propre de cocher, Antoine fouetta ses chevaux et passa au galop devant le jardin. A la sortie du village, le chemin conduisait au sommet de la montagne ; Vladimir vit devant lui une forêt de bouleaux, et à gauche, sur un emplacement découvert, une petite maison grise à toit rouge.

Le cœur lui battait avec plus de force... C'était Kisténovska... et la petite maison était celle de son père...

Il y entra avec un sentiment impossible à décrire...

Il regarda autour de lui. Il y avait douze ans qu'il n'avait pas revu son village natal. Les plantations de bouleaux qui bordaient la haie étaient maintenant hautes et touffues. La cour, naguère ornée de trois plates-bandes, que traversait un chemin soigneusement entretenu, ressemblait à un pré non fauché. Un cheval paissait en liberté dans l'herbe épaisse. Les chiens, qui d'abord avaient aboyé, témoignèrent leur joie en reconnaissant Antoine. Les paysans accoururent des fermes et entourèrent leur jeune maître, tout heureux de le revoir. C'est à grand'peine qu'il put s'ouvrir un passage à travers cette foule empressée. Il monta les marches dégradées du perron et entra dans l'antichambre. La vieille Iégorovna courut se jeter à son cou.

— Comment vas-tu, bonne nourrice? lui dit-il en la serrant contre son cœur... Et mon père? comment se trouve-t-il? où est-il?

Au même moment s'avançait à pas lents, dans la spacieuse antichambre, une grande figure de vieillard, pâle et maigre, en robe de chambre et en bonnet de nuit.

— Où est Volodka? où est mon fils? s'écria-t-il d'une voix épuisée.

Et le fils se jetait en silence dans les bras de son père. Cette secousse était trop forte pour le vieillard ; ses pieds chancelèrent, et il serait tombé si Vladimir ne l'eût reçu dans ses bras.

— S'obstiner à se lever, murmura Iégorovna, quand on peut à peine se soutenir sur ses jambes !

On transporta le malade dans sa chambre. Il faisait des efforts pour parler; mais ses idées se confondaient, et il ne put prononcer que quelques paroles incohérentes. Enfin, comme épuisé de cet effort, il tomba dans un assoupissement profond.

Vladimir était en proie aux plus vives inquiétudes ; il s'établit dans la chambre de son père, et pria les domestiques de le laisser seul. Ils obéirent, et emmenèrent Antoine dans la cuisine pour le faire dîner et le questionner tout à leur aise.

CHAPITRE IV

Quelques jours s'étaient écoulés depuis l'arrivée de Vladimir. Il résolut de prendre connaissance de ses affaires ; mais le vieillard était incapable de lui donner le moindre éclaircissement, et il avait toujours géré seul. Le jeune homme, en consultant les papiers de son père, trouva la première lettre de l'assesseur et la minute de la réponse ; mais ces pièces ne lui apprenaient rien sur le fond du procès. Il crut devoir attendre la procédure ultérieure, persuadé qu'il était de la justice de sa cause.

Cependant l'état du vieillard empirait et annonçait une fin prochaine : il était tombé en enfance. Vladimir ne quittait pas son chevet.

Le délai légal était expiré, sans interjection d'appel. Désormais Kisténovka appartenait au seigneur de Pakrovsky. Schabachkin se présenta chez Troïékourof. Après s'être courbé devant lui de manière à lui montrer toute la longueur de son échine, il demanda du ton le plus humble quand il plairait à Son Excellence d'entrer en possession de la terre nouvellement acquise, et de donner à lui ou à tout autre un plein pouvoir à cet effet.

Cyrile Pétrovitch ne put se défendre d'une impression pénible. Jamais, dans cette affaire, il n'avait été mu par un motif d'intérêt ; il n'avait voulu que tirer vengeance de ce qu'il regardait comme un affront. Il n'ignorait pas la position où se trouvait réduit son ancien compagnon d'armes, et il en était presque au regret de sa victoire. Il accueillit donc Schabachkin avec humeur; mais, cherchant en vain un prétexte pour l'accuser, il se contenta, pour le moment, de l'engager à le débarrasser de sa présence. Schabachkin vit bien que l'instant était mal choisi, et se hâta de prendre le large.

Resté seul, Troïékourof se promena à grands pas dans sa chambre en fredonnant l'air :

<small>Tonnez, foudres de la victoire.</small>

ce qui était chez lui l'indice d'une forte préoccupation.

Tout à coup il sonne, ordonne d'atteler le drochky, jette un manteau sur ses épaules, et, conduisant lui-même, il eut bientôt dépassé la porte cochère et aperçu la petite maison de Doubrovsky.

Pendant quelque temps il balança entre des sentiments contraires; le ressentiment et l'orgueil étouffèrent d'abord tous les autres. Mais bientôt les plus nobles reprirent le dessus. Il résolut de se réconcilier avec son vieil ami, de détruire jusqu'aux dernières traces de leur procès, et de lui laisser son bien. Il se sentit le cœur plus léger, fouetta son cheval, et entra tout droit dans la cour de Doubrovsky.

En ce moment même, le malade était assis à la fenêtre de sa chambre à coucher; il reconnut Troïékourof, et une révolution subite bouleversa ses traits : un rouge de pourpre remplaça sa pâleur mortelle, ses yeux brillèrent, et il poussa des sons inarticulés.

Son fils, qui était occupé à réviser des comptes, leva la tête, et vit avec consternation le changement qui venait de s'opérer dans le vieillard : le malade montrait du doigt la porte avec une expression d'effroi et de colère.

Le vieillard essaya de ramener les pans de sa robe de chambre pour se lever... Il se leva en effet, mais pour tomber de sa hauteur sur le plancher... Vladimir se précipita vers lui... il gisait sans mouvement. Il était frappé d'apoplexie.

— Vite à la ville, chez le docteur! cria Vladimir au domestique qui entrait...

— Le général Troïékourof désire vous parler.

— Dis-lui, s'écria Vladimir avec un regard furieux, qu'il s'éloigne d'ici à l'instant même, s'il ne veut pas que je lance les chiens après lui!

— Le serviteur ne se le fit pas dire deux fois; il exécuta sa commission à la lettre. Iégorovna se tordait les mains.

— O mon maître! s'écria-t-elle, tu entraînes ton enfant à sa perte!... Cyrile Pétrovitch nous dévorera.

— Tais-toi, nourrice! dit Vladimir impérieusement, et envoie vite Antoine chercher le médecin.

Iégorovna sortit : aucun domestique ne se trouvait dans la chambre voisine; tous s'étaient précipités vers la cour pour voir Troïékourof.

Celui-ci avait entendu les paroles de Vladimir. Il n'était pas descendu de son drochky. A cette menace, ses traits s'assombrirent, et un rire sardonique erra sur ses lèvres; enfin il promena sur la foule un regard terrible, et s'en retourna au pas.

En dépassant la porte, il tourna encore une fois les yeux vers la fenêtre où il venait de voir Doubrovsky, mais il ne l'aperçut plus. Iégorovna, qui avait oublié le message, se tenait consternée sur les marches. Les domestiques murmuraient entre eux sur cette singulière apparition... Tout à coup Vladimir paraît, et, tout effaré, il s'écrie :

— Mon père est mort!

Ce fut comme un coup de foudre... Après la première stupeur, ils coururent tous à la chambre à coucher de leur maître.

Il était étendu dans le fauteuil où Vladimir l'avait porté; son bras droit pendait par-dessus le dossier; sa tête retombait sur la poitrine... Aucun signe de vie n'animait ce corps encore chaud... la figure était horriblement décomposée...

Iégorovna poussait des cris, tandis que les domestiques entouraient le cadavre, qui resta confié à leurs soins. Ils le lavèrent, le revêtirent de son uniforme qui datait du siècle précédent, et le couchèrent sur cette même table où depuis tant d'années ils avaient vu s'asseoir leur vieux maître.

CHAPITRE V

Le troisième jour, on célébra les funérailles. Le corps reposait dans un cercueil ouvert, enveloppé du drap mortuaire et entouré de cierges. La salle à manger était remplie de serviteurs prêts à enlever le mort. Vladimir lui-même voulut partager cette tâche pieuse. Le prêtre, précédé du diacre, marchait devant, entonnant le cantique funèbre.

Le seigneur de Kisténovka passa pour la dernière fois le seuil de sa demeure. Le cortége traversa la forêt derrière laquelle s'élevait la petite église. C'était en automne, l'air était frais et clair : le chemin était jonché de feuilles tombées. En sortant de la forêt, on se dirigea vers la petite église de Kisténovka : tout auprès était le cimetière ombragé de vieux tilleuls.

Là reposait la mère de Vladimir, et tout à côté était la fosse fraîchement ouverte.

L'église était pleine; tous les paysans de Kisténovka s'étaient empressés de rendre à leur seigneur le dernier devoir.

Vladimir se plaça à l'entrée; il ne priait pas, il ne pleurait pas, mais son regard farouche était de mauvais augure.

La triste cérémonie était achevée... Le jeune homme s'avança le premier pour prendre congé du défunt, et les domestiques vinrent ensuite... On cloua le couvercle: quelques femmes psalmodièrent de bruyantes lamentations, et l'on vit plus d'un paysan essuyer une larme, tribut touchant que les vertus du maître arrachent même à l'esclave!

Vladimir souleva le premier le cercueil; quelques anciens domestiques se joignirent à lui, et ils emportèrent le corps accompagnés de tous les assistants. Lorsque le mort fut descendu dans la fosse, chacun jeta sur lui une poignée de terre en se signant... Tout était fini. Les paysans se retirèrent, et Vladimir dépassa les autres et se perdit dans la forêt.

Iégorovna, au nom de son maître, invita le prêtre et son clergé au repas des funérailles, en les priant d'excuser l'absence de Vladimir. Le père Athanase, sa femme et son diacre se rendirent à pied à la maison seigneuriale. Chemin faisant, ils s'entretinrent avec la vieille des vertus du défunt, et du sort probable du jeune Doubrovsky; car le bruit de la visite de Troïekourof s'était déjà répandu, et les politiques de l'endroit ne tarissaient pas en conjectures :

— Ce qui doit arriver arrivera, dit la femme du prêtre; mais ce serait dommage que Vladimir Andréjévitch fût dépossédé. C'est assurément un cavalier accompli.

— Et pourquoi serait-il dépossédé? demanda Iégorovna. Cyrile Pétrovitch s'est encore emporté ; mais cette fois il a trouvé à qui parler... Mon fils se conduit déjà en homme, et, avec la grâce de Dieu, les braves gens ne l'abandonneront pas : Cyrile Pétrovitch joue plus gros jeu qu'il ne le pense !

— Pour moi, reprit le diacre, j'aimerais mieux avoir affaire au diable qu'à Cyrile Pétrovitch ; rien qu'à le regarder la peur vous prend, et l'échine se courbe d'elle-même.

— Tout n'est que vanité, interrompit le pasteur spirituel. Il faudra bien finir par chanter pour Cyrile Pétrovitch, le cantique que nous avons chanté aujourd'hui pour le repos de notre vieux seigneur. Il y aura cette différence que le repas sera plus somptueux et qu'il y aura plus de convives... mais devant le Père céleste, tout est égal.

— Père Athanase, repartit Iégorovna, nous avions bien l'intention d'inviter tout le village, mais Vladimir Andréïévitch ne l'a pas voulu. Rien ne nous manque, je vous prie de le croire.... Il est vrai que nous sommes peu de convives, mais nous tâcherons de faire les choses décemment.

Cette assurance fit doubler le pas à la société, et ils arrivèrent dans les meilleures dispositions ; la table était déjà mise, et l'eau-de-vie les attendait.

Cependant Vladimir avait battu toute la forêt, cherchant à étourdir sa douleur par un exercice violent. Il allait devant lui sans savoir où... Les branches lui déchiraient le visage. Quelquefois il rencontrait des marécages, mais nul obstacle ne l'arrêtait. Enfin il trouva un chemin creux bordé de bois des deux côtés. Un petit ruisseau fuyait en silence au pied des arbres chauves. Épuisé de fatigue, Vladimir se jeta sur le gazon, s'abandonnant aux pensées les plus sombres.

Il sentait péniblement l'embarras et l'isolement de sa position, et l'avenir lui apparaissait sous les couleurs les plus noires. Sa sortie contre Troïékourof lui présageait de nouveaux malheurs. Son modique avoir allait peut-être passer à des mains étrangères... Et alors que devenir? que faire?

Il resta là longtemps à rêver, regardant le ruisseau emportant dans son cours des feuilles sèches, emblème fidèle de notre existence... Enfin il s'aperçut que le jour commençait à tomber, et il essaya de trouver quelque chemin qui le conduisît hors de la forêt... Il erra longtemps, et finit par découvrir un sentier qui menait droit à Kisténovka. Il vit de loin le prêtre et sa suite qui s'avançaient de son côté, et il en tira un fâcheux augure. Doubrovsky se rangea de côté, et se cacha derrière les arbres. On passa devant lui sans le remarquer. On parlait avec vivacité :

— Évite le mal, et fais le bien quand tu le peux, disait le prêtre à sa femme ; ce n'est pas là qu'est notre domicile. Après tout, qu'est-ce que cela nous fait? Cela deviendra ce que cela pourra...

La femme lui répondit quelque chose que Doubrovsky ne put entendre.

En approchant de la maison, il vit un grand rassemblement. La cour fourmillait de paysans et de domestiques. Il entendait comme un murmure extraordinaire. Devant la remise étaient deux drochkys à trois chevaux, et, sur les marches de l'entrée, il remarqua plusieurs personnes étrangères en surtout d'uniforme qui considéraient la maison.

— Qu'est-ce que tout cela signifie? demanda-t-il au vieil Antoine qui s'avançait à sa rencontre. Qui sont ces gens? Que veulent-ils?

— Ce sont les gens de la justice, répondit le fidèle serviteur; on veut nous livrer à Troïékourof, et nous enlever à notre bon maître!

Vladimir baissa la tête; tous l'entouraient en silence et d'un air de compassion.

Tout à coup une voix se fit entendre :

— Tu es le fils de notre bienfaiteur! nous ne voulons pas d'autre maître que toi!... Nous ne t'abandonnerons pas!

Et tous se précipitèrent... L'un baisait les mains du jeune homme, l'autre ses habits.

Vladimir était profondément touché de ces marques d'affection et de dévouement; un poids douloureux pesait sur son cœur.

— Demeurez paisibles, leur dit-il, je vais parler aux délégués de la justice.

— Parler avec eux ! à quoi bon ! prends pitié de nous !

Vladimir s'avança vers les employés. Schabachkin était là le bonnet sur la tête et les bras croisés, regardant autour de lui avec arrogance. Le capitaine du cercle, homme d'environ cinquante ans, grand et replet, la figure bourgeonnée et partagée en deux zônes par une large moustache, croassait comme un corbeau. — Je vous répète encore une fois, s'écria-t-il d'une voix enrouée, qu'en vertu d'un arrêt du tribunal de district, vous appartenez désormais à son excellence Cyrile Pétrovitch Troïékourof, dont la personne est ici représentée par le sieur Schabachkin : que vous aurez à lui obéir en tout ce qu'il vous commandera; et que plus vous l'aimerez et honorerez, plus vous vous rendrez dignes de ses bonnes grâces. Après cette plaisanterie de mauvais goût, le capitaine se mit à rire, et Schabachkin avec sa séquelle suivirent son exemple.

Vladimir bouillait de colère.

— Permettez-moi, leur dit-il, de vous demander quelques éclaircissements.

— C'est assez clair, repartit le capitaine. Nous sommes venus ici à l'effet d'installer dans sa nouvelle propriété le sieur Cyrile Pétrovitch Troïékourof; et sur ce, nous invitons tous et chacun à décamper au plus vite.

— Il me semble, reprit Wladimir, qu'il eût été plus convenable de vous adresser à moi qu'à mes paysans, au propriétaire en un mot, puisqu'il s'agit de droits à transmettre...

— Qu'est-ce à dire? interrompit Schabackin avec effronterie. L'ancien propriétaire est mort..., et qui es-tu pour réclamer contre une décision juridique? Nous ne connaissons et ne voulons connaître personne...

— C'est notre jeune maître! s'écria une voix dans la foule.

— Qui est-ce qui ose parler ici? s'écria, d'un air menaçant, le capitaine. On parle de maître! votre maître est Cyrile Pétrovitch Troïékourof..... entendez-vous, butors!

— Dieu nous en garde! dit la même voix.

— C'est un coup monté! hurla le capitaine. Holà! staroste, ici!

Le staroste s'avança.

— Arrête-moi tout de suite celui qui s'est permis de m'interpeller.

Le staroste s'avança vers la foule et demanda qui avait parlé.

Tous gardèrent le silence... Bientôt un murmure s'éleva dans les rangs les plus éloignés; peu à peu il grandit de proche en proche et éclata en un violent tumulte.

Le capitaine jugea prudent de baisser le ton et essaya de les haranguer :

— Mes enfants, à quoi bon tous ces commérages? s'écriaient plusieurs voix... Empoignez cet homme !

Et la foule se porta en avant. Schabachkin et les siens firent retraite dans le vestibule et fermèrent la porte derrière eux.

— Enfoncez la porte ! reprit la même voix.

Déjà les paysans se portaient résolument vers l'entrée, lorsque Doubrovsky s'écria d'une voix de tonnerre : — Arrêtez ! voulez-vous vous perdre vous et moi ! Rentrez chez vous, et laissez-moi faire. Le tsar est clément; j'implorerai sa protection; nous sommes tous ses enfants : il ne permettra pas une telle injustice : mais comment prendra-t-il en main notre cause, si vous débutez par un acte de rébellion ?

Ces paroles fermes et ce regard plein d'autorité eurent bientôt calmé la foule ; en un instant la cour était évacuée.

Vladimir monta tristement le perron, dont Schabachkin ouvrit la porte. L'assesseur le remercia servilement du service qu'il venait de leur rendre ; mais Vladimir ne daigna pas lui répondre un mot.

— Nous sommes dans l'intention de passer ici la nuit, continua Schabachkin. Le jour tombe, et vos paysans pourraient nous attaquer en chemin. Ayez seulement la bonté de faire étendre une litière dans la chambre réservée aux hôtes. De grand matin nous partirons d'ici.

— Faites comme vous voudrez, répondit Doubrosky; je ne suis plus le maître de la maison, je n'ai point d'ordres à donner.

CHAPITRE VI

En rentrant dans la chambre de son père, Vladimir se disait à lui-même : c'est donc fini! Ce matin j'avais encore un asile et un morceau de pain... Dès demain il me faudra quitter la maison où je suis né; le petit coin de terre où mon père repose, appartiendra à l'auteur de sa mort et de ma misère!

Vladimir grinça des dents... Longtemps ses yeux restèrent attachés sur le portrait de sa mère... Et ce portrait, ajouta-t-il, il resterait à l'ennemi de ma maison! peut-être le reléguera-t-il dans quelque grenier; ou sera-t-il suspendu dans l'antichambre pour défrayer l'insolence des valets! Et cette chambre où mourut mon père, est-ce l'intendant qui viendra s'y établir, ou l'infâme y placera-t-il son harem?

Non! il ne possédera pas non plus cette demeure d'où il m'a chassé!

En ce moment, le bruit que faisaient ses hôtes vint ajouter à son exaspération. Cette canaille jouait au maître, et se faisait servir du ton le plus impérieux.

Enfin tout devint silencieux... Une pensée terrible s'éleva dans l'esprit du jeune homme.

Il ouvrit les commodes et les armoires, et parcourut tous les papiers du défunt. C'étaient pour la plupart des comptes et devis de travaux. Il déchira tout sans autre examen. Cependant un paquet lui tomba sous la main;

il portait cette suscription : *Lettres de ma femme*. Profondément ému, il l'ouvrit.

Ces lettres qui dataient de la guerre des Turcs, étaient écrites de Kisténovka et adressées au camp des Russes : elles contenaient des détails sur la vie de Château, et sur les occupations de la dame de Kisténovka, qui se plaignait avec tendresse de leur séparation et appelait de tous ses vœux le retour de son époux bien-aimé.

Dans une de ces lettres, elle exprimait ses craintes pour la santé du jeune Vladimir; dans une autre elle se réjouissait de son intelligence précoce, et lui pronostiquait un heureux et brillant avenir.

L'orphelin était absorbé dans cette lecture pieuse qui lui retraçait toutes les vertus de la vie de famille, sans penser que le temps s'écoulait.

L'horloge sonna onze heures... Il mit à la hâte le paquet dans sa poche, prit la lumière et sortit de la chambre.

Les convives dormaient, les uns sur la paille, les autres sur la table... à côté d'eux étaient des verres vides : une forte odeur de rhum régnait dans la salle... Vladimir se détourna avec dégoût, et passa dans l'antichambre, où l'obscurité était complète.

Comme il en sortait tenant toujours sa lumière, il crut apercevoir quelqu'un qui se cachait dans un coin. En s'approchant, il reconnut Archippe le forgeron.

— Qu'est-ce que tu fais ici? lui demanda-t-il étonné.

— C'est que... je... je voulais voir s'ils étaient là tous... répondit le forgeron en hésitant.

— Et cette hache, qu'en voulais-tu faire?

— Ce que j'en voulais faire?... ces gens de justice sont si effrontés! le plus sûr est d'avoir toujours sa hache, voyez-vous...

— Tu es ivre... donne ta hache, et va te coucher.

— Ivre! maître! Dieu le sait!... pas une goutte n'a passé sur mes lèvres. Et qui donc à présent pense à l'eau-de-vie? Ne savons-nous pas que les gens de la justice veulent s'emparer de nous, et chasser notre maître de chez lui? comme ces animaux dorment!... Je voudrais tout tant qu'ils sont les... puis dans l'étang!

Doubrovsky fronça le sourcil.

— Écoute, Archippe, dit-il après un instant de réflexion, abandonne cette mauvaise pensée... Ce n'est pas la faute de ces gens... allume la lanterne, et suis-moi.

Archippe prit la lumière, chercha la lanterne derrière le poêle, et tous deux descendirent doucement les degrés. Dès qu'ils furent dans la cour, le gardien frappa sur la plaque en fer de la porte pour indiquer qu'il veillait... les chiens aboyèrent. Il renvoya chez eux les hommes de corvée qui avaient la garde du domaine, et il n'eut pas besoin de leur répéter deux fois cette invitation.

Doubrovsky après avoir fait quelques pas, vit deux figures d'hommes qui lui faisaient signe d'approcher. Il reconnut Antoine et Grischka.

— Pourquoi veillez-vous à l'heure qu'il est? leur demanda-t-il.

— Mon cher maître, répondit Antoine, comment pourrions-nous dormir? Avoir vécu jusqu'à ce jour pour voir une pareille chose!

— Silence! interrompit Doubrovsky... où est Iégorovna?

— Dans sa chambre, au château, dit Grischka.

— Va la chercher, et que personne de vous ne reste dans la maison... les employés seuls... tu comprends... dépêche-toi.

Antoine ! attelle la britchka.

Grichka fut bientôt de retour avec la vieille, qui n'était pas encore déshabillée.

A l'exception des convives, personne n'avait fermé l'œil.

— Êtes-vous bien tous ici ? demanda Doubrovsky.

— Tous, excepté la justice.

— Qu'on apporte ici de la paille et du foin, continua Vladimir.

Cet ordre fut promptement exécuté.

— Sous l'escalier de l'antichambre... bien comme cela !... maintenant, mes enfants, du feu !

Archippe ouvrit la lanterne, et Doubrovsky alluma une torche de bois de sapin...

— Attends, Archippe, dit Doubrovsky après un instant de réflexion, je crois avoir oublié d'ouvrir la porte d'entrée... cours l'ouvrir et reviens.

Archippe courut à l'antichambre, dont la porte était ouverte ; mais il la ferma, et jeta la clef en murmurant : et dans le fait, ne faut-il pas encore leur ouvrir !

Lorsqu'il revint, Doubrovsky mit la torche allumée dans le foin... la flamme monta aussitôt et éclaira toute la cour.

— Sainte-Vierge ! s'écria Iégorovna, quel est ton dessein, Vladimir Andreïévitch !

— Tais-toi ! lui dit le jeune homme... Adieu, enfants ! ajouta-t-il, que Dieu soit avec vous tous !... Puissiez-vous être heureux avec votre nouveau maître !

— Père ! s'écrièrent les paysans, nous voulons mourir avec toi ! nous voulons tous te suivre !

Doubrovsky monta avec Grischka dans la britchka, et Antoine fouetta les chevaux ; en un clin d'œil ils eurent dépassé la porte... un instant après on les avait perdus de vue.

Déja la flamme avait enveloppé la petite maison seigneuriale ; les toits s'écroulèrent avec fracas ; on voyait tomber des poutres embrassées, une fumée jaunâtre tourbillonnait en sortant des lucarnes... de temps en temps on entendait des gémissements étouffés, et le cri de détresse : au secours ! au secours !

— Sans doute ! on y va !... disait Archippe, avec un rire sinistre, et une satisfaction secrète.

— Au nom du ciel ! Archippe, s'écriait Iégorovna, sauve ces malheureux !

— Et pourquoi pas ? reprit le forgeron, la graine en est si précieuse !

En ce moment des figures se montrèrent aux fenêtres qu'on essayait de briser... Un hurlement épouvantable traversa la cour... la charpente du toit tomba avec un craquement terrible... la flamme s'éleva en tournoyant dans les airs du milieu de la poussière et des décombres... puis tout devint silencieux.

Bientôt tous les paysans du village accoururent ; les femmes cherchaient à sauver ce qu'elles avaient de plus précieux, les enfants s'amusaient de ce spectacle... Le vent poussait des flammèches et des étincelles sur les cabanes voisines ; quelques-unes commençaient à brûler.

— Voilà qui va bien ! dit Archippe... cela doit être beau à voir de Pakrovsky !

On aperçut un chat sur le toit d'une grange en feu. L'animal n'osait sauter, parce que l'incendie l'entourait de tout côté ; il poussait des cris lamentables, à la grande satisfaction des enfants.

— Qu'avez-vous à rire, couvée du diable ! s'écria le forgeron... Vous serez bien charmés, n'est-ce pas ? de voir brûler cette pauvre bête !

A ces mots, il posa une échelle sur le toit qui était tout en flammes, et monta. L'animal comprit l'intention de son libérateur, il se cramponna à sa manche, et Archippe fortement brûlé ne redescendit qu'avec lui.

— Maintenant, au revoir, enfants! cria-t-il à la foule consternée. Je n'ai plus rien à faire ici... soyez heureux, et ne croyez pas au mal qu'on vous dira de moi. Il dit et disparut.

Le feu avait dévoré ses derniers aliments : il ne restait plus qu'un vaste brasier, qui brillait au milieu de la fumée et de l'obscurité de la nuit. Tout alentour, se tenaient groupés les incendiés de Kisténovka.

CHAPITRE VII

La nouvelle de cette castastrophe ne tarda pas à se répandre dans tout le district. Les conjectures les plus contradictoires circulèrent. Quelques-uns affirmaient que les gens de Doubrovsky s'étaient enivrés aux funérailles, et avaient mis le feu par imprudence. D'autres rejetaient la faute sur les employés, qui avaient célébré la prise de possession par des libations immodérées. On racontait que Doubrovsky et ses domestiques avaient partagé le sort des gens de la justice. Bien peu de personnes se disaient à l'oreille que l'auteur de ce désastre n'était autre que l'héritier légitime de Kisténovka.

Le lendemain, Troïékourof se montra sur le théâtre de l'incendie et procéda lui-même à une enquête. Il fut établi que le capitaine du cercle, l'assesseur, un avocat et un scribe avaient disparu, aussi bien que Doubrovsky, la vieille Iégorovna, le valet de ferme Grischka, le cocher Antoine et Archippe le forgeron.

Les paysans déclarèrent que les corps des employés de la justice avaient été retrouvés tout charbonnés sous les décombres.

Les gardiens déposèrent que, peu de temps avant l'incendie, ils avaient vu Doubrovsky et Archippe dans la cour du château.

De toutes ces informations, on pouvait conclure qu'Archippe était le principal, sinon le seul auteur de l'incendie.

De graves soupçons planaient également sur Doubrovsky.

Cyrile Pétrovitch adressa un rapport circonstancié au gouvernement... la chose traîna en longueur et finit par s'oublier.

Mais bientôt d'autres bruits fournirent matière aux oisifs et aux nouvellistes. Des brigands infestaient la contrée, et se jouaient de toutes les mesures. On n'était en sûreté ni dans les villages ni sur les grandes routes.

Montés sur de rapides britchka, les voleurs parcouraient le pays en plein jour, arrêtant les courriers, pillant les seigneurs dans leurs maisons de campagne, et y mettant le feu. On racontait des choses merveilleuses du chef de la bande. Il n'était bruit que de son habileté, de sa résolution, et d'une sorte de grandeur d'âme qui le distinguait de ses pareils.

Le nom de Doubrovsky était dans toutes les bouches, et il était généralement signalé comme le chef de la bande. On s'étonnait seulement d'une chose : le domaine de Troïékourof était épargné : jamais on n'avait vidé ses granges, ni arrêté ses équipages. Troïékourof ne manqua pas d'attribuer ce privilége à la frayeur qu'inspirait son nom dans tout le pays, et à l'excellente police qu'il avait établie sur ses terres.

On commença par se moquer de son orgueil, et l'on s'attendait de jour en jour à quelque visite de l'audacieuse bande au château de Pakrovsky, où un riche butin l'attendait; cependant on finit par convenir que les voleurs eux-mêmes n'osaient s'attaquer à Troïékourof.

Le vieux seigneur triomphait, et à chaque nouvelle d'un vol ou d'un brigandage, il se répandait en plaisanteries sur le gouverneur, les capitaines du cercle et le commandant du régiment auxquels Doubrovsky échappait toujours sain et sauf.

CHAPITRE VIII

C'était le 1er octobre, fête du saint de l'église de Pakrovsky, et en même temps celle du vieux seigneur. Sa fille unique entrait dans sa dix-septième année. Elle était dans tout l'éclat de sa beauté. Son père l'aimait à l'excès, ce qui ne l'empêchait pas de la rudoyer dans ses accès d'humeur. Toujours prêt à satisfaire ses moindres désirs, il n'avait point su attirer sa confiance, de sorte que Marie avait pris l'habitude de cacher ses sentiments, de peur de se voir mal accueillie. Ne pouvant ouvrir son cœur à personne, elle grandissait dans une sorte d'isolement; les conversations et les plaisirs de Troïékourof excluaient la présence de sa fille, et ne convenaient qu'à des hommes. Rarement elle paraissait aux repas. Une bibliothèque nombreuse, composée en grande partie des écrivains français du dix-huitième siècle, était à sa disposition.

Son père, qui ne lisait jamais que la parfaite cuisinière, n'était pas homme à la guider dans le choix de ses lectures. Abandonnée à elle-même, elle préféra naturellement les romans, et c'est ainsi qu'elle acheva son éducation, qui avait été commencée sous la direction de mademoiselle Michaud.

On prétendait que mademoiselle Michaud avait donné à Troïékourof des preuves d'attachement par trop manifestes, et qu'il avait été obligé de l'envoyer dans une de ses terres pour en dérober le témoignage à la malignité. C'était au fond une fort bonne personne et qui n'avait jamais employé à faire le mal le crédit dont elle jouissait à Pakrovsky, où elle n'avait laissé que des souvenirs bienveillants. Troïékourof lui-même semblait la préférer à ses rivales ; aussi un vaurien de neuf ans, toujours frisé était-il élevé dans la maison, tandis qu'une multitude de petits lourdauds qui ressemblaient comme deux gouttes d'eau à Troïékourof, couraient nu-pieds dans la cour, et comptaient parmi les domestiques du château.

Bientôt Cyrile Pétrovitch manda de Moscou un gouverneur français pour le petit Alexandre. Celui-ci arriva à Pakrovsky précisément à l'époque où l'on ne parlait que des attaques des voleurs. Il plut infiniment au maître de la maison par son extérieur agréable et son air simple. Cyrile jeta un coup d'œil sur les certificats du jeune homme et sur la lettre de son parent qui le recommandait pour gouverneur. Une seule chose le faisait hésiter : il trouvait le mentor par trop jeune. Ce n'est pas qu'il doutât que cet aimable défaut fût compatible avec la patience et la maturité que réclame la vocation du maître. Il avait de tout autres idées, et il résolut, sans plus attendre, de s'en ouvrir à notre Français.

Il fit immédiatement chercher sa fille pour lui servir d'interprète.

— Viens ici, Marie, et dis au *monsieur* que je ne le

prends qu'à condition qu'il ne courra pas après mes servantes, et que s'il se le permettait, il se ferait éreinter... Traduis-lui cela, Marie.

Marie rougit jusqu'aux oreilles, et se tournant vers le Français elle lui dit que son père exigeait de lui de la décence et une bonne conduite.

Celui-ci s'inclina et répondit qu'à défaut de bienveillance, il espérait au moins se concilier l'estime.

Marie traduisit cette phrase à la lettre.

— Et parbleu ! dit Troïékourof, il n'a que faire d'estime et de bienveillance. Il est chargé d'apprendre à Sacha à lire, à écrire et sa géographie... je le tiens quitte du reste : traduis-lui cela.

Marie, adoucit ce que ces expressions avaient de grossier : Cyrile congédia le Français d'un geste, et on lui prépara un logement dans une aile du château.

Marie élevée dans les préjugés de l'aristocratie, ne faisait pas la moindre attention au nouveau commensal. A ses yeux, un précepteur était une sorte de domestique, un homme de peine, un ouvrier... et les gens de cette espèce, elle ne les comptait pas pour des hommes. Elle ne remarqua pas même l'impression qu'elle avait produite sur M. Desforges. Le trouble du jeune homme lorsqu'il la rencontrait, sa voix qui tremblait, en un mot tous les symptômes d'une passion naissante, restèrent pour elle inaperçus. Plus tard, elle le voyait sans le voir... Un incident imprévu vint changer l'opinion qu'elle avait du monsieur.

On élevait habituellement au château quelques jeunes ours, qui faisaient l'amusement du vieux seigneur. On les menait tous les jours dans la salle à manger, où il les mettait aux prises avec des chiens et des chats; lorsqu'ils prenaient de la force, on les enchaînait, en attendant qu'ils pussent figurer dans un véritable combat. Quelquefois on les conduisait sous les fenêtres de Troïékourof : c'était un autre genre de divertissement. On roulait devant l'animal un tonneau défoncé dont l'intérieur était hérissé de pointes de fer. L'ours venait flairer le tonneau, y introduisait la patte avec circonspection, mais bientôt, blessé par les clous, il reculait en grognant. Il recommençait ce manége avec une rage toujours croissante, jusqu'à ce que Troïékourof fût las du spectacle. Il lui arrivait aussi de faire atteler deux ours à une britchka, et d'y faire monter bon gré mal gré quelques-uns des convives : puis après avoir ôté la chaîne à ces animaux, on les laissait aller en liberté. Alors la jubilation de Troïékourof était au comble.

Mais, de tous ces divertissements, le plus ingénieux et le plus délicat était sans contredit le suivant :

On enfermait un ours affamé dans une chambre vide. A un anneau fortement scellé dans la muraille pendait une chaîne dont la longueur, qui était presque celle de la loge, ne laissait qu'un des angles à l'abri des atteintes de l'animal. On y faisait entrer, sous quelque prétexte, tel ou tel nouveau venu, après quoi l'on fermait la porte. Resté seul avec l'ermite velu, le malheureux se réfugiait bien vite dans le coin de salut, trop heureux d'en être quitte pour des vêtements déchirés, et obligé souvent de rester là des heures entières, sentant sur lui le souffle du monstre qui faisait des efforts furieux pour briser sa chaîne.

Quelques jours après l'arrivée du précepteur, Troïékourof eut la fantaisie de le soumettre à l'épreuve de l'ours.

Un matin donc il fit appeler le Français, et le conduisit lui-même dans un corridor sombre. Tout à coup deux portes s'ouvrirent, et, avant d'avoir eu le temps de la réflexion, il fut poussé dans la loge par deux laquais qui refermèrent aussitôt la porte.

Lorsqu'il fut revenu de la première surprise, il aperçut l'ours couché dans un coin. L'animal flaira son hôte, se dressa sur ses pattes de derrière et s'avança vers lui. Desforges, qui conservait son sang-froid, resta immobile. L'ours aprochait assez tranquillement. Lorsqu'il ne fut plus qu'à quelques pas de lui, Desforges tira un pistolet de poche, ajusta la bête à l'oreille, et l'étendit raide du coup.

Au bruit de la détonation, tout le monde accourut; on ouvrit la porte en toute hâte, et Cyrile Pétrovitch entra dans la loge, tout consterné du mauvais succès de sa plaisanterie.

Il voulait savoir qui avait averti le Français, et pourquoi celui-ci portait une arme chargée.

On alla chercher Marie, qui traduisit les questions de son père.

— Personne ne m'avait averti, répondit Desforges; mais j'ai l'habitude d'avoir sur moi un pistolet chargé, n'étant pas d'humeur à endurer des offenses pour lesquelles, dans ma position, je demanderais en vain satisfaction.

— Marie le regarda avec étonnement, et traduisit cette réponse à son père.

Troïékourof, sans demander d'autres explications, ordonna de traîner dehors l'animal et de lui ôter la peau; puis, se tournant vers ses gens :

— Voilà un gaillard! Le diable sait s'il a eu peur.

Depuis ce moment, il affectionna Desforges, dont les preuves étaient faites.

Mais l'impression de cet événement sur Marie fut plus

profonde encore. Elle ne pensait plus à autre chose. Sans cesse elle avait devant les yeux l'ours abattu, et près de lui Desforges, l'air assuré, lui répondant avec le calme des âmes fortes. Elle en conclut que la bravoure et le sentiment de ce qu'on vaut ne sont point le partage exclusif d'une classe, et elle témoigna au jeune maître une considération dont les progrès étaient de jour en jour plus sensibles. De nouveaux rapports s'établirent entre eux. Marie avait de la voix et des dispositions remarquables pour la musique : Desforges fut chargé de lui donner des leçons... Déjà elle aimait le Français, quoiqu'elle n'osât se l'avouer à elle-même.

CHAPITRE IX

La veille de la fête dont nous avons parlé dans le chapitre précédent, les convives arrivèrent en grand nombre. Quelques-uns furent logés dans le château et dans les ailes, d'autres s'établirent chez l'intendant, chez les ecclésiastiques et les paysans les plus aisés. Les écuries étaient remplies des chevaux des hôtes, les remises et les cours encombrées d'équipages de toute sorte.

A neuf heures du matin on sonna la messe... Tous se rendirent vers l'église en pierre que Troïékourof avait fait construire, et qu'il enrichissait annuellement de ses dons. Le nombre des étrangers était si considérable que les paysans, ne pouvant trouver de place dans l'église, durent entendre le service de dehors.

La messe allait commencer : on n'attendait plus que Cyrile Pétrovitch. Il arriva bientôt dans une magnifique calèche à six chevaux, et il alla solennellement s'asseoir à sa place, accompagné de Marie. Les hommes admiraient ses charmes, les femmes en étaient réduites à critiquer sa toilette.

Au même instant les musiciens de la chapelle entonnèrent le chant... De temps en temps la voix de Cyrile Pétrovitch se joignait à la leur. Il priait dévotement et d'un air orgueilleusement recueilli, et il s'inclina jusqu'à terre à l'instant où le diacre, haussant la voix, pria pour le fondateur du saint lieu.

La messe terminée, Troïékourof baisa le premier la croix.

Tous les assistants furent invités au repas. Cette foule gravitait autour du puissant seigneur ; les voisins lui présentaient leurs hommages, et les dames s'empressaient autour de Marie.

Troïékourof sortit de l'église, saluant de droite et de gauche ; puis il remonta en calèche et retourna chez lui, suivi de cet essaim d'invités.

Les appartements étaient pleins de convives ; à chaque instant il arrivait du monde, et ce n'était qu'à grand'peine qu'on pouvait arriver jusqu'au maître de la maison. Les femmes se réunirent en cercle, tandis que les hommes se pressaient bruyamment autour de la table où l'on avait servi le caviar et des liqueurs. Le service était de quatre-vingts couverts. Les laquais couraient de côté et d'autre d'un air affairé, portant des bouteilles et des carafes de cristal. Enfin le maître d'hôtel cria d'une voix forte :

— Vous êtes servis !

Cyrile Pétrovitch se plaça le premier, et après lui les dames, selon leur rang, tandis que les jeunes personnes se heurtaient au milieu de toute cette presse comme un troupeau de biches timides. Les hommes se placèrent en face d'elles, et Desforges se mit au bout de la table, à côté du petit Alexandre.

On présenta les plats aux convives selon l'ordre hiérarchique ; dans les cas douteux, la physionomie répondait pour le rang, ce qui entraîna de fréquentes méprises.

Cyrile Pétrovitch promenait sur cette table splendide un regard de satisfaction... Tout à coup l'on entendit le bruit d'une calèche.

— Qui est-ce qui arrive? demanda Troïékourof.

Le domestique sortit et revint lui rendre réponse. La porte s'ouvrit, et l'on annonça M. Antoine Paphnutovitch Spitzoun. C'était un homme replet, d'une cinquantaine d'années, de figure ronde, marqué de la petite-vérole et orné d'un triple menton. Il roula dans le salon, s'inclinant à droite et à gauche, ricana et bégaya quelques mots d'excuse.

— Un couvert! s'écria Cyrile Pétrovitch. Mets-toi là, de grâce, Antoine Paphnutovitch, et raconte-nous ce qui t'arrive... Tu n'étais pas à la messe... passe encore ; mais te trouver en retard pour dîner ! Voilà qui n'est pas dans tes habitudes, car je te tiens pour un homme craignant Dieu et qui ne dédaigne pas les bons morceaux.

— Vous me pardonnerez, répondit d'une voix ronflante Antoine Paphnutovitch, en attachant sa serviette à la première boutonnière de sa redingote de nankin jaune; vous me pardonnerez, mon cher Cyrile Petrovitch. J'étais parti à temps ; mais je n'avais pas fait dix verstes... crac ! un cercle de fer se détache d'une des roues de devant... Que faire? Heureusement que c'était à peu de distance d'un village... Mais le temps d'aller, de trouver le forgeron et de bâcler la réparation, tout cela a bien duré trois heures. Il ne me restait plus qu'à prendre, pour abréger, par le bois de Kisténovka... C'était bien contre mon gré, et j'aimais autant faire un détour.

— Tu ne me parais pas être d'un courage héroïque, dit d'un ton d'ironie l'amphitryon... De quoi donc avais-tu peur ?

— Comment, Cyrile Pétrovitch! et Doubrovsky! Avant qu'on ait eu le temps de se reconnaître, il a mis la griffe sur vous. C'est un gaillard qui ne laisse passer personne sans lui tirer quelques plumes... et pour moi il ne se contenterait pas de me plumer... il lui faudrait aussi ma peau.

— Et pourquoi serais-tu privilégié ?

— Et le procès avec feu André Gavrilovitch? murmura le replet convive... N'est-ce pas moi qui, pour vous être agréable, dans les limites toutefois de mon devoir et de ma conscience, ai arrangé les choses de manière à ce que Doubrovsky n'ait d'autre droit sur Kisténovska que les bontés de Votre Excellence. Que Dieu ait pitié de l'âme du vieillard! Il avait promis de régler avec moi à sa manière, et le fils se souviendra de cette promesse. Jusqu'à présent, grâce à Dieu! ils se sont contentés de me débarrasser une grange; mais il ne s'en est fallu que de bien peu qu'ils ne visitassent la maison.

Et il y avait quelque chose à faire dans la maison, reprit en riant Cyrile Pétrovitch. La cassette rouge est pleine à rompre!

— Il y a eu un temps; mais à présent il faudrait être bien fin pour y trouver quelque chose.

— Tais-toi, Antoine Paphnutovitch! comme si nous ne te connaissions pas! Où va donc tout ton argent? Tu vis chez toi comme un ladre; tu ne donnerais un morceau de pain à personne... tu pressures tes paysans, et tu ne penses qu'à entasser...

— Vous aimez toujours à plaisanter, répliqua le gros homme d'un ton aigre-doux... mais Dieu le sait! je suis un homme ruiné!

— Pour faire passer cette pilule amère, il avala un gros morceau de pâté de foie gras; mais Cyrile Pétrovitch se tournant vers le nouveau capitaine du cercle, qui lui rendait visite pour la première fois, et qui était assis à l'autre bout de la table à côté de Desforges :

— Hé bien! monsieur le capitaine du district, lui dit-il, montre-nous un peu ce que tu sais faire, et arrête-nous Doubrovsky.

Le capitaine parut embarrassé; il s'inclina en riant, et répondit : Excellence, nous y ferons notre possible.

— Faire son possible! Il y a longtemps que vous faites votre possible; et cela ne mène pas à grand'chose.

— C'est vrai! Excellence, reprit le pauvre capitaine tout décontenancé. Les convives riaient.

— J'aime la franchise de cet homme, dit Troïékourof, mais c'est dommage que nous ayons perdu son prédécesseur. S'il n'avait pas été brûlé, la contrée serait tranquille... Et ce Doubrovsky, qu'en dit-on? Quelles sont ses dernières prouesses?

— Il a été chez moi, Cyrile Pétrovitch, répondit une voix de femme. Je lui ai donné à dîner lundi dernier.

Tous les regards se portèrent du côté de la personne qui venait de parler, et l'on supplia la veuve Globof de raconter la chose.

— Il faut d'abord que vous sachiez, dit-elle, qu'il y a de cela environ trois semaines, j'avais envoyé mon intendant porter à la poste une lettre pour mon Ivan. Je ne gâte pas mon fils, et quand je le voudrais, mes moyens ne me le permettraient pas.

Mais un officier aux gardes doit avoir une tenue convenable, et je lui abandonne la moitié de mon modique revenu. La lettre renfermait deux mille roubles. J'avais bien pensé à Doubrovsky, mais ensuite je me suis dit : il n'y a que sept verstes jusqu'à la poste; il aura toujours le temps d'arriver. J'attends... j'attends... enfin, le soir, arrive mon intendant, blanc comme un linge, et les vêtements tout déchirés... je m'apitoie... qu'as-tu? qu'est-ce qu'ils t'ont fait? — Anne Savitchna! me répondit-il, les voleurs m'ont dépouillé. Ils voulaient même me pendre... Doubrovsky était avec eux... Enfin, il a eu pitié de moi... Mais ils m'ont tout pris, jusqu'à mon cheval et ma voiture! J'étais sur le point de m'évanouir... Dieu du ciel! me disais-je, que deviendra mon Ivan? Mais tout cela ne servait à rien. Je l'informai de l'accident par une seconde lettre, et lui envoyai ma bénédiction au lieu d'argent.

Il se passa une semaine, puis une seconde... Un beau jour, une calèche s'arrête devant ma porte. On m'annonce qu'un général désire me parler. Je le fais prier de monter. Je vois entrer un homme d'environ trente-cinq ans, portant moustache. — Une belle tête brune, ma foi! Il s'annonça comme un ancien ami d'Ivan Andréïévitch, que Dieu ait pitié de son âme! et me dit qu'il n'avait pas voulu passer devant la maison sans entrer, sachant que c'était ma demeure. Je lui fis servir à dîner. Nous parlions de choses et d'autres; enfin la conversation tomba sur Doubrovsky, et je lui racontai l'histoire de mon argent. Mon général fronçait le sourcil. C'est singulier, me dit-il, j'avais toujours entendu dire que Doubrovsky n'attaque que les vieux richards, et même qu'avec ces derniers il partage; mais personne ne peut lui reprocher un meurtre. Il y a peut-être une friponnerie là-dessous. Faites venir votre intendant. A peine fut-il en présence du général, que notre homme devint roide de peur.

— Tu vas nous raconter un peu ta rencontre avec les gens de Doubrovsky, lui dit mon hôte; je serais curieux d'entendre ce récit de ta bouche.

L'intendant n'avait plus la force d'articuler une syllabe.

— Hé bien!

— Il m'a dit, répondit l'intendant : — Où vas-tu? et que vas-tu faire?

— Et après?

— Après? il a demandé la lettre et l'argent... que j'ai remis entre ses mains.

— Et après?

— Il m'a rendu la lettre et l'argent, en disant : — Que le bon Dieu te bénisse! va faire ta commission.

— Hé bien!

— Grâce! grâce!

— Attends, mon mignon; c'est à moi que tu vas avoir affaire. Je gagerais que l'argent est dans le tiroir de cet homme... Qu'on s'en assure... je me charge de le corriger.

Il n'y avait plus lieu de douter... Les perquisitions faites, l'argent fut retrouvé. Le général dîna comme si de rien n'était, après avoir fait attacher le coupable au siége de sa calèche. Enfin il prit congé de moi avec l'aisance d'un homme du monde, et le lendemain on trouva dans la forêt mon intendant pendu à un chêne, et le dos tout déchiré.

Tous les convives écoutaient en silence, surtout les jeunes filles, qui voyaient dans Doubrovsky un héros de roman, et, plus que toutes les autres, Marie, dont l'esprit était nourri des fictions d'Anne Radcliff.

— Et vous vous figurez que c'était Doubrovsky? dit Troïékourof... Vous êtes dans l'erreur, Anne Savitchna... à coup sûr ce n'était pas lui.

— Et quel autre que Doubrovsky arrête les gens pour les fouiller?

— Ceci est une autre question; mais je dis que votre homme n'était pas Doubrovsky. Il me semble encore le voir quand il n'était qu'un enfant. Ses cheveux peuvent avoir bruni; mais alors c'était une tête blonde et bouclée. Quant à l'âge, il ne peut guère avoir plus de vingt-trois ans : il a cinq ans de plus que Marie.

— C'est juste, Excellence, dit le capitaine du cercle : le signalement que j'ai sur moi ne porte que vingt-trois ans.

Ici le capitaine prit un air important, tira un papier de sa poche, et lut ce qui suit :

Signalement de Doubrovsky d'après les renseignements donnés par les domestiques.

« Age.. . . . . . vingt-quatre ans,
« Taille.. . . . . moyenne,
« Figure. . . . ovale,
« Barbe . . . . rasée,
« Yeux.. . . . . bruns,
« Cheveux. . . blonds,
« Nez.. . . . . droit,
« Signes particuliers. . . . . »

— Est-ce tout? demanda Troïékourof.
— Tout, répondit le capitaine en repliant le papier.
— Je vous fais mon compliment, monsieur le capitaine... Avec un signalement pareil, il est impossible

que vous manquiez votre homme ! Qui est-ce qui n'est pas de taille moyenne ? Qui est-ce qui n'a pas les cheveux blonds et le nez droit?... Eh mon ami, je parierais que tu parlerais des heures entières avec Doubrovsky sans te douter que ce fût lui... Il faut convenir que vous êtes de fines mouches, vous autres gens de police !

Le capitaine, sans mot dire, serra le document dans sa poche, et, par manière de compensation, mit toute une perdrix aux choux sur son assiette.

Les domestiques remplissaient les verres à la ronde. Les bouchons sautaient au plafond, et les convives, par politesse, avaient l'air de prendre pour du Champagne véritable la liqueur frelatée du Don... Les figures s'animaient, et les conversations, de plus en plus incohérentes, se croisaient au milieu du bruit.

— Vous verrez qu'il faudra que je m'en mêle, dit Troïékourof; j'ai envie de donner la chasse à ce Doubrovsky avec mes gens. Je l'aurai bientôt relancé dans ses repaires... Quand on se fait un jeu d'attaquer un ours, on n'a pas peur d'une bande de brigands.

— A propos d'ours, que fait le vôtre ? demanda d'un air circonspect Antoine Paphnutovitch, qui se rappelait certain tête-à-tête avec l'ermite velu.

— Celui-là a pris définitivement congé de nous : il a fini de la mort des braves, sous les coups de l'ennemi. Voilà son maître (et, en disant ces mots, il montrait du doigt Desforges), de sorte que ton ancienne querelle avec l'ours se trouve réglée... Tu te rappelles, Antoine Paphnutovitch?

— Ce sont de ces plaisanteries qu'on n'oublie guère, repartit celui-ci... C'est dommage; on trouvera difficilement un animal aussi intelligent... Et pourquoi le *monsieur* l'a-t-il tué ?

Troïekourof raconta la chose, en s'étendant avec complaisance sur les détails, et se faisant un mérite de l'action d'un homme qui était à ses gages. Tous les regards se portèrent sur le Français, qui, assis près de son élève, paraissait exclusivement occupé de lui apprendre comment un enfant doit se tenir à table.

Après avoir passé trois grandes heures à table, on se leva, et l'on passa dans le salon où le café attendait les convives. On joua, et l'on continua de boire.

CHAPITRE X

Vers dix heures du soir, plusieurs convives parlaient de se retirer, mais Troïekourof, que le punch avait mis de belle humeur, donna l'ordre de fermer les portes de la cour, et déclara que personne ne sortirait avant le lendemain matin. Bientôt le son des violons et des hautbois se fit entendre, et le bal commença. L'Amphitryon, entouré de quelques intimes, était assis dans un coin, prenant plaisir à la joie des jeunes gens, et vidant verre sur verre. Les mamans se mirent au jeu, et, comme on manquait de cavaliers, tous les hommes furent tenus de danser bien ou mal. Desforges, qui valsait parfaitement, enleva les suffrages des dames, et il eut plusieurs fois l'honneur de danser avec Marie, ce qui donna lieu à quelques remarques plus ou moins malignes.

A minuit, Troïekourof fit cesser le bal; on servit le souper, et le maître de la maison se retira dans sa chambre à coucher.

Son absence laissa plus de liberté aux convives; les plaisanteries prirent un caractère plus hasardé; les jeunes filles riaient et rougissaient... la gaieté avait atteint son plus haut période, et les mamans elles-mêmes se renvoyaient d'un bout de la table à l'autre leurs plaisanteries malicieuses. Mais, au milieu de l'animation générale, un seul convive s'isolait dans son humeur morose : c'était Antoine Paphnutovitch. Il avalait quelques morceaux d'un air distrait, et demeurait silencieusement plongé dans ses réflexions.

L'histoire des brigands ne lui sortait pas de l'esprit, et ce n'était pas sans motif. Il disait vrai en protestant à Cyrile Pétrovitch que sa cassette était vide; mais il n'avait pas ajouté que les billets de banque qu'elle renfermait avaient passé dans une ceinture soigneusement dissimulée sous ses vêtements. Tremblant sans cesse pour son trésor, il était on ne peut plus contrarié d'avoir à passer une nuit hors de chez lui, et il appréhendait vivement qu'on ne lui assignât un gîte dans quelque corps de logis éloigné, où les voleurs auraient bon marché de sa personne. Il hésita longtemps sur le choix d'un compagnon de danger; mais enfin, l'extérieur de Desforges, qui annonçait la force, et la résolution dont il avait fait preuve dans sa rencontre avec l'ours, le décidèrent. Il tourna autour du Français, toussa à diverses reprises, et finit par lui demander s'il n'y aurait pas place pour deux dans son réduit. Desforges reçut ses avances avec politesse, et le pria de s'expliquer en français. Antoine Paphnutovitch était peu versé dans la langue des négociations; cependant, la peur aidant, il finit par se faire comprendre.

— Je suis à vos ordres, répondit Desforges.

Les convives se retirèrent dans les appartements qu'on leur avait assignés, et Antoine Paphnutovitch suivit le Français dans une des ailes du château. La nuit était obscure; Desforges alluma une lanterne, et, tout en marchant, notre avare se tâtait pour s'assurer si la précieuse ceinture reposait toujours sur son cœur. L'avare et le précepteur se déshabillèrent. Avant d'éteindre la lumière, Antoine Paphnutovitch procéda à l'inspection des lieux. Le résultat fut peu rassurant... la porte ne fermait qu'au loquet ; les fenêtres étaient sans volets. Il essaya de traduire ses doléances en mauvais français ; mais, voyant que son compagnon n'y entendait rien, il en prit son parti. Tous deux se mirent au lit, et Desforges souffla la chandelle.

— Pourquoi... pourquoi, Monsieur, vous faire?... Je pas aimer dormir dans l'obscurité.

Desforges fit semblant de ne pas comprendre, et lui souhaita la bonne nuit.

— Damné païen ! murmura l'avare en s'enveloppant dans ses couvertures... par ma foi ! il n'y gagnera rien !... Monsieur !... hé ! Monsieur ! je dormir jamais sans la clarté... Vouloir parler avec vous... Moi payer à vous petite leçon française...

Desforges se mit à ronfler.

— Il dort déjà comme une brute !... Avant que je ne parvienne à l'éveiller, les voleurs auront le temps de se glisser dans l'escalier ou d'escalader la fenêtre. On tirerait le canon qu'il ne bougerait pas ! On voit bien que cela n'a rien à perdre !... Monsieur ! holà !... Monsieur !... Que le diable t'emporte !

Enfin notre avare se tut de guerre lasse ; la fatigue et les fumées du vin finirent par triompher de la peur, et il s'endormit profondément.

Terrible fut son réveil. Il croyait rêver qu'une main le tirait doucement par le collet de sa chemise ; il ouvrit de grands yeux, et, à la lueur blafarde d'une matinée d'automne, il vit Desforges debout devant son lit. Le

Français tenait d'une main un pistolet de poche, tandis que de l'autre il débouclait la précieuse ceinture.

Antoine Paphnutovitch était à demi-mort de peur.

— Que faites-vous, Monsieur?... que faites-vous?

— Tais-toi! répondit le Français dans le dialecte russe le plus pur; tais-toi, ou tu es mort!... Je suis Doubrovsky.

CHAPITRE XI

Quelques mois avant cet incident, un voyageur attendait à une station qu'on voulût bien mettre des chevaux à son britchka. A sa patience et à la modestie de ses allures, on devinait l'homme dépendant, ou l'étranger qu'un maître de poste ne satisfait que lorsqu'il n'a rien de mieux à faire. Un léger porte-manteau composait tout son bagage. Le passager ne se fit servir ni thé, ni café; en attendant qu'on s'occupât de lui, il sifflait et regardait par la fenêtre, ce qui paraissait scandaliser la directrice assise derrière une cloison voisine.

— Qu'a donc à siffler ce maudit hérétique? murmura-t-elle entre ses dents; je voudrais qu'il sifflât son *De profundis!*

— Et que diable cela peut-il te faire? lui dit son mari; laisse-le siffler à cœur-joie.

— Tu ferais mieux de lui donner des chevaux, pour qu'il puisse déguerpir au plus vite, reprit la vieille.

— Le Français peut bien attendre. Il n'a qu'à nous arriver des voyageurs comme il faut; ils n'attendront pas leurs chevaux avec la même patience... je n'irai pas dégarnir l'écurie. Justement! s'écria le maître de poste, voilà quelqu'un qui paraît pressé... il va comme le vent. Cela doit être un général.

Une calèche s'arrêta devant la station, un domestique sauta à bas du siége et ouvrit la portière d'où s'élança un jeune homme en casquette et en manteau militaire. Il entra dans la maison suivi d'un laquais portant une cassette qu'il déposa sur la table.

— Des chevaux! s'écria l'officier d'un ton de commandement.

— Tout de suite... répondit l'inspecteur... Ayez la bonté de me montrer votre passe-port.

— Je n'en ai pas... je ne voyage pas sur la grande route... Dépêche seulement... Est-ce que par hasard tu ne me reconnaîtrais pas?

L'inspecteur considéra l'officier avec plus d'attention, et partit comme l'éclair pour donner des ordres. En attendant, le nouveau venu se promenait de long en large. Il s'approcha de l'inspectrice et lui demanda à voix basse qui était l'autre voyageur.

— Dieu sait ce que c'est que ce Français, répondit la vieille. Voilà bien cinq heures qu'il siffle en attendant des chevaux. Ces gens-là n'ont pas plus d'usage...!

L'officier s'approcha du jeune homme, et lui adressa la parole en français. Il apprit de lui qu'il était engagé comme précepteur chez un seigneur du voisinage, qu'il espérait arriver le soir même, mais qu'il ne pouvait obtenir des chevaux.

— Et chez qui êtes-vous engagé?

— Chez le général Troïékourof.

— Ma foi! je ne vous en fais pas mon compliment. On dit que c'est un tyran dans sa maison, et que ses rapports sont loin d'être agréables.

— Que voulez-vous? Il me donne trois mille roubles d'appointements et me défraie du voyage. J'ai une mère âgée qui vivra à l'aise avec la moitié de mon traitement;

en économisant sur le reste, je compte me faire un petit capital, et au bout de cinq ans je retourne à Paris et je fais des affaires pour mon compte.

— Quelqu'un vous connaît-il dans la maison de Troïékourof?

— Personne. Un de mes amis qui avait fait avec moi son apprentissage chez un confiseur, est maintenant cuisinier chez un parent du général Troïékourof; le cuisinier m'a recommandé à ce parent, et ce parent au général.

L'officier écoutait d'un air pensif.

— Si au lieu de cette espérance incertaine, on vous offrait dix mille roubles argent comptant, sous la condition que vous partirez tout de suite pour Paris?

Le Français regarda l'officier avec étonnement.

— Les chevaux sont attelés! cria l'inspecteur.

— Sans plaisanterie, reprit l'officier; je vais vous compter les dix mille roubles, mais il faut que vous partiez sans retard, et que vous me remettiez vos papiers.

Il ouvrit la cassette, et y prit un paquet de billets de banque.

Le Français ouvrait de grands yeux, et ne savait plus qu'en penser...

— Ce ne peut-être qu'une mystification... ce départ... Et mes papiers... à quoi bon?

— Ceci ne vous regarde aucunement... Consentez-vous, oui ou non?

Le Français, à tout hasard, tira ses papiers d'un portefeuille et les présenta à l'officier.

— Le passe-port; des lettres de recommandation, l'extrait de baptême... Tout est en règle... Tenez, comptez votre argent et partez au plus vite... Adieu.

Le Français croyait rêver... Il était déjà près de la porte, lorsque l'officier courut après lui :

— J'avais oublié le principal... Tout ceci doit rester entre nous... vous m'en donnez votre parole?

— Je vous la donne... mais comment vais-je faire sans papiers ?

— A la première ville, vous vous présentez aux autorités, et vous déclarez que vous avez été arrêté et dépouillé par les gens de Doubrovsky. La chose paraîtra probable, et l'on vous donnera d'autres papiers pour continuer votre voyage.

L'officier remonta en calèche, et partit comme l'éclair. L'inspecteur le suivit quelque temps des yeux de la fenêtre, et lorsqu'il l'eut perdu de vue il dit à sa femme :

— Sais-tu qui c'était?... Doubrovsky.

La vieille se précipita vers la fenêtre, mais la calèche avait disparu.

— Et tu me dis cela maintenant ! s'écria la vieille avec humeur... Maintenant Dieu sait si j'aurai jamais occasion de le revoir.

Le Français attendit ses chevaux jusqu'au soir; sans les billets dont le volume arrondissait sa poche, il eût douté de la réalité de l'aventure; enfin il monta dans sa britchka, et se mit en route au petit trot.

Muni de ces papiers Doubrovsky se présenta chez Troïékourof où il reçut l'accueil dont nous avons parlé plus haut. Nourrissait-il quelque projet? Jusqu'alors il n'avait rien entrepris contre Troïékourof. Il s'occupait fort peu du jeune Alexandre; mais en revanche il donnait les soins les plus assidus à Marie qui passait avec son maître des journées entières au piano. En peu de temps, le prétendu précepteur s'était concilié l'affection de tout le monde. Troïékourof en faisait grand cas parce qu'il était excellent tireur ; Marie l'aimait à cause de son zèle qui ne se démentait jamais ; Alexandre pour son indulgence, et les domestiques pour sa libéralité. Lui-même semblait avoir pour la famille un véritable attachement, et se regarder comme en faisant partie. Un mois s'était écoulé depuis la fête qu'avait donnée Troïékourof. Doubrovsky, depuis ce temps, n'avait pas quitté Pakrovsky, ce qui n'empêchait pas les bruits sur sa bande de se répandre ; soit que la peur leur donnât naissance, soit que l'absence du chef n'arrêtât pas les expéditions des brigands.

Doubrovsky n'avait pu résister au désir de châtier Antoine Paphnutovitch, un des principaux instruments de sa ruine. Grande avait été la consternation de l'avare lorsqu'au lieu d'un modeste précepteur, il s'était trouvé tout à coup sous la main vengeresse de celui dont le nom seul faisait trembler tous les seigneurs du district.

CHAPITRE XII

Cependant l'existence des habitants de Pakrovsky s'écoulait dans une uniformité monotone. Cyrile Pétrovitch chassait tous les jours. La lecture, la promenade et surtout la musique remplissaient les loisirs de Marie dont le cœur commençait à parler. Elle s'avouait, non sans une sorte de crainte, qu'elle n'était pas restée insensible au mérite du jeune Français qui d'ailleurs n'avait jamais dépassé les bornes des plus strictes convenances, ce qui rassurait en quelque sorte l'orgueil et les doutes timides de la jeune fille. La séduction, pour être lente et voilée n'en était que plus irrésistible. Bientôt la présence de Desforges lui devint nécessaire ; absent elle le cherchait; présent elle ne pouvait s'occuper que de lui seul, et en toute chose, l'opinion du précepteur devenait sa règle. Peut-être n'était-ce pas encore une passion, parce que rien encore n'avait contrarié le calme et la facilité de leurs relations, il fallait une secousse, un obstacle pour lui révéler l'état réel de son cœur.

Un jour, en entrant dans le salon où l'attendait Desforges, elle remarqua avec surprise qu'il était pâle et ému. Elle se mit au piano et fit quelques accords... Son maître la pria de l'excuser, et prétexta un violent mal de tête; mais tout en replaçant le cahier de musique, il glissa un billet dans la main de Marie, et sortit avant qu'elle eût le temps de se reconnaître. Elle se retira en toute hâte dans sa chambre et lut ce qui suit :

« Je vous attends ce soir à sept heures, sous la ton-
« nelle, près de la source; j'ai à vous faire une commu-
« nication urgente. »

La curiosité de Marie était excitée au plus haut degré : il est vrai qu'elle avait le pressentiment instinctif d'un aveu prochain, mais sa satisfaction était mêlée de trouble; elle ne pouvait se dissimuler qu'elle faisait une faute en écoutant la déclaration d'un homme qui ne pouvait prétendre à sa main. Après bien des combats, elle résolut de se trouver au rendez-vous, et elle n'hésitait plus que sur la manière d'accueillir l'aveu du précepteur. Feindrait-elle la colère, se contenterait-elle de tourner la chose en plaisanterie, ou lui témoignerait-elle une bienveillante compassion, sans lui laisser pénétrer ses sentiments véritables? Dans ses incertitudes, elle consultait à chaque instant sa montre. Déjà le crépuscule annonçait l'heure désirée; il arriva quelques visites; et Troïekourof proposa une partie de whist.

La pendule marquait six heures trois quarts. Marie

sortit, descendit l'escalier d'un pas timide, et s'enfonça rapidement dans les allées du jardin.

Le ciel était sombre et couvert, à peine pouvait-on distinguer les objets à quelques pas... elle fut bientôt près de la tonnelle. Elle voulait s'arrêter un moment pour composer son maintien, mais déjà Desforges était devant elle.

— Merci, lui dit-il d'une voix émue, d'avoir écouté ma prière... un refus m'eût désespéré.

— J'espère, répondit Marie, que vous ne me donnerez pas lieu de me repentir de mon indulgence.

Après quelques instants de silence, il reprit d'une voix tremblante :

— Des circonstances impérieuses me forcent à vous quitter... peut-être apprendrez-vous bientôt... Quoi qu'il arrive, une explication est nécessaire.

Marie écoutait en silence, ne voyant dans le désordre de ces paroles que le préambule de l'aveu qu'elle attendait.

— Vous m'avez pris pour Desforges, continua-t-il ; détrompez-vous... je suis Doubrovsky.

Marie ne put retenir un cri.

— Au nom du ciel! que ce nom ne vous inspire aucune crainte! Chassé de la maison paternelle par l'injustice de votre père, je suis le malheureux dont vous connaissez les crimes... Mais vous n'avez rien à redouter ni pour vous ni pour lui... mon cœur a tout oublié... C'est vous seule qui l'avez sauvé de mon ressentiment. Ma vengeance devait commencer par lui... J'ai rôdé autour de cette demeure, méditant la ruine et l'incendie... mes mesures étaient prises... j'aurais pénétré jusque dans sa chambre, et je lui aurais dit : Tu n'échapperas pas au fils de Doubrosky! Alors vous m'apparûtes comme un ange de paix, et ma fureur tomba devant vous. A mes yeux cette maison que vous habitiez était un sanctuaire; ma main ne pouvait se lever contre le père de Marie!... Pendant des jours entiers, j'ai rôdé autour du village dans l'espoir d'apercevoir de loin votre robe blanche... Souvent je vous ai suivie dans vos promenades, heureux de sentir que ma protection vous entourait. Enfin un hasard heureux m'a offert l'occasion d'entrer dans votre maison. Les jours que j'y ai passés ont été les plus beaux de ma vie, et resteront à jamais la consolation de ma misérable existence!... J'ai reçu aujourd'hui un avis qui nécessite impérieusement mon départ... Je vous quitte... il le faut!... Mais je ne voulais pas m'éloigner chargé de votre mépris, de vos malédictions. Pensez quelquefois à Doubrovsky... Oh! dites-vous : il n'était pas né pour une vie infâme, celui qui m'a aimée avec toute l'énergie de son âme, avec tout le respect...

Ici un sifflement aigu se fit entendre... Doubrovsky saisit brusquement la main de Marie, et la pressa contre ses lèvres.

Un second sifflement retentit avec plus de force.

— Ce signal me regarde, dit le jeune homme... Une minute de retard me perdrait!

Il sortit avec précaution de la tonnelle où Marie resta comme anéantie... Elle le vit s'arrêter pour la regarder encore une fois.

— Si jamais, lui dit-il, vous aviez besoin de secours, d'une protection quelconque, promettez de ne vous adresser qu'à moi.

Et comme Marie pleurait sans rien dire : — Vous me perdez! s'écria-t-il; et cependant, je ne m'éloignerai que quand vous aurez parlé!

— Je vous le promets! dit-elle enfin.

Il disparut.

Marie, dans un trouble impossible à décrire, se hâta de regagner la maison. Il lui sembla de loin qu'il se passait quelque chose d'extraordinaire. Plusieurs personnes étaient groupées dans la cour; une britchka à trois chevaux attendait devant la porte; les domestiques couraient dans toutes les directions, et la voix de Troïékourof retentissait au milieu de ce tumulte. Marie monta vite au salon, craignant que son absence n'eût été remarquée.

Cyrile Pétrovitch vint à sa rencontre; les visiteurs entouraient le capitaine du cercle et l'accablaient de questions. Ce dernier, en manteau de voyage et armé de pied en cap, les regardait d'un air inquiet et mystérieux.

— Où donc étais-tu, Marie? demanda Troïékourof. N'as-tu pas vu Desforges?

Marie eut à peine la force d'articuler une réponse négative.

— Figure-toi que le capitaine veut l'arrêter... il prétend que c'est Doubrovsky.

— Excellence! dit le capitaine d'un ton respectueux, le signalement...

— Va te promener avec ton signalement! Je ne te livrerai pas mon Français avant d'avoir examiné moi-même la chose. Où est le précepteur? demanda-t-il à un laquais qui entrait... — Vous allez ajouter foi à la dénonciation d'Antoine Paphnutovitch! L'imbécile aura rêvé que mon précepteur le volait... Pourquoi est-il parti le lendemain sans rien dire?

— Excellence, le Français lui avait défendu sous les plus fortes menaces d'en souffler mot.

— Quelle absurdité ! Il faut que tout cela s'explique... J'ai demandé le précepteur !

— Impossible de le trouver, répondit le laquais.

— Qu'on le cherche !... Montre-moi un peu ton signalement, dit-il au capitaine, car il commençait à concevoir quelques doutes.

Comme il parcourait le papier d'un air pensif, le domestique vint annoncer pour la seconde fois qu'on ne pouvait trouver le précepteur. Marie était plus morte que vive; elle tremblait, et son père paraissait inquiet.

— Comme tu es pâle, Marie ! Tu as peur, n'est-ce pas ?

Elle prétexta une migraine, baisa la main de Troïékourof et se retira dans son appartement. Là, elle se jeta en sanglotant sur son lit, et, pour se débarrasser de sa femme de chambre, elle feignit de s'assoupir.

Cependant la maison fut fouillée du haut en bas. Troïékourof se promenait de long en large dans le salon, en sifflant son air de guerre : Tonnez, foudres de la victoire ! On se parlait à voix basse... le capitaine n'était pas le moins embarrassé. Où peut-il s'être caché ? Peut-être aura-t-il été averti à temps... Chacun se perdait dans ses hypothèses. Enfin Troïékourof, impatienté, congédia le capitaine et déclara à la compagnie qu'il allait se coucher, n'étant pas d'humeur à passer une nuit blanche.

CHAPITRE XIII

L'hiver se passa. Troïékourof avait repris son train de vie ordinaire. Le mois de mai avait clos le deuil de l'année, et le prince Véréisky, un des voisins de Troïékourof, était venu visiter ses terres, après un long séjour à l'étranger. Son bien était à une distance d'environ trente verstes de Pakrovsky. Il était administré, en l'absence du prince, par un major en retraite, qui ne connaissait point Troïékourof. Habitué à une vie dissipée, le prince ne fut pas trois jours dans sa résidence que la solitude lui parut insupportable. Il lui prit fantaisie d'aller demander à dîner à son voisin Troïékourof, qu'il n'avait vu de sa vie.

C'était un homme de cinquante ans environ ; mais on lui aurait donné plus que son âge. Des débauches de toutes sortes avaient ruiné sa santé et imprimé sur son front leur caractère ineffaçable. Avec tout cela, son extérieur était aimable, et l'habitude du grand monde lui donnait, surtout auprès des femmes, ce vernis d'agrément qui tient lieu de mérite. Il lui fallait à tout prix des distractions pour échapper à l'ennui qu'entraîne la satiété.

Cyrile Pétrovitch se trouva flatté de sa visite. Il ne manqua pas de lui montrer sa maison, ses écuries, sa meute, ses jardins dans l'ancien style français, avec leurs allées régulières et leurs arbres soigneusement taillés, ce qui déplut souverainement à son hôte, que l'odeur du chenil avait passablement incommodé. Cependant il loua tout avec politesse, et joua même de temps en temps le ravissement. Enfin il fut délivré de l'obligation d'admirer par l'annonce que le dîner était servi. Il se repentait déjà, en entrant tout fatigué dans le salon, de la démarche qu'il venait de faire, lorsque Marie vint à leur rencontre.

Le vieux fat fut ébloui de sa beauté. Il prit place près d'elle, et se sentit comme rajeuni par sa présence. Il ne négligea rien pour attirer l'attention de la jeune personne, et sa conversation devint réellement intéressante.

Après dîner, Cyrile Pétrovitch proposa une promenade à cheval; mais le prince s'excusa en montrant ses bottes de velours et en plaisantant aussi agréablement qu'il est possible de le faire sur les exigences de la goutte. Il fut donc résolu qu'on sortirait en voiture, mais à condition que l'aimable Marie serait de la partie. Chemin faisant, la conversation ne tarit pas un seul instant. Marie écoutait avec plaisir ce jargon nouveau pour elle.

Tout à coup le prince demanda à son voisin ce que c'était que ces ruines, et si l'endroit incendié lui appartenait.

Troïékourof fronça le sourcil... l'aspect désolé de Kisténovka ne lui rappelait que des souvenirs pénibles.

— C'est à moi maintenant, répondit-il; mais autrefois Kisténovka appartenait à Doubrovski.

— A Doubrovsky? interrompit le prince; au fameux voleur?

— A son père... quoique, à vrai dire, le père fût aussi un voleur.

— Et que fait maintenant notre Rinaldo? Est-il pris? exerce-t-il encore?

— On n'est pas encore parvenu à l'arrêter... Mais à propos, ne vous a-t-il pas fait sa visite?

— On m'a dit qu'en effet il était venu l'année passée, et que sa bande en agit très-cavalièrement... N'est-il pas vrai, belle voisine, qu'un héros de cette étoffe serait intéressant à connaître?

— Elle n'aurait pas même l'attrait de la nouveauté, reprit Troïékourof, puisqu'il lui a donné des leçons de musique pendant trois semaines... Mais, Dieu soit loué! il a donné ses leçons gratis!

Ici Troïékourof se mit à raconter l'histoire de Desforges. Marie était sur les épines. Le prince trouva l'anecdote piquante et changea de conversation. On rentra à Pakrovsky, et le prince, malgré les instances de son hôte pour passer la nuit au château, partit après le thé, non sans avoir fait promettre à Troïékourof et à sa fille de venir le voir. Le vieux général pensa qu'avec le titre de prince, plusieurs décorations et une fortune de trois mille âmes, son voisin pouvait, sans trop de présomption, traiter avec lui sur un pied d'égalité.

CHAPITRE XIV

Quelques jours après, Troïékourof et Marie allèrent rendre leur visite au prince. En entrant dans le village, ils ne pouvaient s'étonner assez de l'air gai et propre des maisons des paysans et de la magnificence du château, qui était construit et distribué dans le goût anglais. Un boulingrin du plus beau vert s'étendait devant la façade; des vaches suisses, paissant çà et là, animaient le paysage et faisaient retentir leurs sonnettes. Un parc immense, où l'art s'était efforcé de surprendre les plus beaux effets de la nature, entourait l'habitation seigneuriale et s'harmoniait avec les lointains du site.

Le prince vint recevoir ses hôtes jusqu'au bas du perron, et aida lui-même sa jolie voisine à descendre de voiture. Ils entrèrent dans un salon somptueux, et ils purent remarquer que le couvert n'était mis que pour trois personnes. De la vaste fenêtre en ogive on découvrait une vue délicieuse. Le Volga déroulait au loin son cours sinueux; des barques chargées et les voiles au vent se balançaient sur les vagues du fleuve, tandis que des bateaux pêcheurs le sillonnaient dans tous les sens.

Du côté oriental, le rivage s'élevait graduellement jusqu'à des montagnes bleuâtres qui allaient se confondre avec l'horizon. Des champs d'une riche culture et des villages groupés çà et là complétaient ce magnifique tableau. Lorsqu'ils eurent admiré ces beautés naturelles, le prince leur montra sa galerie, qu'il avait formée à grands frais dans ses voyages à l'étranger. Il parlait en homme de goût des œuvres des grands maîtres, et sans affecter le jargon des connaisseurs. Marie l'écoutait avec plaisir. On servit le dîner, et Troïekourof paya un juste tribut d'éloges au génie du cuisinier et au vin de son amphitryon, tandis que Marie, tout entière aux charmes de cette élégante causerie, s'étonnait de se trouver si à l'aise avec un homme qu'elle voyait pour la seconde fois. Le dîner fini, le prince proposa une promenade dans le parc. On servit le café dans un kiosque qui s'élevait sur le bord d'un lac tout parsemé d'îles. Tout à coup une musique d'instruments à vent se fit entendre, et une magnifique gondole s'approcha du kiosque. Le prince engagea ses hôtes à y monter, et l'on rama vers les îles. Partout Marie trouvait quelque chose d'imprévu à admirer. Ici, c'était une statue; là, une grotte solitaire; plus loin, un monument avec une inscription mystérieuse. Il était déjà tard que Marie ne s'en était pas aperçu. Le prince proposa à ses hôtes de rentrer, et lorsqu'ils furent dans le salon, il pria Marie de faire les honneurs du thé. Elle s'y prêta avec une grâce parfaite, et elle écoutait je ne sais quelle anecdote ravissante, lorsqu'elle fut effrayée par un bruit soudain... c'était un feu d'artifice dont l'aimable causeur lui avait ménagé la surprise. Elle jouit de ce spectacle si nouveau pour elle avec tout l'abandon de son âge. Pour Troïekourof, il se sentit d'autant plus flatté qu'il regardait cette attention du prince comme une marque de considération et de déférence. Le souper fut, comme le dîner, servi avec autant d'élégance que de luxe. Enfin on conduisit Cyrile Pétrovitch et sa fille dans des appartements meublés avec la dernière recherche, et le lendemain on se sépara avec la promesse de se revoir bientôt.

CHAPITRE XV

Un jour Marie était à broder dans sa chambre; les fenêtres étaient ouvertes, et les tièdes émanations de l'été se mêlaient à son haleine. Machinalement elle reproduisait sur le canevas le modèle qu'elle avait devant les yeux; mais elle pensait à toute autre chose. Tout à coup une main se montre à la fenêtre, une lettre tombe sur le métier. Elle n'était pas encore revenue de sa surprise qu'un domestique vint l'avertir que son père l'attendait. Elle cacha précipitamment la lettre dans son sein et monta au salon.

Cyrile Pétrovitch n'était pas seul. Le prince se leva en la voyant entrer et la salua avec un air d'embarras qui ne lui était pas habituel.

— Approche, Marie, dit Troïékourof; j'ai une nouvelle à t'apprendre... Voici ton fiancé... le prince demande ta main.

Marie resta comme pétrifiée... elle ne trouva pas une parole; mais ses traits se couvrirent d'une pâleur mortelle. Le prince, qui avait eu le temps de se remettre, lui prit la main, et lui demanda si elle consentait à faire son bonheur.

— Vous comprenez, prince, que c'est tout naturel... Une jeune fille est chez elle à coudre... et voilà qu'on vient lui annoncer... Rien de plus naturel... les filles ne s'expliquent jamais franchement là-dessus... par habitude... c'est dans la nature... mais je vois bien qu'elle consent... Allons, qu'on s'embrasse! Prince, c'est une affaire arrangée.

Marie était immobile à sa place... le prince lui baisa la main... Tout à coup des larmes inondèrent les joues pâles de la jeune fille.

Le prince fronça le sourcil.

— Va vite essuyer tes larmes, lui dit Cyrile Pétrovitch, et reviens-nous avec un visage riant. Elles pleurent toutes quand on leur parle de cela, poursuivit-il en se tournant vers le prince... Maintenant réglons les affaires et parlons de la dot.

Marie saisit avec empressement l'occasion de faire une retraite décente. Rentrée chez elle, elle donna un libre cours à ses larmes. Le vieux prince, dont elle se voyait déjà l'épouse, lui devint odieux... Non! jamais! s'écriait-elle dans son désespoir, plutôt le couvent, plutôt la mort! Quelle différence entre lui et Doubrovsky!

Comme on peut bien le penser, la lettre ne lui était pas sortie de l'idée. Elle l'ouvrit, et lut les quelques mots qui suivent : « Ce soir, à dix heures, au même endroit. »

La lune brillait; la nuit était tiède et calme, à peine un léger souffle agitait les feuilles des tilleuls. Elle se glissa comme une ombre dans les allées qui conduisaient à la tonnelle. Cette fois, elle était la première au rendez-vous... Un léger bruissement se fit entendre dans la haie... Doubrovsky était devant elle.

— Je sais tout, lui dit-il d'une voix triste; pensez à votre promesse.

— Si c'est votre appui que vous m'offrez, vous devez comprendre que j'hésite à l'accepter.

— Je vous délivrerai de cet homme ! poursuivit-il d'un air sombre.

— Au nom du ciel ! point de violence !... Si vous m'aimez ! ne chargez point ma conscience d'un meurtre !

— Votre volonté m'est sacrée... Votre intercession le sauvera... Mais, qu'ordonnez-vous ?

— Je n'ai pas perdu tout espoir de fléchir mon père... il est dur et emporté, mais il m'aime.

— Vous vous abusez... Il ne voudra pas comprendre les motifs de votre résistance. Il persistera à faire votre bonheur malgré vous ; car il ne voit que la fortune et le rang... Il vous jettera dans les bras de ce vieillard infirme, dont le souffle flétrira votre jeunesse !

— Écoutez, Doubrovsky ! prenez pitié de celle... qui sera plutôt votre femme !

Doubrovsky tremblait... Il était là pâle et silencieux, mesurant toute l'étendue du sacrifice...

— Mettez tout en œuvre, dit-il enfin, pour échapper à ce lien funeste ; suppliez, résistez... et si vos prières sont repoussées, dites-lui que vous avez un protecteur... un protecteur terrible !

Marie pleurait... Cette dernière lutte de sa conscience lui révélait toute la force de son amour.

— Malheureux que je suis ! continua le jeune homme... je m'estimais heureux de vous entrevoir quelquefois, de toucher votre main chérie... et maintenant, que je puis dire : je t'aime ! ce bonheur qui t'entraînerait dans ma ruine il faut que je le repousse loin de moi !

Il l'attira doucement sur son cœur, et, avec la confiance d'un premier amour, Marie abandonna sa tête sur l'épaule du jeune brigand.

Enfin elle s'écria : — Il est temps !

Doubrovsky se réveilla comme d'un songe.

— Prenez cette bague, lui dit-il enfin... Si vous avez besoin de moi, vous viendrez la déposer dans le creux de cet arbre.

Il lui baisa la main, et disparut dans l'épaisseur du feuillage.

CHAPITRE XVI

L'union prochaine de Marie avec le prince n'était plus un secret dans le voisinage ; déjà Troïékourof avait reçu des félicitations à ce sujet, et sa vanité pressait les préparatifs. Pour Marie, elle reculait de jour en jour devant un consentement formel, et elle n'accueillait le vieux soupirant qu'avec une réserve glaciale; le prince, qui ne demandait pas de l'amour, attendait patiemment l'instant d'une résignation décente.

Marie comprit la nécessité d'une démarche décisive. Elle écrivit au prince que, sans se sentir la moindre inclination pour lui, elle espérait assez de sa générosité pour renoncer à un hymen qui ne pouvait que les rendre malheureux l'un et l'autre; et elle finissait en le suppliant de la protéger lui-même contre la violence de son père. Véréïsky fut surpris de cette franchise ; mais, loin d'être touché de cette marque de confiance, il jugea qu'il fallait emporter l'affaire de haute lutte, et il montra la lettre à Troëikourof.

Rien ne pourrait donner une idée de la colère du vieux général. Le prince eut toutes les peines du monde à lui persuader qu'il devait n'en rien dire à Marie. Cependant il finit par céder; mais il résolut de couper court à toutes ces lenteurs, et fixa le mariage au lendemain. Le prince se rendit auprès de Marie, et, sans rien lui dire de la résolution de son père, il exprima à la jeune fille tout le chagrin que lui avait causé sa lettre, et déclara qu'il ne se sentait pas la force de renoncer à elle.

— J'ai l'espoir, ajouta-t-il en lui baisant respectueusement la main, que le temps me donnera un peu de votre bonne affection en retour de tant de tendresse.

A peine était-il hors de la chambre, que Troëïkourof entra. Il signifia à sa fille, d'un ton impérieux, qu'elle eût à se tenir prête pour le lendemain.

Marie, toute en larmes, se jeta à ses pieds.

— O mon père! s'écria-t-elle, ce mariage serait ma perte... Je n'aime point le prince... je ne puis l'épouser!

— Qu'est-ce à dire? reprit Troëïkourof... Voilà un langage tout nouveau... C'est maintenant, que tout est arrangé et conclu, que tu viens jeter un caprice à la traverse! Trêve d'enfantillages... cela ne prendrait pas avec moi!

— Vous ne voulez pas ma mort, n'est-ce pas?... Je ne vous demande que de rester près de vous... de ne point me sacrifier à un homme qui m'est odieux!... Encore si vous vous sépariez de votre fille unique pour la voir heureuse!

Cyrile Pétrovitch se sentit ému; mais il réprima le sentiment paternel.

— Ne sais-je pas mieux que toi ce qui te convient? reprit-il d'un ton sévère... Tes réflexions doivent être faites : tu n'as plus qu'à obéir... Après-demain tu seras la princesse Véréïsky.

— Dieu! s'écria Marie... Mais non, c'est impossible!... Écoutez! puisque vous avez juré ma perte, je trouverai un autre protecteur... C'est vous qui l'aurez voulu!

— Des menaces! à moi, des menaces! Fille dénaturée ! tu oses menacer ton père !... Et ce protecteur... parle ! quel est-il ?

— Vladimir Doubrovsky ! répondit Marie au désespoir.

Troéïkourof la crut folle ; il la regardait d'un air consterné.

— Je te fais mon compliment sur ton libérateur !... En attendant, tu ne sortiras de ta chambre que pour la cérémonie.

A ces mots il s'éloigna, et ferma la porte à la clef.

La pauvre enfant pleura longtemps... Cependant son courage de femme avait trouvé de nouvelles forces dans la déclaration qu'elle venait de faire. Avant tout, il s'agissait pour elle de se soustraire à ce mariage abhorré. Entre un prince goutteux et un brigand jeune, aimable et musicien, elle trouva qu'il n'y avait pas à hésiter. Tout en réfléchissant au sort qui l'attendait, elle tenait la bague de Doubrovsky.

— Je le consulterai encore une fois, se disait-elle, et je m'abandonnerai à ses conseils.

Elle avait le pressentiment qu'il se rendrait le soir à la tonnelle... A la tombée de la nuit, elle se disposait à descendre, lorsqu'elle trouva la porte fermée à double tour. La femme de chambre, qui veillait au dehors, lui dit à voix basse que Cyrile Pétrovitch avait expressément défendu qu'on la laissât sortir. Il ne lui restait plus qu'à s'asseoir à sa fenêtre, où elle contempla les étoiles jusqu'à ce que, vaincue par la fatigue, elle s'endormit sur sa chaise. Elle était au milieu d'un songe pénible lorsqu'elle fut éveillée par les premiers rayons du matin.

CHAPITRE XVII

A peine eut-elle les yeux ouverts, qu'elle sonna : sa femme de chambre lui dit, sans ouvrir la porte, que Cyrile Pétrovitch était allé la veille chez le prince, et qu'il n'était rentré que fort tard. La consigne, à l'égard de Marie, était toujours aussi sévère ; du reste les préparatifs de noces se bornaient à l'indispensable, et le prêtre avait l'ordre formel de ne s'absenter sous aucun prétexte.

Ces informations ne firent que confirmer la jolie captive dans ses projets de résistance. Elle résolut de tout faire savoir à Doubrovsky. Elle cherchait un moyen de faire porter la bague à l'endroit convenu, lorsqu'un caillou tomba dans sa chambre. Elle s'élança à la fenêtre, et vit le petit Alexandre dont elle connaissait l'attachement.

—Alexandre, lui demanda-t-elle, est-ce que tu aurais quelque chose à me dire ?

— Petite sœur, je voulais seulement te demander si tu as besoin de moi. Les gens ont ordre de ne pas t'écouter ; mais moi, vois-tu, je ferai tout ce que tu voudras.

— Merci, cher petit ; tu peux, en effet, me rendre un service. Tu sais bien où est le vieux chêne creux, près de la tonnelle ?

— Oui.

— Hé bien ! si tu m'aimes, va porter cette bague dans cette cachette... Mais prends bien garde qu'on ne te voie.

L'enfant ramassa l'anneau, et courut à toutes jambes

jusqu'à l'endroit indiqué. Là, il s'arrêta pour reprendre haleine, regarda tout autour de lui, et remplit sa commission. Il s'apprêtait à retourner vers Marie, lorsqu'il vit sortir de la tonnelle un petit garçon aux cheveux roux, et tout en guenilles. Cet enfant alla droit au chêne, plongea la main dans le creux de l'arbre, et en tira la bague avec l'adresse d'un écureuil. Alexandre se précipita sur lui, et l'étreignit de ses deux bras.

— Que fais-tu ici? lui dit-il.

— Ce ne sont pas tes affaires, répliqua l'étranger.

— Tu vas me rendre cette bague, maudite tête rouge!

Pour toute réponse, Alexandre reçut un violent coup de poing en pleine figure. Alors, sans lâcher prise, il se mit à crier de toutes ses forces : Au voleur! au secours! Dans cette lutte inégale, Alexandre allait succomber, lorsque le jardinier parut; il s'empara du délinquant, et, à peine avaient-ils fait quelques pas vers le château, qu'ils rencontrèrent Cyrile Pétrovitch. Celui-ci fit enfermer le petit paysan, qui essaya de s'excuser en prétendant qu'il volait des fraises; enfin, on arracha à force de menaces l'aveu du petit Alexandre.

Comme il réfléchissait aux avantages qu'on pourrait tirer de cette capture, le capitaine du cercle arriva précisément.

— Bonne nouvelle! s'écria Troéïkourof!... je tiens Doubrovsky!

— Dieu soit loué!... Excellence! et où est-il?

— Ce n'est pas lui en personne, mais c'est quelqu'un de sa bande; on va l'amener...

Et il donna l'ordre d'aller chercher la tête rouge.

Le capitaine ne fut pas médiocrement surpris de voir, au lieu d'un brigand aux formes athlétiques, un enfant de douze ans, d'une apparence assez chétive. Il se tourna du côté de Cyrile Pétrovitch de l'air d'un homme qui attend une explication. Sans parler de Marie, Troéïkourof raconta la scène de l'arbre, tandis que le capitaine examinait attentivement l'enfant qui faisait le niais, et ne paraissait pas même se douter qu'on s'occupât de lui. Le capitaine pria le vieux seigneur de lui accorder un moment d'entretien particulier. Ils passèrent dans une pièce voisine, et rentrèrent bientôt dans le salon, où la tête rouge attendait sa sentence.

— Tu mériterais, dit le capitaine, d'être fouetté exemplairement, et envoyé dans quelque colonie éloignée; mais ta jeunesse m'a fait pitié, et j'ai intercédé pour toi. Qu'on le délie. — Maintenant, remercie ton maître.

L'enfant s'approcha de Cyrile Pétrovitch, s'inclina et lui baisa la main.

— Retourne chez toi, lui dit Troïékourof, et une autre fois ne vole plus de fraises dans le creux des arbres.

L'enfant, tout joyeux, s'élança vers la porte, et courut à travers champs jusqu'au village de Kisténovka. Il s'arrêta devant une cabane à demi-ruinée, frappa à une fenêtre où parut aussitôt une vieille femme.

— Grand'mère, un morceau de pain! je n'ai rien mangé de la journée, et je meurs de faim!

— C'est toi, Micha!... et où donc as-tu été, couvée du diable?

— Je te dirai tout cela, grand'mère... mais, pour l'instant, un morceau de pain.

— Entre.

— Je ne puis pas... j'ai une course à faire... Vite! du pain.

La vieille lui donna en murmurant quelques croûtes, et il continua sa route en mangeant avec avidité.

Il commençait à faire sombre... Micha se dirigeait vers la forêt. Arrivé près de deux pins qui s'élevaient comme deux sentinelles à l'entrée du bois, il s'arrêta, regarda autour de lui, et se mit à siffler dans ses doigts; un autre coup de sifflet lui répondit, et un homme sortit de l'épaisseur de la forêt et vint à lui.

CHAPITRE XVIII

Cyrile Pétrovitch se promenait de long en large dans le salon. Toute la maison était en émoi : les domestiques allaient et venaient. Une dame, aidée de la femme de chambre, était dans le cabinet de toilette à préparer la parure de tête de Marie, qui, pâle et immobile, se tenait devant un miroir. De temps en temps elle poussait un profond soupir, mais sans prononcer une parole.

— Est-elle bientôt prête?

C'était la voix de Troïékourof.

— A l'instant même, répondit la dame. — Regardez-vous dans la glace, Marie Cyrilovna; est-ce bien comme cela?

Marie se leva sans répondre... Les portes s'ouvrirent.

— La mariée est prête, dit la dame à Troïékourof; faites avancer la voiture.

— Au nom de Dieu, dit Troïékourof d'une voix émue, et en prenant une sainte image sur la table, approche, et reçois ma bénédiction!

La pauvre Marie tomba à ses pieds en sanglotant.

— Père! père! s'écria-t-elle, et les pleurs étouffaient sa voix.

Troïékourof se hâta de lui donner sa bénédiction ; on la releva, et on l'emporta à demi-évanouie dans la voiture. La dame qui représentait sa mère prit place à côté d'elle, et l'on partit pour l'église où le futur les attendait. Il alla au-devant de la mariée dont la pâleur et l'étrange regard le frappèrent. Ils traversèrent côte à côte la petite église, dont on ferma les portes derrière eux. Le prêtre parut derrière l'autel, et la cérémonie commença. Marie n'avait qu'une seule pensée : Si Doubrovsky n'allait pas venir ! Le prêtre s'avança vers elle, et prononça les paroles sacramentelles... Elle tremblait tellement, qu'elle tomba presque à la renverse. Pendant quelque temps, elle différa la réponse qui l'engageait... elle attendait toujours... Alors le prêtre prononça le mot irrévocable... Tout était fini. Marie sentit le froid baiser de son époux ; elle entendit les félicitations des assistants et les vœux que l'on faisait pour son bonheur, et elle doutait encore de la réalité... Elle attendait Doubrovsky. Le prince lui adressait des paroles flatteuses qu'elle n'entendait même pas. On sortit de l'église : devant le portique étaient les paysans de Pakrovsky. Elle interrogea la foule d'un regard rapide, et retomba dans son insensibilité. Le couple monta en voiture qui prit le chemin de la propriété du prince, où les attendait Cyrile Pétrovitch. Le prince paraissait désolé de la froideur glaciale de sa jeune épouse ; mais, en homme d'expérience, il s'abstint de démonstrations intempestives. Ils avaient fait environ dix verstes ; la voiture volait, lorsque tout à coup des cris se firent entendre... Une troupe d'hommes armés entoura la voiture. Une grande figure masquée parut à la portière du côté où Marie était assise.

— Vous êtes libre... Descendez !

— Qu'est-ce que cela signifie? s'écria le prince ; qui est cet homme?

— Doubrovsky ! répondit la princesse.

Le prince, qui conservait toute sa présence d'esprit, tira un pistolet d'une des poches de la voiture, et le déchargea sur le brigand masqué. La princesse poussa un cri, et se couvrit le visage de ses mains.

Doubrovsky était blessé à l'épaule ; son sang coulait... Le prince profita du tumulte, et saisit un second pistolet ; mais, avant qu'il eût le temps de l'ajuster, on l'avait arraché de la voiture, et plusieurs couteaux brillaient sur sa poitrine.

— Que personne ne le touche ! s'écria Doubrovsky, et, à sa voix, les brigands lâchèrent leur victime.

— Vous êtes libre ! reprit Doubrovsky en s'adressant à la princesse.

— Il est trop tard ! dit-elle ; je suis mariée... Le prince est mon époux... laissez-le libre... J'ai tenu ma parole : je vous ai attendu jusqu'au dernier moment... Maintenant, tout est consommé... laissez-nous partir....

Doubrovsky ne l'entendait plus... Cette secousse morale, jointe à la douleur de sa blessure, avait épuisé ses forces. Il tomba auprès de la voiture, et ses compagnons se pressèrent autour de lui. A peine put-il articuler quelques paroles. On le mit sur son cheval. Deux hommes le soutenaient, et un troisième conduisait sa monture par la bride. Ils disparurent bientôt dans un chemin de traverse. La voiture demeura au milieu de la route, les traits coupés... les laquais étaient garrottés... mais rien n'avait été pillé, pas une goutte de sang n'avait été versée pour venger celui du capitaine.

CHAPITRE XIX

Au milieu d'un fourré épais où coulait un petit ruisseau, s'élevait une fortification en terre. Cet ouvrage consistait en un rempart défendu par des fossés, et qui couvrait quelques huttes couvertes de chaume. Un groupe d'hommes assis en plein air annonçait assez par leur accoutrement et leurs armes à quelle profession ils appartenaient. Devant eux petillait un feu sur lequel était fixée la marmite commune. Une sentinelle veillait sur le rempart, à côté d'un petit canon. Il était occupé à mettre une pièce à sa veste; et de temps en temps il suspendait cette besogne pour jeter un regard autour de lui.

Les brigands prirent leur repas; une cruche en terre passait de main en main; mais ils observaient un profond silence. On les voyait se lever l'un après l'autre pour aller faire une courte prière; les uns se rendaient dans la forêt; les autres rentraient dans les huttes ou s'étendaient sur le gazon pour dormir.

L'homme de garde contemplait avec complaisance la pièce neuve qui tranchait sur sa veste usée, il se mit à cheval sur le canon et fredonna la vieille chanson :

> Pourquoi murmures-tu, verte forêt ?
> Et toi, chêne vert, pourquoi étends-tu tes rameaux hors de la feuillée ?

A peine avait-il fini ce couplet qu'une porte s'ouvrit, et qu'une vieille femme en bonnet blanc, et proprement vêtue, sortit d'une des huttes :

— Il faut avoir bien peu de conscience pour chanter ainsi, tandis que notre maître repose!

— Je ne chanterai plus, Pétrovna, répondit l'homme de garde ; puisse-t-il jouir d'un bon sommeil et guérir !

La vieille rentra... C'était dans cette hutte et derrière une cloison que gisait Doubrovsky blessé. Deux pistolets étaient sur un banc devant lui ; un sabre était suspendu au-dessus de sa tête. Tout à coup il tressaillit ; on entendit un grand bruit dans la forêt, et l'homme de garde vint frapper à la fenêtre :

— Wladimir Andréévitch ! s'écria-t-il, les nôtres font un signal... on est sans doute sur nos traces !

Doubrovsky sauta à bas de son lit, prit ses armes et sortit de la hutte. Les brigands se pressaient en tumulte... A son arrivée, il se fit un profond silence.

— Sommes-nous au complet ? demanda Doubrovsky.

On répondit affirmativement.

— Hé bien ! chacun à son poste !

Dans ce moment trois des sentinelles s'avancèrent : le chef alla à leur rencontre.

— Nous sommes cernés par la troupe, dit un de ces hommes.

Doubrovsky fit fermer les portes de l'enceinte, et visita lui-même le canon. Des voix retentissaient dans la forêt, et le bruit se rapprochait toujours. Les brigands attendirent l'ennemi en silence. Quelques soldats se montrèrent et disparurent aussitôt.

— Préparez-vous ! s'écria Doubrovsky.

Un murmure s'éleva parmi la bande qui de nouveau demeura silencieuse. On entendit tout auprès un commandement... les fusils brillèrent à travers les arbres. Tout à coup cent cinquante soldats commencèrent l'attaque du rempart. Doubrovsky pointa sa pièce et alluma la mèche... plusieurs soldats tombèrent et la confusion se mit dans leurs rangs ; mais l'officier qui les conduisait les rallia et bientôt les soldats eurent sauté dans le fossé. Les brigands faisaient un feu continuel et meurtrier ; mais bientôt ils saisirent leurs haches pour frapper ceux qui essayaient d'escalader le rempart. Il y eut une sanglante mêlée... déjà les brigands commençaient à plier, lorsque Doubrovsky marcha droit à l'officier et l'étendit mort d'un coup de pistolet. Les soldats enlevèrent le corps, et les brigands profitant de ce tumulte, pressèrent si vivement l'ennemi qu'il dut songer à la retraite.

Plus tard lorsqu'on revint avec des forces plus considérables, on trouva la forteresse abandonnée. Le bruit courut que Doubrovsky avait congédié sa bande. Un paysan de Pakrovsky prétendit même qu'il l'avait rencontré dans les environs de la maison du prince Véréisky... mais on n'a jamais rien su de certain à cet égard.

CALLISTHÈNE

NOUVELLE GRECQUE

TRADUITE LIBREMENT DU RUSSE [1]

Callisthène, philosophe athénien, se promenant un jour dans le Lycée, rencontra son instituteur et son ami Aristote, qui l'abordant d'un air joyeux : Lisez, lui dit-il, lisez la lettre que je viens de recevoir; je veux que vous partagiez ma joie. Au milieu des périls de la guerre, environné de majesté et de gloire, Alexandre n'a point abandonné la vertu. Callisthène lut avec empressement ces lignes tracées de la main d'Alexandre. « Mon digne
« instituteur, soyez persuadé que je n'ai point oublié vos
« préceptes, et que je les suis ponctuellement; mais je
« suis homme, et la flatterie m'entoure; je crains que le
« poison de la louange ne corrompe enfin la droiture de
« mon cœur. On ne cesse de me répéter que je suis au-
« dessus des mortels, que toutes mes actions sont d'un
« Dieu, et que quiconque conçoit de moi une autre idée

---

1. Cette petite nouvelle est de Fon-Wisen. Elle jouit en Russie d'une grande réputation. Un style pur et de fréquentes allusions aux règnes et aux favoris de Catherine, en composent le principal mérite. L'auteur me paraît en avoir puisé l'idée dans le Callimaque de Montesquieu.

« doit être regardé comme l'ennemi de la patrie, et le
« rebut de la nature humaine. O mon sincère ami! je
« n'ose vous engager à vous rendre vous-même auprès
« de moi; je sais que la pesante vieillesse ne vous per-
« met point de me suivre au milieu des travaux guer-
« riers; mais j'attends de vous un autre service : envoyez
« vers moi celui de vos disciples que vous croirez le plus
« digne de ce choix, et en qui vous reconnaîtrez assez
« de courage pour me rappeler vos préceptes toutes les
« fois que je pourrai m'en écarter? » Vous voyez, dit
Aristote, ce qu'Alexandre attend de moi; c'est vous,
Callisthène, que j'ai choisi pour rendre au genre humain
un si important service. — Moi! dit Callisthène; c'est
moi que vous envoyez à la cour de ce puissant monarque! Eh! qu'irai-je y faire? Comment pourrais-je supporter les injustices de ce prince et celles de ses favoris?
Ne m'avez-vous pas appris à honorer la vertu, à la
mettre en pratique, et à soumettre les hommes à son
empire? — C'est bien ce que j'exige de votre zèle, reprit
Aristote, et c'est pour cette raison qu'Alexandre a besoin de vous : allez, ami de Platon et d'Aristote, allez
servir de guide à un héros qui fut mon disciple; faites
briller la sagesse dans les lieux les plus reculés, et éclai-
rez de son flambeau le monde qu'Alexandre soumet par
ses conquêtes.

Callisthène partit sans délai, et joignit Alexandre en
Perse à l'instant même où il venait de remporter cette
fameuse victoire qui humilia l'orgueil de Darius. Il fut
accueilli de la manière la plus honorable par le jeune
vainqueur, qui le reçut comme un ami, lui recommanda
de ne jamais lui déguiser la vérité, et le mena dès le
même jour au conseil, où il lui donna la première place
après lui.

On délibéra sur le sort de la famille de Darius : les moins âgés opinèrent les premiers. Arbas, jeune courtisan, opina qu'il fallait faire mourir publiquement les prisonnières, et prouver ainsi à tout le monde qu'il suffisait d'être l'ennemi d'Alexandre pour mériter le dernier supplice. Le fastueux Clitomène, plein d'orgueil, et épris d'une vaine gloire, proposa de les conduire en triomphe, attachées au char du vainqueur. Argion joignait à un rang élevé une naissance illustre ; mais sa bassesse et sa stupidité égalaient la férocité de son cœur ; il fut d'avis qu'on emprisonnât la mère de Darius, et qu'on abandonnât aux soldats sa femme et sa fille. Enfin, les plus modérés condamnèrent la famille royale à un perpétuel esclavage.

Quand ce fut le tour de Callisthène : — Grand roi, dit-il, lorsqu'on amènera dans ton camp ces malheureuses et innocentes victimes de la fortune, va à leur rencontre, jette sur elles un regard d'humanité, fais couler dans leur âme, par des paroles pleines de clémence, un baume consolateur, et étonne le monde par ta magnanimité. — A peine Alexandre eut-il entendu l'avis de Callisthène, qu'il s'élança vers lui de son siége. — O mon digne ami ! s'écria-t-il, la victoire élève mon esprit, mais tu élèves mon cœur. L'histoire nous a transmis le traitement plein d'humanité que la famille de Darius reçut d'Alexandre.

Le jour suivant il fut tenu un conseil de guerre, auquel assistèrent Alexandre et le philosophe. Les Macédoniens avaient conquis le pays des Cosrosètes : cette province, gouvernée par des chefs qu'elle élisait elle-même, avait été de tout temps dévouée à la Perse. Les officiers d'Alexandre, familiarisés avec les cruautés de la guerre, crurent qu'il était de la prudence de faire périr par le glaive tous les habitants du pays conquis. On demanda l'avis de Callisthène : — Dieux ! s'écria-t-il, exterminez-moi avant que ma main signe un arrêt si barbare ! Cette exclamation inattendue fut suivie d'un profond silence. Alexandre prit le papier où était écrite la sentence, se recueillit un moment, et parut profondément rêver : enfin, il déchira d'un air résolu l'acte féroce qui condamnait à mort plusieurs milliers d'innocents ; ses yeux se remplirent de larmes, et d'une voix tremblante et entrecoupée de sanglots : — Callisthène, s'écria-t-il, tu es l'ami du genre humain, tu es le préservateur de ma gloire ! Il y avait quelques mois que Léonate était le favori d'Alexandre, et, dans un si court espace de temps, il avait su s'emparer entièrement de l'esprit de ce monarque : il régnait, et avec lui régnaient la défiance, l'ambition et la soif des richesses. Personne ne l'aimait; car celui qui s'aime uniquement est indigne de l'affection des autres. Il faisait peu de bien, parce que le bonheur d'autrui l'affligeait. Lui arrivait-il de faire une bonne action, c'était de si mauvaise grâce que celui même à qui il avait rendu service se serait tenu pour obligé de ne lui avoir jamais eu d'obligation : tout-puissant à la cour, il n'avait aucun besoin d'artifice pour maintenir son crédit; mais il nuisait par goût, et parce qu'il trouvait de la joie dans les peines des autres. Malheur à celui dont la perte pouvait favoriser son élévation, ou lui paraissait nécessaire pour la conservation de son crédit ! Ce favori était tombé malade quelques heures avant l'arrivée de Callisthène : les espions qui l'entouraient ne manquèrent pas de lui rapporter avec quelle déférence Alexandre suivait les avis du philosophe. Dès le matin du troisième jour Léonate fut en état de paraître devant le monarque. — Permettez-moi, lui dit-il, de féliciter Votre Majesté de ce qu'elle compte présentement un philosophe au nombre de ses amis : j'ai appris qu'elle a montré de la grandeur d'âme, grâce à ses conseils. — O mon cher Léonate, lui répondit Alexandre, pour me prouver ton amitié, deviens toi-même l'ami de Callisthène. — Si je le puis, Sire, repartit Léonate ; mais j'en doute : il m'est sans doute agréable de voir qu'on vous donne de bons conseils ; mais je ne puis souffrir que la gloire du plus sage souverain de l'univers soit à la merci de la sagesse de cet homme. — Que prétendez-vous dire ? lui demanda Alexandre. — Seigneur, reprit Léonate, plus je suis satisfait des conseils de Callisthène, et plus je m'indigne de sa conduite : en présence de vingt témoins, que je puis vous citer, il s'est vanté de manier votre volonté comme celle d'un faible enfant ; mais, Sire, votre discernement m'est connu ; vous savez distinguer le bon du mauvais : Callisthène, quoique immodeste, peut vous donner de salutaires avis. Laissons-le persuader à tout le monde que sans lui Alexandre n'aurait pu se montrer clément, et que... — Je m'étonne, interrompit Alexandre, qu'avec tant de sagesse Callisthène se soit laissé aveugler par son amour-propre jusqu'au point de me regarder comme un enfant. — Seigneur, reprit le favori avec un sourire hypocrite, le monde entier est convaincu que vous êtes sorti de l'enfance.

Léonate connaissait à fond le caractère d'Alexandre ; il savait habilement saisir l'instant favorable pour nuire à quelqu'un, soit en le noircissant par des calomnies, soit en employant à propos une raillerie injurieuse et mordante ; et, suivant les circonstances, il mettait en œuvre celui de ces deux moyens qu'il jugeait le plus propre à ses vues. Callisthène lui parut si sage et si dangereux, qu'il crut n'avoir pas trop de ces deux manœuvres réunies pour le perdre, et ses efforts ne tardèrent pas à être couronnés de succès.

Cependant Callisthène se rendit à la tente du monarque. Le roi le regardait d'un air d'inquiétude mêlée d'embarras. Quelque profonde que fût l'impression que les discours de Léonate avaient fait sur son esprit, il ne pouvait oublier tout d'un coup que la veille et le jour précédent ce même Callisthène avait fait preuve de plus de lumières et d'humanité que tout le conseil. — Seigneur, lui dit le philosophe, quel est le sujet de ton trouble? ton regard exprime le mécontentement et l'anxiété. — Tu as dit vrai, lui répondit Alexandre, je suis dans une affliction réelle : il m'est arrivé de me méprendre dans l'opinion que j'avais conçue de l'un de ceux qui m'entourent; je l'ai cru doué d'une profonde sagesse; mais je vois que je me suis grossièrement trompé sur son compte. — Il est facile à un monarque, reprit Callisthène, de rendre au mérite ce qu'usurpa l'incapacité; mais un roi commet une faute grave lorsqu'il prend la calomnie pour la franchise, lorsqu'il accorde sa faveur à celui qui est un objet de haine pour tout le monde; quand il donne sa confiance à quelqu'un qui en abuse avec impudeur et effronterie; quand enfin il regarde comme son ami un traître qui a eu l'adresse de s'emparer de son esprit.

Callisthène ne connaissait point Léonate; il ignorait même qu'il l'eût calomnié auprès d'Alexandre; mais il croyait de son devoir de donner cette instruction à celui qui lui avait expressément recommandé de lui dire la vérité sans ménagements. Les paroles de Callisthène ne firent qu'augmenter le trouble d'Alexandre. Léonate, qui s'aperçut de l'impression qu'elles faisaient sur l'esprit du roi, se hâta d'interrompre le philosophe. — De quel livre d'Aristote, lui demanda-t-il ironiquement, avez-vous tiré ce sermon? Callisthène lui répondit d'un air qui laissait entrevoir le mépris et la pitié. Cet entretien fut interrompu par l'arrivée d'un courrier envoyé au roi, des environs d'Arbelle, par un chef qui commandait un corps d'armée. Il apportait la nouvelle que les Perses, après avoir rassemblé ce qu'il leur restait de troupes, s'avançaient contre les Grecs. Aussitôt Alexandre marcha en personne à la rencontre de l'ennemi. Une victoire complète abaissa de nouveau l'empire des Perses. Darius ne périt point dans le combat; il fut tué en trahison par les siens. On répandit le bruit qu'Alexandre l'avait fait mourir : ce bruit injurieux à la gloire du roi ternit l'éclat de sa victoire. Il ordonna de faire des recherches pour découvrir le meurtrier, qu'il condamna à mort : cette conduite le justifia pleinement aux yeux de tout le monde; Callisthène le loua de sa conduite. — Qu'entends-je? lui dit Alexandre avec un sourire dédaigneux; Callisthène commence aussi à me flatter! souviens-toi qu'Aristote ne t'a point envoyé ici pour faire le courtisan, mais pour m'éclairer de tes conseils. — Prince, répondit Callisthène, il y a une grande différence de la louange à la flatterie; je te loue, mais je ne te flatte point. Le devoir d'un philosophe est de louer les belles actions et de blâmer celles qui sont condamnables : si tu te portes jamais à ces dernières, assez de gens t'élèveront aux nues; tu pourras alors reconnaître les philosophes. Léonate n'entendit pas ces paroles sans frémir intérieurement de colère : plusieurs fois il avait été sur le point de tourner les discours de Callisthène en ridicule; mais il sut se contenir. Il ne se rebuta point en voyant que toutes les ressources de son esprit lui étaient inutiles : il sentait que la vérité, dans la bouche d'un homme de sens, peut en un moment couvrir de ridicule celui-là même qui s'efforce de la ridiculiser : il résolut donc de perdre entièrement Callisthène en mettant en œuvre une calomnie sourde ; et il sut tellement indisposer contre lui l'esprit du roi, que la vue seule du philosophe lui était à charge.

Quelque temps après, Alexandre entreprit un voyage en Libye. Il allait visiter le temple de Jupiter Ammon. Avant son départ, on fit une liste de ceux qui voyageraient avec le roi. Il prit avec lui tout son conseil ; mais au-dessus du nom de Callisthène, il écrivit de sa propre main : *En arrière, avec les bagages.*

Cette marque de froideur ne toucha aucunement le philosophe, parce qu'il savait bien ne pas l'avoir méritée. Ce qui l'affecta moins encore ce fut le mépris que lui marquèrent ceux qui composaient la lie de la cour. Quand ils surent que Callisthène devait suivre les bagages, ils saisirent tous les moyens de l'insulter, se flattant qu'une telle conduite à l'égard d'un disgracié ne manquerait point d'être attribuée à un zèle aveugle et à un dévouement sans bornes à la volonté du roi. Cependant Alexandre, apercevant Callisthène le jour même de son départ, hésita longtemps à l'aborder. Enfin son bon naturel l'emporta ; et se figurant que le philosophe était chagriné de la froideur qu'il lui avait témoignée, il résolut de le consoler.

— J'ai craint, lui dit-il, de t'associer à mes rapides voyages ; la guerre nous a endurcis à ces fatigues dont l'excès pourrait t'accabler. — Seigneur, répondit Callisthène, je me conformerai à tes ordres ; mais sache qu'il m'est indifférent de voyager avec toi ou de rester en arrière, puisque, présent ou absent, je te suis également inutile. Callisthène prononça ces paroles avec tant d'ingénuité, qu'Alexandre et tous ceux qui était présents ne purent l'attribuer à aucun mouvement d'humeur. On ne vit dans sa conduite qu'un zèle pur et désintéressé pour la personne du monarque. Léonate remarqua qu'Alexandre se troubla tout à coup; en conséquence il jugea urgent de ne point laisser à son cœur le temps de se déterminer à un bon mouvement. Il fit signe aux officiers qui devaient rester de venir prendre les ordres du roi; pendant ce temps on fit avancer son char, et Léonate eut l'adresse de l'y faire monter beaucoup plus tôt qu'il ne l'avait résolu.

Skotase, inspecteur des bagages, était un de ces êtres comme il s'en trouve à la cour, qui rampent devant le pouvoir et la faveur, mais qui se montrent insolents avec tous ceux dont ils n'ont rien à craindre ni à espérer. Le soin des chameaux, des chevaux et des ânes bornait la sphère de ses qualités intellectuelles. En parlant de ces animaux, il entrait tout à coup dans un enthousiasme ridicule : mais, hors de là, il était incapable de placer un mot. Pendant la route il se mit à parler au philosophe de chevaux et de bêtes de somme; mais, voyant qu'il était très-ignorant sur cet article, il conçut pour lui le plus profond mépris, et en agit avec lui aussi grossièrement qu'il appartenait au seul Skotase de le faire. Il lui fit quitter le char qu'il occupait d'abord, et lui fit prendre place dans une charrette. A chaque montée, il forçait Callisthène d'aller à pied. — S'il t'arrivait, lui dit le philosophe, de conduire Léonate sur quelque chemin montagneux, tu n'en agirais pas ainsi avec lui. — Oh! pour celui-là, répondit Skotase, je m'estimerais heureux de m'atteler moi-même à son char.

Callisthène arriva au temple de Jupiter quelques jours après Alexandre. Les prêtres avaient déjà eu le temps d'aveugler l'esprit du roi par la plus basse flatterie. Ayant appris que le disciple d'Aristote, se croyant une divinité, se faisait appeler le fils de Jupiter, et débitait sur sa naissance les contes les plus absurdes, Callisthène se rendit à la tente du monarque. — Seigneur, lui demanda le philosophe, est-il vrai que tu sois Dieu? — Oui, répondit Alexandre en rougissant. — Tu soutiens une chose qui t'impose de grands engagements, continua Callisthène; mais ne crains point que la philosophie t'accable de dures réprimandes. Elle daigne à peine rire de telles pensées. Sois dieu, puisque tu prétends l'être; mais sache à quoi t'engage un si grand titre. Les dieux ne se font connaître que par des bienfaits; ils tonnent parfois, mais c'est à regret qu'ils lancent la foudre; et ils se complaisent dans le bonheur des hommes.

Callisthène n'assista point au sacrifice, alléguant au disciple de son ami qu'au Lycée on n'était pas habitué à se trouver si près des dieux. Il attendait qu'Alexandre lui donnât quelque sujet d'user à son égard de toute la sévérité dont s'arme la philosophie pour corriger les hommes; et malheureusement son attente ne fut pas de longue durée. Il ne se passa pas quelques mois que ce soi-disant fils de Jupiter ne se laissât aller aux désordres les plus condamnables. Ce dieu terrestre s'enivra dans un festin, et enfonça sa lance dans le cœur de son ami Clitus. Une autre fois, à la prière d'une courtisane, il réduisit en cendres une ville célèbre.

Le bruit de ces abominations excita l'indignation de Callisthène. Il courut à la tente du monarque, et, sans être retenu par la majesté qui l'environnait, ni par le nombre de ses capitaines: — Alexandre, s'écria-t-il, est-ce ainsi que tu crois mériter des autels? Tu es le meurtrier de ton ami, tu as livré aux flammes des milliers d'innocents! monstre, tu n'es pas même digne du nom d'homme!

A ces mots tous les assistants furent frappés de consternation; mais l'étonnement se tourna bientôt en fureur. Les courtisans ne manquèrent pas d'exciter contre lui la colère d'Alexandre. Hors de lui, il chargea Léonate d'inventer quelque nouveau supplice pour punir un attentat si inouï à la cour. Léonate eut l'indignité de tourmenter cet homme de bien : il le fit jeter dans une affreuse prison, en attendant qu'on eût découvert quelque nouveau genre de supplice. Enfin, il expira sous le poids des chaînes, et au milieu des tortures.

Après la mort d'Aristote on trouva l'écrit suivant, tracé par Callisthène quelques heures avant sa mort : nous le rapportons ici avec une note de la main de son ami.

LETTRE DE CALLISTHÈNE.

« Je meurs en prison, en rendant grâces aux dieux de
« m'avoir trouvé digne de souffrir pour la vérité. Alexan-
« dre a suivi mes conseils deux jours; pendant ce temps
« j'ai soustrait à une mort certaine la famille de Darius
« et les habitants de toute une province. Adieu. »

NOTE D'ARISTOTE.

« A la cour d'un roi dont les sentiments n'étaient pas
« encore corrompus, voilà ce qu'a su faire un homme
« de bien en deux jours. »

LE JUIF

Je me trouvais à Vienne il y a quelques années. Après avoir essayé de plusieurs tables d'hôte, je m'établis dans un hôtel de la rue des Juifs, où se rendait une société choisie. Les voyageurs par goût se trompent rarement dans le choix qu'ils font d'un gîte : pour moi, je pressens au premier aspect si je serai bien dans tel ou tel endroit; et les conditions de localité sont les dernières qui me déterminent. La politesse qu'on me témoigne est également un point accessoire; mais si je remarque une famille unie, si des fronts sereins et des regards francs m'accueillent et semblent me dire : Restez, nous nous comprendrons, alors je dépose avec confiance ma besace voyageuse auprès du foyer hospitalier, et je me trouve à mon aise comme au milieu des miens.

Cet engagement moral une fois conclu, la beauté n'a pour moi rien de dangereux; le lit de mon hôte est à mes yeux l'autel des dieux domestiques, et ses filles, fussent-elles séduisantes comme celles de Niobé, peuvent mettre impunément leur innocence sous ma sauvegarde. Combien de fois, en Ukraine, n'ai-je pas dormi d'un sommeil paisible au milieu de jeunes paysannes dont le souffle venait caresser ma figure ! Mais revenons à la table d'hôte.

M. Müller, maître de cet établissement, en faisait les honneurs avec une gravité tout allemande. Un ordre parfait, une propreté extrême et presque consciencieuse régnaient dans toute la maison. On pouvait traverser les salles de service et même les cuisines sans y rien rencontrer qui blessât les regards, ce qui arrive si souvent en Russie, dès que l'on sort des appartements de parade. La cave était rangée comme une bibliothèque, et le règlement de la maison, tant pour le service que pour l'heure des repas, était aussi ponctuellement observé qu'il eût pu l'être dans un séminaire. Si quelque convive était en retard, ne fût-ce que de dix minutes, on le servait à part dans une pièce voisine, la commodité de tous ne devant pas être sacrifiée à des convenances particulières.

Il régnait dans la conversation un ton de bonne compagnie qui n'excluait ni la liberté ni l'enjouement ; mais une expression caustique ou indécente aurait produit l'effet d'une note fausse dans un concert bien exécuté. La physionomie de madame Müller où la dignité s'alliait à la bienveillance, était le baromètre sur lequel se réglaient les jeunes gens lorsque l'influence du vin du Rhin ou de la bière de Stettin eût pu les entraîner trop loin. Alors madame Müller prenait un air froid ; elle rompait la conversation par quelques mots qui lui imprimaient une direction nouvelle ; elle lançait un regard sévère à sa fille, et celle-ci, sans affectation comme sans bouderie, tenait les yeux attachés sur son assiette jusqu'à la fin du repas.

Mademoiselle Céline était le type de ces belles figures allemandes que les Français trouvent froides parce qu'ils ne savent point y lire; c'était un mélange heureux des caractères saxon et hanovrien. Un front pur, des yeux bleus d'une douceur inexprimable, des lèvres constamment fermées par une retenue virginale, un teint transparent où la rougeur venait à chaque instant protester contre l'immobilité de son maintien, des cheveux châtains dont les boucles riches et soyeuses accompagnaient admirablement la sérénité de ses traits, une taille souple dont les formes déjà indiquées annonçaient l'harmonie d'une organisation près de s'épanouir : telle était Céline.

Un conseiller de Cour, le baron de Noth, qu'un passe-droit avait éloigné du service, plusieurs étudiants que leurs parents avaient recommandés à la vigilance de M. Müller, et quelques négociants, composaient le noyau des habitués. La société flottante se recrutait parmi des voyageurs, des gens de lettres et des artistes. Après le repas, on causait philosophie, politique ou littérature, et M. Müller, qui avait des connaissances générales et un sens droit, soutenait la discussion avec un choix d'expressions et une hauteur de vues qui m'auraient surpris dans un homme de sa condition en tout autre pays qu'en Allemagne.

Quelquefois Céline se mettait au piano et sa voix jeune et suave s'accompagnait de quelques-unes de ces mélodies si simples et si belles où respire tout ce qu'il y a de religieux, de tendre, d'intime et de grave dans le caractère national. Alors les conversations cessaient, le recueillement se peignait sur toutes les figures; et comme s'il eût assisté à un service religieux, chacun traduisait les accents de cette langue universelle, selon ses sympathies, ses souvenirs et la direction habituelle de ses idées.

Je ne fus pas longtemps à m'apercevoir que le baron de Noth et un jeune étudiant nommé Werther étaient plus que sensibles au mérite de Céline. Il y avait dans le baron, homme entre deux âges, un mélange de dignité et d'empressement qui trahissait une lutte presque continuelle entre l'orgueil et l'énergie d'une passion vive. C'est entre trente et quarante ans que les passions ont le plus d'empire. A cette époque de la vie, la fixité du caractère repousse toute distraction, et comme l'on sait bien tout ce que l'on veut, on se porte vers ce but avec toute la puissance d'une organisation parfaite.

Werther n'avait guère plus de dix-neuf ans. Il était grand, blond et mélancolique. Je suis persuadé que l'amour s'était révélé au jeune étudiant par l'intermédiaire du sens musical. Je l'avais observé plus d'une fois quand Céline chantait : une espèce de fièvre l'agitait; il s'isolait dans un coin du salon, et là, debout, dans une muette extase, le pauvre enfant aspirait tous les poisons de l'amour.

Les assiduités des deux prétendants se manifestaient par des soins différents et par des prévenances où s'imprimait la variété de leur nature. Le baron offrait à madame Müller des billets de concert et de spectacle; souvent, au dessert, il faisait apporter le précieux vin de Hongrie qu'il buvait à la santé des dames en faisant à Céline une inclination de tête qui voulait dire : Je ne me courbe que devant vous. Quant à Werther, il jetait furtivement sur le piano une romance nouvelle ou un volume de poésies; et lorsque la jeune fille y portait la main, la figure de l'étudiant s'allumait tout à coup comme si le sang eût été près d'en jaillir. Céline souriait modestement au baron, ou remerciait avec grâce l'adolescent; mais elle semblait ignorer ce que chacun d'eux n'osait lui dire.

Tout entier à mon rôle d'observateur, je m'efforçais de

pénétrer les dispositions de Céline, pour tirer l'horoscope des amours du baron et de l'étudiant. Elle aimait passionnément les récits, et, grâce à la vie errante que j'ai menée, j'étais en mesure de défrayer sa curiosité. Les nobles dévouements et les traits généreux produisaient sur elle une impression extraordinaire. Ses yeux brillaient comme pour distinguer à travers le temps et l'espace le héros d'une belle action ; puis des larmes mouillaient ses beaux cils dès que la réflexion la ramenait à la réalité de la vie ordinaire. Je compris que ni le baron, ni Werther n'étaient à sa hauteur ; et si j'eusse été plus jeune d'une dizaine d'années, je crois que j'aurais eu l'amour-propre de me mettre sur les rangs. Mais le succès était réservé à un autre que nul au premier abord n'aurait pris pour un homme capable de ressentir et d'inspirer une forte passion.

Un soir que nous étions réunis au salon, un des habitués nous présenta un Juif qui arrivait de Lemberg et que ses affaires devaient retenir quelques mois à Vienne. M. Müller mit en quelques mots l'étranger au fait des conditions et des habitudes de l'hôtel. Le Juif répondit par monosyllabes, comme s'il eût dédaigné de faire une plus grande dépense d'intelligence à propos de détails purement matériels. Il salua les dames avec politesse, regarda en souriant l'ameublement du salon dont il fit deux fois le tour en signe de prise de possession, et alla s'installer dans un fauteuil. Cette pantomime aurait pu se traduire ainsi : Me voilà, regardez-moi une fois pour toutes, et qu'il n'en soit plus question. M. Malthus, c'était le nom du Juif, boitait sensiblement ; c'était un homme d'une taille moyenne et d'une tenue décente ; sa chevelure était négligée. Mais son front magnifique eût révélé tout un monde à un phrénologue.

La conversation devint générale. M. Malthus parlait peu, mais dès qu'il ouvrait la bouche, il se faisait un grand silence, et il y avait peut-être dans cette déférence apparente, autant de désir de trouver son côté faible, que de politesse et d'égards.

La voix du Juif avait un de ces timbres puissants qui mordent l'âme, et qui donnent à la parole ces inflexions nerveuses, non moins variées que les formes de la pensée. Il résumait la discussion avec une logique lucide; mais il était aisé de voir qu'il retenait le coup pour ménager ses interlocuteurs.

On parla à dessein des préjugés religieux; aux premiers mots qui roulèrent sur cette question, sa tête prit une expression sublime; il s'éleva sans transition aux considérations les plus élevées : il était aisé de voir que son imagination fonctionnait dans une sphère familière. Il termina par une sortie si pathétique et si puissante, que Céline, cédant à un mouvement sympathique, se rapprocha brusquement de son fauteuil. Ces deux âmes s'étaient rencontrées, et elles devaient se compléter mutuellement.

Je me dis en moi-même : ce Juif sera l'époux de Céline.

Alors je me mis à le considérer plus attentivement. Quand M. Malthus n'était pas fortement impressionné, ce n'était qu'un homme ordinaire; cependant, à l'expression de son regard rentré, on eût pu voir qu'il monologuait intérieurement quelques-unes de ces grandes pensées qui s'identifient avec les âmes supérieures. On parla de quelques auteurs célèbres; il garda le silence. Le baron de Noth se pencha de mon côté et me dit à voix basse : — Il paraît que notre nouveau commensal n'est pas littérateur.

— J'en serais surpris, lui répondis-je; et de plus, je gagerais qu'il est musicien. Le conseiller se redressa avec un mouvement de dépit, et comme pour défier ma sagacité, il pria Céline de se mettre au piano. L'aimable fille s'en excusa formellement, mais sans avoir recours à tous les petits prétextes qu'une Parisienne aurait improvisés, et il fallut l'autorité de sa mère pour vaincre sa résistance instinctive. Son prélude se ressentit de cette disposition; quelques notes tirèrent le Juif de sa rêverie; mais bientôt elle se remit, et son émotion visible ajouta un nouveau charme à l'expression habituelle de son chant.

Tout à coup elle s'interrompit, déclarant que la mémoire lui manquait...

Soudain, et à notre grand étonnement, une voix sonore et harmonieuse se fit entendre, et Céline continua, accompagnée par le plus beau tenor que j'aie entendu de ma vie.

Le baron se mordait les lèvres; Werther était pâle de surprise. Enfin des félicitations chaleureuses accueillirent la fin de ce beau duo.

Malthus s'était levé et paraissait dominé par la puissance de l'harmonie. Il donna à Céline quelques conseils qu'elle écoutait avec avidité; il lui fit même répéter un passage qu'elle rendit ensuite avec une expression admirable.

Le Juif lui prit la main avec feu, et s'écria : — Je vous remercie!

— Voilà qui est singulier, dit le baron... Mais le pauvre Werther ne dit rien et alla s'asseoir tout pensif à l'autre bout du salon.

Madame Müller était radieuse du succès de sa fille. Pour Céline, elle se contenta de dire à voix basse :

— Si j'étais suivie, peut-être ferais-je quelque chose.

— Avec la permission de votre mère, reprit Malthus, je me ferai un plaisir de vous accompagner quelquefois.

Madame Müller jeta un regard scrutateur sur le juif, dont les traits, redevenus impassibles, n'offraient plus rien qui pût effaroucher sa sécurité. Elle jugea donc qu'un tel personnage n'avait pas l'air dangereux, et elle agréa ses offres.

Malthus s'inclina avec une dignité froide, appréciant sans doute le motif de cette confiance, et Céline fit quelques accords, de peur qu'on ne remarquât son trouble.

Le baron, qui avait besoin d'exhaler sa mauvaise humeur, se permit de dire à la jeune fille en lui montrant la canne du juif :

— Si quelque chose vient à clocher dans l'exécution, voià qui rétablira la mesure.

Céline se leva, lança au baron un regard qui signifiait : On rencontre partout des gens faits comme vous, puis elle sortit. Malthus prit un journal et s'isola entièrement jusqu'à l'instant où nous nous séparâmes.

Le juif, en homme qui connaît le prix du temps, menait une vie régulière. Il travaillait jusqu'à midi, rendait ou recevait quelques visites, allait à la Bourse sur les deux heures, se renfermait ensuite dans sa chambre, où il n'était visible pour personne, et se rendait à quatre heures précises dans l'appartement de M. Müller, où Céline l'attendait au piano. Il était aisé de voir que tous les jours il prenait plus d'ascendant sur l'esprit de son élève, dont les progrès étaient rapides.

Dès que Malthus souriait, la jolie tête de Céline prenait une expression indicible de satisfaction; mais lorsque le juif retombait dans ses rêveries habituelles, l'âme de la pauvre petite était comme suspendue dans un milieu sympathique ; elle ne voyait plus rien, ne répondait à rien ; en un mot, elle s'assimilait instinctivement à l'être mystérieux dont l'influence la gouvernait. Quand Malthus faisait quelques pas en s'appuyant sur sa canne, Céline semblait dire : Mon bras le soutiendrait si bien !

Cependant le juif ne boitait pas d'une manière désagréable ; sa jambe gauche était bien prise, et sa taille dégagée annonçait qu'un accident seul en avait troublé l'harmonie. Du reste, il paraissait réconcilié depuis longtemps avec son infirmité, comme un militaire qui trouve dans ses blessures des témoins glorieux de son dévouement au pays.

Plus d'une fois j'avais été tenté de demander à Malthus l'histoire de sa jambe ; mais il éludait avec tant de soin tout ce qui eût pu engager la conversation sur ce chapitre, que je me crus obligé de respecter son secret.

Deux mois se passèrent ainsi, et je pus apprécier tout ce qu'il y avait de droiture, de générosité et de lumières dans la partie accessible de cette âme extraordinaire. En présence de ce rival dangereux qui triomphait sans lutte, le baron devint presque tendre. Son amour-propre souffrait cruellement de ce qu'on lui préférait un commerçant qui boitait et qui avait une belle voix. Il essayait parfois le persiflage ; mais Malthus le confondait tellement par l'à-propos de ses répliques, que les rieurs n'étaient jamais du côté du conseiller.

Un soir que les intimes étaient réunis, Werther s'approcha d'un air suppliant de M. Müller, et lui remit une lettre de son père. A l'agitation du pauvre jeune homme, je soupçonnai qu'il était question d'une demande en mariage. M. Müller lut la lettre avec attention et la présenta ensuite à sa femme. Madame Müller la parcourut rapidement et jeta un regard scrutateur sur Céline pour s'assurer si elle était instruite de cette démarche. L'orgueil d'une mère est toujours flatté en pareille circonstance, et le premier mouvement est ordinairement favorable à l'homme qui a distingué l'objet de ses plus chères affections; mais le second mouvement est tout pour la prudence : une séparation prochaine, les éventualités si multiples de l'avenir, refoulent bientôt dans le cœur maternel cette satisfaction instinctive, et mille motifs viennent suspendre le consentement désiré.

— Il serait bon, dit-elle, de savoir d'abord ce qu'en pense Céline.

Ces mots furent un trait de lumière pour la pauvre fille, dont les traits exprimèrent la plus vive surprise.

— D'ailleurs il est encore bien jeune, ajouta madame Müller assez haut pour que le baron l'entendît.

Werther jouait un rôle pénible; il essaya de balbutier quelques mots, perdit contenance et sortit brusquement du salon.

— En vérité, dit le baron, c'est un enfant qu'il faut renvoyer à ses livres.

Malthus, qui n'avait rien perdu de ce colloque, appuya ses deux mains sur sa canne, comme un homme décidé à soutenir la discussion, et prit avec chaleur la défense de l'absent.

— On ne saurait nier, dit-il en concluant, que le choix du jeune homme plaide en sa faveur; et son embarras, qui ne messied pas à cet âge, prouve, selon moi, qu'en aspirant à tant de bonheur, il a assez de modestie pour s'en reconnaître indigne.

— S'il ne fallait que se mettre sur les rangs pour faire

preuve de mérite, interrompit le conseiller, je connais quelqu'un qui n'hésiterait pas...

— Et qui donc? demanda madame Müller avec une curiosité mal déguisée.

— C'est *moi*, Madame, répondit le conseiller, baron de Noth.

Et en prononçant ce moi, le monosyllabe parut s'allonger de toute l'importance du personnage.

— A mon âge on est tout ce qu'on sera, poursuivit le conseiller, et le présent répond de l'avenir.

Céline était dans un état à faire pitié. Quand Malthus avait pris le parti de Werther, je la vis tout près de défaillir. Une nuance de dépit anima ses traits naturellement si doux. Elle avait interprété la bienveillance du juif comme une marque d'indifférence. Cette seconde déclaration du conseiller vint l'assaillir avant qu'elle eût eu le temps de se reconnaître; elle jeta un regard de reproche à Malthus, se renversa sur sa chaise et s'évanouit. Le juif s'élance, la prend dans ses bras, la dépose sur un divan, et là, agenouillé devant elle, il s'écrie :

— Tu ne m'as donc pas compris?

Céline ouvre les yeux, aperçoit à ses pieds l'homme qu'elle aime uniquement, lui sourit avec une expression céleste, et toute à sa passion, sans voir aucun de ceux qui l'entourent, elle murmure d'une voix faible :

— Toi! toi seul! toujours toi!

— Monsieur, dit Malthus à M. Müller, je suis un peu en retard; mais j'espère que vous voudrez bien aussi classer ma demande.

Il y avait dans le maintien du juif la dignité d'un homme qui est en mesure de dicter des conditions. Céline avait repris ses sens. Quant à M. Müller, son flegme n'avait pas eu le temps de se déranger; mais sa femme ne put s'empêcher de sourire de cette trilogie dramatique dont le dénoûment restait suspendu.

— Mon ami, me dit-elle avec une intention marquée, l'exemple n'agira-t-il pas sur vous?

— Peut-être aurais-je été entraîné, lui répondis-je, si M. Malthus ne s'était pas déclaré avant moi.

Céline rougit, et le juif me serra la main.

En ce moment Werther rentra pâle et abattu, comme un homme qui vient entendre l'arrêt de sa condamnation. Il se fit un grand silence qui dura plusieurs minutes. Enfin M. Müller prit la parole :

— Messieurs, dit-il, je suis charmé de l'honneur que vous me faites...

Et il s'arrêta comme pour rassembler ses souvenirs. Pendant cette courte pause, Werther promenait ses regards étonnés sur chacun de nous; et je ne doute pas qu'il ne me rangeât aussi au nombre de ses rivaux.

— J'ai quelque chose à vous apprendre, continua M. Müller, qui pourra bien modifier vos résolutions. Il y a environ dix ans que je me trouvais à Berlin, où mon père venait de mourir. Les affaires de sa succession étaient fort embrouillées, et je fus obligé de remettre mes intérêts entre les mains d'un homme de loi dont on m'avait vanté l'habileté. Enfin, la liquidation faite, je me trouvai possesseur d'environ 40,000 florins que j'avais l'intention de placer dans le commerce. J'étais marié selon mon cœur, et Céline avait environ sept ans. Des pertes successives avaient dérangé notre petite fortune, et cet héritage devait les réparer.

« Un jour, je me rends chez l'homme d'affaires... il avait disparu avec le dépôt. Le désespoir s'empara de moi; je n'osais apprendre cette fatale nouvelle à ma femme, et, vous le dirai-je? l'idée de me détruire me sourit. J'errai toute la journée dans la campagne, et, à la nuit tombante, je m'approchai des bords de la Sprée. Je montai sur le parapet d'un pont élevé, et de là je mesurais avec une sorte de délice la profondeur de l'abîme. A genoux sur la pierre, j'adressai une prière courte et fervente à celui qui frappe et qui guérit; je recommandai à sa miséricorde ma femme et ma fille, et je m'élançai dans les flots. Je me débattais instinctivement contre la mort, lorsque je me sentis saisir par un bras vigoureux. Un homme qui nageait près de moi m'entraînait vers le rivage, où nous abordâmes bientôt l'un et l'autre.

« L'obscurité était si profonde que je ne pus distinguer les traits de mon libérateur. Cependant le son de sa voix a produit sur moi une impression que rien n'a pu effacer, et je n'ai rencontré qu'un seul homme dont l'organe m'ait rappelé celui du généreux inconnu. Il m'entraîna chez lui, m'interrogea sur le motif qui avait pu me porter à un tel acte de désespoir, et, à ma grande surprise, il me remit un portefeuille qui contenait 40,000 florins, sous la condition expresse que je ne ferais aucune démarche pour le reconnaître. Je le suppliai d'accepter mon anneau de mariage avec promesse de lui restituer ses avances à la seule vue de cette bague, dès qu'il me serait possible de m'acquitter. Il prit l'anneau, et je m'éloignai pénétré de reconnaissance.

«Je ne vous dirai pas tout ce que je ressentis de joie en embrassant ma femme et ma fille. Dieu seul peut rendre à l'inconnu tout le bien qu'il nous a fait. Je mis ordre à mes affaires, et nous partîmes pour Vienne, où j'ai formé cet établissement dont je ne puis me regarder que comme l'usufruitier. Vous voyez, Messieurs, que ma Céline n'a point de dot à espérer, et que, d'un instant à l'autre, nous pouvons être réduits à une position assez précaire. »

Céline cachait sa tête dans ses mains, et M. Müller avait fini de parler que nous écoutions encore. Enfin le juif prit la parole.

— J'ai peu de chose, dit-il, à ajouter à votre récit : l'homme qui a eu le bonheur de vous obliger est resté estropié pour le restant de ses jours. En plongeant dans la Sprée, il a heurté contre une pierre, et il boite maintenant, comme vous voyez.

Nous étions tous immobiles de surprise... Alors Malthus tira de son doigt un anneau et le remit à M. Müller. La physionomie de ce dernier, ordinairement si froide, prit tout à coup un caractère inexprimable; de grosses larmes roulèrent dans ses yeux; enfin il se jeta dans les bras de son libérateur :

— Tout ce que j'ai vous appartient, s'écria-t-il, et j'ai la satisfaction de vous annoncer que vos fonds ont doublé.

— De tout ce qui est à vous, s'écria Malthus, je ne désire qu'une chose sur laquelle je n'ai aucun droit.

Le digne Allemand prit la main de sa fille, qui était toute tremblante de bonheur et de surprise, et la mettant dans la main du juif :

— Monsieur, dit-il en s'adressant à moi, vous qui avez vu le monde et qui êtes désintéressé dans cette question, pensez-vous que je puisse mieux faire?

ANNA BRITA

Sur la côte orientale de la Suède, et non loin de la ville de Géflé, on rencontre, en remontant un peu dans les terres, une suite de hameaux habités par de pauvres pêcheurs. La rigueur de l'hiver, à cette latitude élevée, ne les empêche point de se livrer à leur profession laborieuse. Les pieds armés de longs patins, ils glissent avec la rapidité de la mouette sur les glaces du golfe de Bothnie. Là, ils campent en famille à quelque distance du rivage, et, après avoir pratiqué des ouvertures dans la glace, ils guettent les phoques qui paraissent à la surface pour respirer. Atteint par une balle d'un fort calibre, le monstre plonge en tournoyant, et revient bientôt après expirer au lieu même où il a été frappé. La peau et l'huile de ces hôtes nombreux des mers du Nord font l'objet d'un commerce assez lucratif, mais qui n'est pas sans danger à l'époque de la fonte des glaces.

Anderson s'était fait une réputation d'habileté parmi les pêcheurs de ces parages; sa hutte était spacieuse et abondamment pourvue de tout ce qui compose l'aisance de ces hommes simples et actifs. Jamais, dans sa jeunesse, il ne s'était rendu à Stockholm pour y vendre le travail de ses journées, comme le font d'ordinaire les paysans des environs ; aussi ses membres étaient restés robustes, et son attitude assurée et fière annonçait que s'il reconnaissait des égaux, il n'aurait pu se courber sous le regard d'un supérieur. Tels, sans doute, parurent dans les premiers siècles ces Scandinaves de la conquête lorsqu'ils dévastaient l'Europe, également épouvantée de leur nombre, de leur audace et de leur vigueur prodigieuse.

Resté veuf dans toute la force de l'âge, Anderson avait une fille sur laquelle s'étaient reportées toutes ses affections. Anna Brita était la plus belle fille de la presqu'île scandinave. Comme elle ne quittait point son père, qui l'avait associée dès l'enfance à ses expéditions, elle était parvenue, à seize ans, à un développement parfait, et telles étaient sa vigueur et son adresse, qu'à peine le cédait-elle à Anderson lui-même, soit qu'elle dirigeât la barque à travers les récifs de la côte, soit qu'elle surprît le saumon azuré qui venait se jouer au soleil à la portée de son filet. Seulement elle détournait la tête lorsque le pêcheur achevait sa proie à coups d'aviron.

Anna Brita avait ce caractère de beauté dont le type normand conserve des traces : élancée comme une Dalécarlienne, elle avait jusque dans ses moindres mouvements la grâce qui résulte de l'harmonie des formes et la souplesse que donne l'exercice. Sa riche chevelure blonde, réunie en deux nattes égales, descendait sur sa taille svelte qui se dessinait sans contrainte sous un justaucorps violet. Son teint légèrement bruni brillait des couleurs vives de la jeunesse et de la santé, et ses yeux d'un bleu perlé rayonnaient à travers de longs cils châtains qui se détachaient sur l'incarnat de ses joues, lorsque l'admiration de quelque jeune pêcheur lui faisait tout à coup baisser les yeux.

Déjà le cœur de la jeune fille avait parlé; la nature, en la créant belle, lui avait donné une âme aimante, et l'affection paternelle, quelque vive qu'elle fût, ne pouvait désormais lui suffire. D'ailleurs Anna Brita était reconnaissante, et le jeune Erik lui avait si souvent apporté les oiseaux de sa chasse et les plus belles fleurs de la vallée, qu'il y aurait eu ingratitude à toujours recevoir sans rien donner en retour. Erik n'était pas riche; mais il avait bien soin de sa mère, que des infirmités retenaient dans sa cabane. Jamais il ne rencontrait Anderson sans le saluer avec respect; puis il se retournait et saluait une seconde et une troisième fois, car la jeune fille se retournait à différentes reprises pour le voir encore; et Anderson manquait rarement de dire : Voilà un brave garçon ! et alors Anna Brita pressait avec plus de tendresse le bras de son père. Si Anderson réparait ses filets, Erik épiait l'instant où il pourrait aider la jeune fille à les transporter sur la barque. Plus d'une fois leurs mains s'étaient rencontrées comme par hasard; la besogne n'en allait pas plus vite, et Anderson s'étonnait qu'avec un aide de vingt ans, sa fille fût moins expéditive que lorsqu'elle était seule à l'ouvrage.

Margarétha, la mère d'Erik, avait pénétré le motif des distractions de son fils chéri, et celui-ci lui avait ouvert son cœur. La bonne vieille l'avait longuement et doucement sermonné sur la disproportion des fortunes; mais cette raison, qui a empêché tant d'unions de se conclure, n'a jamais découragé l'amour. Erik soupirait, se creusait la tête pour devenir riche, rêvait perles et trésors, et se réveillait aussi pauvre et non moins épris que la veille.

Un jour qu'il chassait dans la forêt, un Anglais, frappé de sa bonne mine et de son adresse, lui offrit cinquante ducats s'il voulait le suivre aux Indes. Erik crut avoir à sa disposition tout l'or des deux mondes ; il indique sa demeure à l'étranger, et promet de lui rendre réponse le lendemain. Il court chez sa mère, qui pleure en l'écoutant, car l'idée qu'un autre que son Erik lui fermerait peut-être les yeux l'accablait de douleur. Mais Erik voyait tout en beau : il serait de retour dans deux ans ; il épouserait Anna Brita, et Margarétha vieillirait heureuse, entourée de ses petits-enfants.

Erik trouva tant d'éloquence pour prouver ce qu'il désirait uniquement, qu'il eut bientôt réfuté toutes les objections de la pauvre femme. Tout fier de ce premier succès, il court à la cabane d'Anderson.

Le dîner du pêcheur venait de finir, et il fumait gravement sa pipe, tandis que Anna Brita lui chantait la ballade du *Matelot qui a perdu ses rames*. Anderson fit au jeune homme un geste amical en lui indiquant un siége, et pria sa fille de continuer ; mais la pauvre Anna Brita n'avait plus de voix, et force lui fut de s'arrêter.

— Erik, dit alors Anderson, je crois vraiment que tu as jeté un sort sur ma chérie ; sois le bienvenu toutefois, et dis-nous ce qui t'amène.

Erik, qui ne s'attendait pas à entrer si brusquement en matière, resta debout, roula son bonnet dans ses mains, la tête baissée, et comme cloué à sa place.

— C'est une pitié, reprit Anderson, d'être si gauche avec une telle taille ! Ne dirait-on pas que je lui demande une ballade ! As-tu aussi perdu la voix comme ton amoureuse ?... Car il y a de ça... pas vrai, Brita ?

Et les deux enfants étaient si interdits qu'une peinture n'eût pas été plus immobile.

Le pêcheur semblait jouir de leur embarras, et s'adressant au jeune homme :

— N'est-ce pas, Erik, mon brave garçon, que tu étais venu pour me demander ma fille ? Ne sais-tu pas que je n'ai plus qu'elle pour me consoler ? Crois-tu donc, lorsqu'elle bercera ses marmots, qu'elle trouvera le temps d'aimer son vieux père ?

— Toujours ! s'écria la jeune fille en se jetant tout en larmes dans les bras d'Anderson.

— A la bonne heure ! continua le pêcheur, un peu contrarié de se sentir ému. Quant à Erik, je ne lui pardonne point de m'avoir entraîné à lui faire une déclaration au nom de cette petite folle, car ce n'est point aux filles de parler les premières.

Erik s'était agenouillé à la même place, les mains jointes.

— Il est muet comme un phoque ! continua le pêcheur impatienté... Brita, si tu ne t'en mêles, je crois que son mal va nous gagner !...

Enfin le jeune homme s'est traîné aux pieds d'Anderson.

— Que la bénédiction de ma digne compagne soit sur vous ! dit le pêcheur d'un ton solennel en réunissant leurs mains tremblantes, et que la mienne tresse votre couronne nuptiale ! Vous voilà fiancés. Erik, mon enfant, je te la donne, parce que tu es un fils pieux, et que pour rendre sa femme heureuse il faut avoir aimé sa mère. Maladroit que je suis ! Je n'avais rien soupçonné de votre attachement, et sans Margarétha, qui m'a tout confié, je crois que je serais mort sans avoir fumé avec un gendre. Maintenant, continua-t-il d'un ton plus grave, la part de l'amour est faite ; n'oublions pas celle de la prudence. Vous êtes bien jeunes l'un et l'autre, et un pêcheur ne doit pas entrer en ménage avant d'avoir gagné ses harpons. Erik, un an suffira pour compléter ton apprentissage ; si je venais à manquer, car la mer est capricieuse comme une belle femme, la petite aurait un bras fort pour s'appuyer. Tu n'ignores pas que la vie d'un pêcheur tient à un coup de vent, et que sa sépulture appartient aux vagues, comme celle du laboureur aux sillons qu'il a fécondés.

Les deux amants se regardaient, plongés dans une extase muette ; ils n'avaient recueilli des paroles d'Anderson que celles qui leur permettaient de s'aimer en attendant l'heure tant désirée de leur union. Quant aux éventualités si multiples de l'avenir, au chagrin avec ses angoisses, aux pertes douloureuses, toutes ces idées glissaient sur leur jeunesse si florissante et si pleine d'espoir.

Il ne fut plus question des Indes. Erik, ivre de bonheur, courut faire part à sa mère du succès inespéré de sa démarche. La bonne femme pleura de joie, et devint plus fière encore de son Erik, que le pêcheur Anderson venait d'agréer pour son futur gendre. Toutefois, et au milieu de sa joie, elle avait le cœur serré quand, aux premiers rayons du jour, elle voyait partir son fils bien-aimé pour aller pêcher avec Anderson et sa fiancée ; et quand le vent d'ouest, gonflant la Baltique, soulevait les eaux du golfe, debout à la fenêtre de sa cabane, elle interrogeait avec anxiété le vol des nuages, et n'était tranquille que lorsqu'elle voyait l'embarcation doubler la pointe d'un rocher voisin, et sécher sa voile dans une petite anse, comme un oiseau voyageur étend ses ailes mouillées près de son nid caché dans l'ouverture d'un roc. Alors elle se hâtait de préparer le repas du soir, et jetait sur la couche d'Erik la peau de mouton qui couvrait la sienne. Quelquefois Anderson et le jeune couple venaient souper avec Margarétha, et la bonne mère était ravie de tous les soins que lui prodiguait sa chère Anna Brita.

Cependant l'automne avançait ; déjà la forêt avait revêtu ces teintes riches et diaprées que prend le feuillage avant de céder aux frimas. Les bouleaux à la chevelure tremblante commençaient à se dépouiller, et leur écorce blanchâtre, marquée de brun, semblait ouvrir le deuil de la nature. Les troupeaux n'entraient qu'en hésitant dans l'eau refroidie des lacs ; les soirées, devenues plus sombres, ne trouvaient plus les pêcheurs assis devant leur cabane ouverte, et les jeunes filles filaient en chantant à la lueur de la lampe ou d'une torche de bois de sapin fixée entre les briques du foyer.

Le matin, une brume nacrée encadrait les granits sombres du rivage, et les mousses d'un vert tendre brillaient de l'éclat de mille perles entrelacées dans leurs brins soyeux ; mais quand le soleil, dépassant les hauteurs escarpées de la Finlande, perçait les brouillards du golfe Bothnique, la côte orientale de la vieille Scandinavie s'illuminait d'or et de pourpre, et le givre, redevenu rosée, tremblait aux vertes aiguilles des mélèzes et des sapins.

Quelquefois, à l'ombre du crépuscule succédait tout à coup une vive clarté, et une magnifique aurore boréale, enflammant l'horizon, versait sur la terre endormie les rayons magiques d'un jour sans soleil et d'une lumière sans ombre.

Bientôt le vent nord-est rida d'une glace légère les abords du golfe, et, saisissant les vapeurs de la terre, les souffla en flocons de neige sur les campagnes désolées. Enfin l'hiver parut avec ses pompes sauvages, et sous le hâle de son haleine dévorante disparurent les dernières traces de la végétation ; seulement, dans les crevasses des rocs et sur le versant des coteaux du sud, quelques lichens étendaient leur robe paresseuse et protestaient humblement contre le despotisme de l'hiver.

Erik et sa fiancée trouvaient bien courtes les heures qu'ils passaient à la cabane; mais Anderson, autant pour échapper à l'ennui de la retraite que pour occuper le jeune couple, dont la passion prenait de nouvelles forces au sein d'une périlleuse intimité, proposa une chasse aux phoques sur les glaces du golfe, et au bout de quelques jours tout fut prêt pour le départ.

Ils passèrent la veille dans la cabane de Margarétha, qui les supplia en vain de ne pas la laisser seule en proie aux plus vives inquiétudes. Anderson riait de ses craintes, traitait ses pressentiments de chimères, et lui demandait si elle ne trouverait pas moins périlleux que son fils passât l'hiver à filer. La bonne mère rejetait ses craintes sur des présages sinistres : la couleuvre domestique avait disparu, et deux nuits de suite une corneille, perchée sur la croix du chemin, n'avait cessé de faire entendre ses cris funèbres.

— Tout cela peut alarmer les pâtres et leurs grand'-mères, répondait Anderson; mais le pêcheur du golfe n'emprunte ses présages qu'aux vents et à la mer, et quand la glace emprisonne la vague, il se rit de tous les démons des éléments.

Malgré la résolution d'Anderson, les adieux furent tristes; on chargea une voisine d'avoir bien soin de Margarétha, et le lendemain matin les trois pêcheurs s'acheminaient sur la surface durcie du golfe.

Quelquefois le vent en tourbillonnant élevait d'épais nuages de neige qui leur dérobaient leurs traces; alors ils ne pouvaient continuer leur route qu'en avançant dans la direction de leurs longs patins. Couverts de peaux de mouton, la taille serrée par une ceinture de cuir, et la tête protégée par un bonnet de fourrure, ils défiaient toutes les rigueurs de l'hiver. De temps en temps ils s'arrêtaient, le dos tourné au vent, pour puiser dans la même coupe une liqueur cordiale. Erik n'était attentif qu'à préserver Anna Brita de tout danger. Quand le vent soufflait avec violence, il l'abritait derrière sa taille athlétique; si le froid devenait plus vif, il réchauffait les mains de la jeune fille dans les siennes, et secouait la neige qui s'attachait à ses vêtements.

A quelques milles suédois du rivage ils s'arrêtèrent et dressèrent une tente ouverte pour s'y abriter ainsi que leur pêche.

Trois pieux réunis au sommet et fixés à la base par un ciment d'eau et de neige qui se congelaient aussitôt, composaient la charpente de cet édifice qu'ils recouvrirent, jusqu'à quelques pieds du plan de la glace, de peaux étendues.

Assurés d'un gîte, ils pratiquèrent dans la glace une large ouverture et allumèrent sur le bord quelques morceaux de bois résineux dont ils avaient eu soin de se munir. Les phoques, attirés par cette clarté, élevaient leur tête au-dessus de l'eau, et, harponnés aussitôt que frappés, ils se débattaient un instant et venaient expirer sur le bord.

La pêche était si abondante qu'Anderson voulut retourner seul à terre pour aller chercher des aides, car le traîneau qui devait venir les prendre n'eût point suffi pour charrier toutes ces richesses. Il partit donc, se dirigeant sur les traces qu'ils avaient laissées sur la neige, et les deux amants restèrent seuls.

Erik ranima le feu devant l'entrée de la hutte où tous deux se réfugièrent, car le vent qui avait subitement tourné à l'ouest, soufflait avec violence et dispersait autour d'eux les branches enflammées du foyer. Mais au milieu de la nature en deuil, séparés de l'abîme par un fragile plancher de glace, ils n'avaient qu'une idée, celle de leur mutuelle tendresse, qui les isolait de tout le reste et occupait toutes les facultés de leur être. Ils restèrent longtemps silencieux et dans un recueillement plein de délices. Anna Brita avait penché sa tête sur le sein d'Erik, et les tresses blondes de la jeune fille se mêlaient aux boucles épaisses du pêcheur.

Tout à coup un ouragan terrible se déchaîne sur leurs têtes; des tourbillons de neige se dressaient en trombes gigantesques, balayaient la glace et retombaient en nappes éblouissantes. Longtemps la hutte résiste à l'efforts du vent qui brise enfin cette frêle charpente et en disperse au loin les débris.

Erik entraîne sa bien-aimée, la presse convulsivement sur son cœur, et il s'étonne de la trouver plus courageuse et plus résignée que lui-même...

Oh! qui dira les trésors de vertu et de patience d'une âme de femme? L'homme semble né pour les hautes luttes de la vie; le mépris du danger sied bien à sa force; le bruit et l'éclat du fer l'attirent; dans l'état sauvage, il se dresse fièrement en face du supplice, et, salué par l'admiration instinctive de ses vainqueurs, il leur jette en défi son chant de mort. Mais, douce brebis du sacrifice, la femme triomphe dans les luttes de l'âme. Cet être gracieux et craintif, qu'un péril inattendu faisait trembler, trouve, en sondant les mystères de sa nature, un dévouement plus complet et plus épuré; sa chaste abnégation n'a pas besoin d'un théâtre; elle donne sa vie parce qu'elle a donné son cœur. Inquiète et légère tant qu'elle cherche, elle se retrouve elle-même dès que son cœur a trouvé.

Erik portait de tous côtés ses regards, appelant à grands cris Anderson ; mais sa voix se perdait au milieu des sifflements de la tempête. Ses inquiétudes se changèrent en transports de rage ; il eût voulu combattre corps à corps les éléments en fureur ; et dans cette lutte de sa vigueur impuissante la sueur ruisselait de son front.

Tantôt ils se couchaient tous deux sur la glace pour offrir moins de prise à l'ouragan, puis ils se relevaient de peur d'être ensevelis sous d'énormes vagues de neige. De temps à autre un bruit sourd comme celui qui précède les éruptions volcaniques sortait des abîmes du golfe ; alors Erik pâlissait et la jeune fille se rapprochait de son fiancé pour puiser dans leurs étreintes mutuelles le courage difficile d'espérer encore.

Enfin un craquement épouvantable déchire l'air et domine tous les bruits de la tempête ; ils sentent la glace tressaillir sous leurs pieds, et l'eau, montant par mille crevasses, roule autour d'eux, soulevant des amas de neige et menaçant de tout engloutir..... Anna Brita lève les yeux au ciel avec une pieuse résignation. Pendant quelques instants, Erik reste comme anéanti ; il fixe un œil égaré sur les glaçons qui se brisent, s'entre-choquent avec fracas, s'entassent, se séparent, se heurtent encore et flottent épars sur les vagues furieuses.

Anna Brita s'est agenouillée..... le sacrifice de sa vie est fait, mais elle prie pour son père !... Pauvre jeune fille ! la mer te servira de couche nuptiale, ton bien-aimé va périr, et en présence de tant d'espérances brisées, frappée au milieu de tes plus beaux rêves d'amour, une pensée chaste d'amour filial jaillit de ton cœur !... O !

mon Dieu ! s'écrie-t-elle, nous sommes perdus... mais prends pitié de mon père !

— Chère âme! dit Erik, Anderson est sans doute en sûreté sur le rivage... il aura bientôt à consoler une pauvre veuve... Mais il ne sera pas dit que celui qu'il avait choisi pour ton époux aura désespéré de ton salut, ô mon doux trésor !... il dit, saisit une perche que l'eau venait de jeter à ses pieds, et, sans autre aide que cette pièce de bois, il façonne un radeau de glace, dont il arrondit les angles pour qu'il résiste au choc des autres glaçons : enfin, il se sent flotter sur le golfe, et, balancé sur l'abîme, son courage de marin s'en affermit. D'une main il soutient Anna Brita, de l'autre il gouverne l'embarcation au moyen de la perche que les eaux lui ont apportée.

— Maintenant, s'écrie-t-il, ayons bon espoir ; nous ne sommes plus emprisonnés sur le golfe ; le vent commence à tomber : nous aborderons peut-être sur quelque rocher. La mer s'est calmée comme si elle t'avait reconnue ; — et la jeune fille, feignant l'espoir, lui parlait du bonheur qu'éprouveraient Margarétha et Anderson à leur retour.

A chaque instant l'eau recouvrait l'embarcation et baignait leurs pieds : plus d'une fois ils avaient glissé sur la surface lavée du glaçon, et ne s'étaient relevés qu'avec effort. Dans ces moments terribles, l'adieu déchirant d'Anna Brita bouleversait les sens du pêcheur, et une espèce de fureur doublait ses forces.

Ils erraient depuis plusieurs heures sur le golfe, et la température, qui s'était subitement radoucie, menaçait de dissoudre leur dernier refuge. Erik propose à la jeune fille d'aborder un glaçon plus solide ; il manœuvre avec précaution, s'approche d'un bloc de glaces superposées, dont la surface dépassait de plusieurs pieds le niveau de l'eau, il donne à sa fiancée un bout de la perche, saute agilement sur la nouvelle embarcation, et, tenant l'autre extrémité de la pièce de bois, il attire à lui la jeune fille... Impatiente de le rejoindre, elle s'élance, mais le premier glaçon se dérobe sous son poids... elle enfonce... ses mains fatiguées laissent échapper la perche glissante... une vague sépare les deux amants !...

Cependant Anderson, après mille peines, était parvenu jusqu'à la côte; de là il voyait se former l'ouragan; mais, intrépide comme les marins, il espérait devancer l'orage et ne pas abandonner sa pêche aux oiseaux de mer. Toutefois, lorsqu'il entendit mugir le ciel, il se reprocha amèrement d'avoir exposé à un si grand péril ses enfants chéris. Il était debout sur la côte, en proie à des angoisses indicibles, lorsque des sanglots vinrent frapper son oreille. C'était la vieille Margarétha qui, l'apercevant seul, se livrait au plus violent désespoir.

— Anderson! s'écriait-elle, rends-moi mon fils!... rends-moi mon Erik... Oh! prends pitié d'une pauvre mère!... Dis-moi, Anderson, où sont-ils? qu'en as-tu fait?

— Femme! répondit le pêcheur d'un air sombre, les deux fiancés sont ensemble, et, s'il leur arrive malheur, je sais bien qui sera le plus à plaindre de tous...

Margarétha s'évanouit en prononçant encore le nom d'Erik, et Anderson la porta dans sa cabane, où des soins étrangers la rappelèrent à la vie. Pour Anderson, il retourne sur le golfe, jurant de ramener ses enfants ou de périr. Aucun pêcheur n'ose le suivre; car en ce moment le vent soufflait avec fureur... mais bientôt le ciel se diapra de bandes d'azur...

Il marche longtemps ou plutôt il vole dans la direction qu'ils avaient suivie le matin. La cime d'un roc élevé que dorait le soleil couchant lui servait de phare... A chaque instant il criait : Erik !... Anna Brita !... Enfin, il est forcé de s'arrêter... il touche aux limites de la glace; et les découpures profondes du bord, les glaçons qui flottent çà et là lui eurent bientôt révélé toute l'étendue de son malheur. Il reste immobile et comme absorbé dans le sentiment de sa perte... son regard plonge sur le golfe. Tantôt il croit distinguer dans le lointain le jeune couple lui tendant les bras... son sang s'allume, il pousse des cris déchirants... et ces fantômes s'évanouissent au milieu des vapeurs du soir. Enfin il s'assied, résolu d'attendre la mort à cette même place.

Tout à coup il aperçoit quelque chose qui flotte sur les vagues... il croit reconnaître un vêtement, et il frémit... mais il lui faut une certitude, toute affreuse qu'elle puisse être... il s'élance à la nage, et ne distingue plus rien... il plonge à diverses reprises dans l'eau glacée... enfin sa main rencontre un obstacle... il le saisit, l'entraîne et le dépose sur la glace....

Il crut d'abord n'avoir retrouvé qu'un seul corps, tant les deux amants se tenaient étroitement embrassés ! Leurs visages, redevenus sereins, étaient collés l'un à l'autre; et sans leur pâleur où le violet venait déjà se fondre, on eût pu les croire endormis. Leurs bras s'étaient roidis dans une dernière étreinte; mais leurs mains tachées de sang et meurtries témoignaient combien péniblement ils avaient lutté contre la mort, et tout ce qu'il leur avait coûté d'efforts pour se rejoindre !

Le pêcheur, sans les séparer, lave leur corps; il presse l'eau de leurs vêtements, et, l'œil sec, sans proférer une parole, il s'agenouille près d'eux... mais il ne prie point : il y a dans son âme trop d'indignation et de désespoir... Le malheureux qui peut prier cherche déjà une consolation, et Anderson ne veut pas être consolé !

— Voilà donc, dit-il enfin, en chargeant le triste fardeau sur ses épaules robustes, voilà la pêche d'Anderson ! Il faut que je la porte à Margarétha !... Quelquefois il s'arrêtait haletant, et, déposant ses enfants sur la glace, il baisait les yeux des deux cadavres, et reprenait sa route douloureuse.

Lorsqu'il toucha au rivage, il était nuit ; les étoiles scintillaient sur l'azur du ciel, et les reflets de la lune se jouaient sur la neige amollie des rochers.... Une femme était debout devant sa cabane... elle s'avance d'un pas tremblant... elle sourit, mais son regard est égaré.

— Bonsoir, Anderson ! la corneille noire chante déjà sur la croix du chemin... mais pourquoi si tard ? Tiens, voilà que j'ai apporté pour mon Erik un bel anneau d'argent, et pour ta fille une couronne de fiancée...

Elle dit, et souriant toujours, elle attacha de ses mains tremblantes et ridées une branche de mélèze sur le front de la jeune fille.

— Regarde, Anderson, comme ils dorment du sommeil du ciel ! Et elle tomba auprès des deux corps en poussant un dernier gémissement.

Anderson creusa deux fosses, l'une pour Margarétha, l'autre pour ses enfants, car il voulut que le jeune couple fût enseveli comme la mort les avait surpris dans leur dernière étreinte, mais lorsqu'il eut rempli ces soins pieux, sa douleur, en se repliant sur elle-même, s'accrut de ses propres forces. L'aspect du golfe lui était devenu odieux, et la solitude de sa cabane nourrissait l'amertume de ses regrets. Souvent il ne pouvait croire qu'il n'avait plus de fille : — C'est impossible, disait-il ; elle était si belle et si pieuse ! j'aurai fait un songe pénible...

Et dans cette illusion cruelle il appelait Anna Brita; et il s'étonnait de ne pas la voir accourir radieuse et caressante comme autrefois. Alors il ranimait le foyer et préparait la table, car ses enfants ne pouvaient tarder... puis il courait à la fenêtre... et les sombres mélèzes du cimetière lui rappelant la réalité de sa perte, il tombait anéanti sur le plancher de sa cabane.

Un soir, le vent d'ouest soufflait avec force à travers les branches dépouillées des bouleaux et courbait la cime neigeuse des hauts sapins....

— Voilà le temps qu'il faisait, dit Anderson; mais du moins ils dorment à l'abri des vagues dans leur couche de terre; l'eau glacée du golfe ne baigne point le sein d'Anna Brita, et le tranchant des glaçons ne déchire plus les mains courageuses d'Erik... Toutefois il est honteux pour un homme de rester blotti dans un gîte commode, tandis que ces deux enfants reposent sous le ciel dans l'argile humide... Il dit, sort de sa hutte et s'achemine vers les tombes.

Le lendemain les pêcheurs le retrouvèrent étendu sans vie entre les deux tertres. Son corps robuste était comme moulé dans la neige durcie; mais sa tête reposait sur la tombe des deux amants, et son bras jeté en travers sur le tertre semblait presser encore dans une étreinte suprême les restes de ses chers enfants.

SOKHATY

NOUVELLE SIBÉRIENNE

PAR POLÉVOÏ

I

Une grande foule se pressait devant la maison du commandant d'Irkoutsk et considérait avec curiosité un homme enchaîné et fortement attaché à une téléga.

Le soleil dardait ses rayons sur le captif, qui ne pouvait faire aucun mouvement. Des cosaques et des bouriates entouraient la voiture.

Une jeune et jolie personne parut en ce moment à la fenêtre du commandant; à ses côtés était un officier; il paraissait donner peu d'attention au malheureux qui attirait l'attention générale, et ses regards ne quittaient pas la jeune fille.

— O mon Dieu! s'écria-t-elle en joignant les mains et en levant ses beaux yeux vers le ciel, encore un condamné! Qu'il est triste d'avoir toujours sous les yeux un pareil spectacle!

L'officier sortit de sa rêverie, regarda de la fenêtre, et répondit avec un frémissement involontaire :

— Si vous saviez qui est ce monstre, vous ne le plaindriez certes pas.

— C'est un homme, reprit la jeune fille avec une expression angélique. Ne sommes-nous pas tous frères?

— Lui, votre frère, Amélie? un homme qui ne connaît pas même ce que c'est que la conscience! un scélérat couvert de crimes et dont la tête a été mise à prix, un Sokhaty!

Amélie frissonna et s'éloigna de la fenêtre. Le nom du brigand l'avait remplie de crainte.

En ce moment, une plainte déchirante sortit de la poitrine de Sokhaty.

— Frères! dit-il d'une voix étouffée, soulevez un peu ce poids qui m'écrase, et, pour l'amour du Christ, donnez-moi une gorgée d'eau!... je me meurs!

Les cosaques partirent d'un éclat de rire.

— Crève, chien que tu es! lui cria l'Ouriadnik.

— Achevez-moi plutôt!... mais épargnez-moi cette torture!

— Silence! lui cria l'Ouriadnik en levant sa pique.

Le malheureux ferma les yeux et se tut.

Il ne se doutait pas qu'il y avait près de lui une âme qui compatissait à ses souffrances. Amélie avait entendu la prière de Sokhaty et la réponse inhumaine du cosaque.... des larmes roulèrent dans ses yeux.

— Vous avez entendu? dit-elle en s'adressant à l'officier.

— Il a soif, reprit froidement le jeune homme, et l'on refuse de lui donner à boire.

— Flaxmann! s'écria Amélie, est-ce bien vous qui parlez ainsi? Il me semble entendre mon oncle!...

L'officier se troubla.

— Je ne comprends pas, reprit-il, ce que vous voulez dire.

— Et vous prétendez que je vous comprenne !... Voilà un malheureux, objet d'une curiosité stupide, qui périt de chaleur et d'épuisement...

— Et qu'y puis-je faire?

— Faites-le descendre de la téléga, donnez-lui à boire, et ordonnez qu'on l'éloigne, pour qu'il ne soit plus en spectacle à cette foule.

— C'est impossible, Amélie. Ce redoutable bandit est là pour attendre votre oncle, qui veut l'interroger lui-même; pour l'instant, il est occupé dans son cabinet, mais il ne tardera pas à sortir.

— Il achève de fumer sa cinquième pipe, voilà son occupation; et, en attendant, le malheureux se meurt.

— Il n'en mourra pas. Il s'est évadé cinq fois : ni les fers ni les verrous ne le retiennent, et je ne répondrais pas de lui, si on le perdait de vue une minute.

— Flaxmann, soyez bon! ses tortures me font tant de mal!

— Que voulez-vous donc que je fasse?

— Vous êtes l'adjudant de mon oncle, on obéit à vos ordres : faites-le transporter dans le corps de garde, et permettez qu'on lui donne à boire.

— Amélie !...

— Vous ne me refuserez pas cela, dit-elle en se rapprochant de l'officier, et en remarquant sur son visage des traces d'émotion. Depuis que je suis à Irkoutsk, je n'ai pour spectacle que des victimes de la justice... Je ne prends point le parti des coupables : exterminez les malfaiteurs; mais pourquoi les faire souffrir avant que le châtiment ne les frappe? Qui peut lire au fond de l'âme humaine? Peut-être Sokhaty a-t-il commencé par une simple faiblesse, et c'est la cruauté des juges qui aura fait de lui un scélérat endurci; dans le cœur des plus pervers, il reste quelque chose de l'empreinte divine : de même que dans la nuit, il y a la lueur des étoiles, à défaut de la clarté du soleil.

— Divine rêveuse! s'écria Flaxmann.

— Je ne rêve point, reprit Amélie; je voudrais seulement que la bénédiction de Sokhaty suivît celle des malheureux que j'ai eu le bonheur de soulager... Que la loi punisse le crime, mais ne lui refusons pas notre pitié.

— Vous avez dit *notre* pitié... Ainsi vous permettez que mon âme s'associe à la vôtre?...

— Pour cette fois du moins, répondit Amélie, qui baissa les yeux en rougissant.

Flaxmann saisit la main de la jeune fille avec transport, la baisa d'un air soumis et sortit de la chambre.

A la vue de l'adjudant, les cosaques se tinrent autour de la téléga dans une attitude respectueuse.

— Le commandant a donné l'ordre de transporter cet homme dans le corps de garde...

A ces mots, les yeux de Sokhaty s'ouvrirent.

— Père, murmura-t-il d'une voix faible, vous êtes mon sauveur!

On ouvrit le cadenas de la chaîne qui l'attachait à la téléga. Il essaya de se soulever, mais il s'affaissa et s'évanouit.

— Est-ce qu'il est malade? demanda Flaxmann.

— Votre Grâce, répondit l'Ouriadnik, il ne doit guère être à son aise : depuis vingt-quatre heures que nous le conduisons, il n'a absolument rien pris.

Flaxmann se sentit ému.

— Est-ce que vous aviez des ordres?

— Nous avions l'ordre de veiller à ce qu'il ne pût s'échapper.

On le transporta de la téléga. Ses chaînes rendirent un bruit effrayant, lorsqu'il retomba à terre presque inanimé.

Sa barbe noire et épaisse, ses cheveux en désordre et sa taille gigantesque frappèrent Flaxmann.

— Es-tu malade? dit-il en se penchant vers lui.

— Je me meurs! répondit Sokhaty d'une voix éteinte.

Les cosaques le prirent et le transportèrent dans le corps de garde, où on le fit asseoir sur un banc. On eût dit qu'il allait expirer... Bientôt parut un domestique du commandant avec un morceau de pain et une bouteille d'eau. Les mains de Sokhaty étaient enchaînées, mais il avala l'eau avec avidité.

— Que le Seigneur, dit-il en levant les yeux au ciel, répande ses bénédictions sur Votre Grâce ! Puisse chaque goutte de ce breuvage laver devant sa miséricorde un des péchés de votre âme !

II

Amélie était parente du commandant d'Irkoutsk, le vieux baron Von Sperling. Cet oncle, d'origine allemande, était, depuis sa première jeunesse, au service de Russie, et par conséquent ponctuel comme une faction. Avant d'avoir fumé au moins quatre pipes, il était incapable de penser à rien. A des heures invariablement fixées, Amélie était tenue de lui dire bonjour ou bonne nuit, et de le remercier, lorsqu'il lui mesurait par cuillerées le thé ou le café. Tout le reste du temps,

elle observait le silence tandis que son oncle fumait. Le
baron était riche, sans enfants, et possédait une belle
terre en Livonie. Il s'était chargé d'Amélie lorsqu'elle
eut perdu sa mère ; il l'éleva et la soigna comme les
Hollandais soignent leurs tulipes ; son intention était de
lui laisser son bien et son nom, qui, tout dur qu'il était,
n'en représentait pas moins une bonne et ancienne baronnie. Quelquefois il contemplait son arbre généalogique qui s'arrêtait à lui ; puis il se consolait en pensant
que l'époux d'Amélie serait aussi un baron livonien et
qu'il joindrait à son nom celui de Von Sperling. En effet,
après de longues méditations fécondées par un nombre
infini de pipes, il avait irrévocablement arrêté :

1° Qu'Amélie n'épouserait qu'un Livonien ;

2° Que ce Livonien serait baron ;

3° Que ce baron livonien ajouterait à son nom de famille celui de l'oncle de sa femme.

Excellent baron ! tu as oublié bien des choses du peu
que tu as su !... Au reste, de plus fins que toi n'auraient
pas même soupçonné la fin de cette histoire !

Amélie, cette douce et timide créature, dont les
grands yeux bleus étaient constamment baissés quand
ils ne cherchaient pas le ciel, et qui n'aurait pas osé
dire à son oncle quatre mots de suite, avait une âme héroïque et l'imagination ardente des femmes du Nord.
Isolée, ignorante du monde, Amélie vivait dans l'idéal,
qui a le privilége de gâter la réalité. Cet idéal, ces peintures vives, qui ressemblent à des peintures sur verre,
dont les couleurs chatoyantes brillent au soleil, ont
pour effet de nous faire perdre de vue la vie réelle et
de nous familiariser avec un monde qui n'est point le
nôtre. Et cependant la nature n'y perd rien. Tandis que
l'illusion nous enlève dans les sphères poétiques, la

passion nous jette plus facilement ses liens terrestres, et triomphe d'autant plus vite que nous nous croyons sûrs de la victoire.

Lorsque Amélie quitta son village et le château délabré de ses pères, où elle était née et où elle avait atteint ses quinze ans sans quitter un instant sa mère, le baron Von Sperling l'emmena avec lui en Crimée. La riche héritière n'y manqua pas d'adorateurs. En voyant s'agiter autour d'elle toutes ces poupées en uniforme, elle s'était dit : Ce n'est pas *cela*... ce n'est pas *lui!*

Lui, l'objet de ses rêves, apparaissait à Amélie en uniforme d'officier aux gardes, silencieux, mélancolique, et n'osant lui dire un mot de ce dont les autres ne lui épargnaient pas une syllabe. L'idéal d'Amélie s'était réalisé dans l'individualité de Flaxmann. Allemand de nom, mais Russe par le cœur, ce jeune officier était arrivé de Pétersbourg, chargé pour le baron de communications importantes. Amélie le vit trois ou quatre fois, échangea avec lui quelques paroles, et les résultats de l'épreuve lui parurent décisifs.

Rien n'est charmant comme une jeune fille enthousiaste, comme ce regard qui, du ciel, tombe sur l'objet qu'elle a distingué... comme cette divination inquiète dans le domaine du possible, et qui cherche le bonheur avec l'innocente persistance d'un enfant qui demande un joujou à sa mère.

Flaxmann observa la plus grande réserve. Amélie crut remarquer que la voix du jeune homme tremblait lorsqu'il prit congé d'elle, et qu'une larme avait roulé dans ses yeux.

— Il aime, pensa-t-elle.

Et ce mot qui dit tout à un cœur de femme, elle tremblait de le prononcer. Mais Flaxmann ne s'expliqua pas et partit pour Pétersbourg. Amélie ne s'en désola point positivement ; cependant tout ce qui l'entourait lui parut vide et désert.

III

Le baron de Sperling fut bientôt appelé à un autre poste, et dut partir pour la Sibérie. Il était question d'une rupture avec la Chine. On chargea le baron d'organiser les forces militaires du gouvernement d'Irkoutsk et au delà du lac Baïkal. Amélie quitta sans regret les plaines riantes de la fertile Crimée et elle parut revivre en Sibérie. Les forêts profondes, l'aspect sauvage des montagnes, l'immensité des steppes, les fleuves qui semblent des mers, les pompes du soleil en hiver, la chaleur des étés sibériens, la simplicité des habitants, l'idée qu'elle vivait à l'extrémité du monde civilisé, les brusques contrastes d'un climat où le froid le plus vif succède sans transition aux ardeurs de la canicule, tout étonnait et charmait Amélie, dont l'âme avait besoin d'impressions fortes. Comme elle sentait vivement son isolement au milieu de ces solitudes ! comme elle eût voulu épancher dans une causerie intime les sentiments qui débordaient son âme ! L'image de Flaxmann apparaissait à la jeune fille à travers ces brouillards qui sont comme les ombres des chants d'Ossian, son poëte de prédilection. Elle rêvait, car les jeunes filles rêvent et ne pensent pas ; puis elle se disait :

— Non, il n'aime pas !

Et, après une pause, elle ajoutait :

— Mais il pourrait aimer !...

Par une de ces magnifiques matinées d'été dont, en Sibérie, la splendeur est incomparable, Amélie entra dans le cabinet de son oncle, tenant une tasse de café, qu'elle laissa échapper de ses mains tremblantes...

Pourquoi ses mains tremblaient-elles?

Assis dans son fauteuil, son oncle fumait comme à l'ordinaire... mais à quelque distance de lui, sur le sopha, était Flaxmann!

C'est donc bien lui! lui-même... Flaxmann est à Irkoutsk... dans le cabinet du baron!... son premier regard lui a tout révélé.

Lorsqu'au fracas d'une théière du Japon qui s'est brisée en mille éclats, le commandant Sperling, après avoir retiré sa pipe de sa bouche, s'écria : Was machen sie doch? peu s'en fallut qu'Amélie ne se jetât à son cou, et pour toute réponse ne s'écriât à son tour : Er liebt, er liebt!

IV

Et en effet, Flaxmann était amoureux. Il ne savait et ne voulait rien dire à Amélie, mais il avait sacrifié tous les avantages du service : sans tenir compte des conseils ambitieux de ses parents, il avait sollicité et obtenu d'entrer dans le corps d'armée de la Sibérie, et avait joyeusement pris la route d'Ikoutsk. Amélie comprenait alors le bonheur d'aimer et d'être aimée. Elle se promenait aux environs de la ville avec son oncle et Flaxmann sur les bords de l'Angara; elle lisait les poëtes allemands et français... à cette époque on ne connaissait encore ni Joukovsky ni Pouchkin, et les jeunes filles ne feuilletaient guère Lomonossof... Amélie ne désirait point que l'adjudant s'empressât de lui dire : Amélie, je t'aime !

Il y a au fond du cœur de l'homme un sentiment indéfinissable... Lorsque nous avons la certitude du bonheur, lorsque les ailes légères de l'amour nous caressent d'un souffle céleste, nous trouvons un plaisir secret à retarder l'instant désiré, et comme par un pressentiment instinctif de sa fragilité, nous disons au bonheur : Attends encore ! Dans cet intervalle, nous nous hâtons de savourer toutes les joies de l'espérance, nous effleurons avec délices les jouissances prochaines... et ce moment si court a plus de charme que la jouissance elle-même.

Flaxmann avait un père opulent; il regardait comme impossible qu'il pût rencontrer des obstacles lorsqu'il jugerait à propos de demander la main d'Amélie. Il n'était point enthousiaste, et, avant de connaître Amélie, il ignorait le véritable amour. Il avait grandi au milieu d'une famille nombreuse, sous le ciel de la Petite Russie, où les mœurs ont gardé leur caractère patriarcal, et depuis son enfance il avait apprécié les joies paisibles du foyer. Son âme ignorait les grandes épreuves de la vie, et elle avait peine à se reconnaître dans ce monde fictif que lui révélaient un regard à Amélie, la conversation de cette jeune fille, et le tour fantastique de ses idées. La glace de l'adjudant cédait devant les flammes de l'amour; mais elle n'avait pas encore perdu toute consistance lorsqu'il quitta la Crimée; en arrivant aux limites du gouvernement de Pétersbourg, lorsqu'au milieu de cette population pressée il sentit son isolement, la métamorphose fut complète. Son âme s'ouvrit aux douces harmonies de la passion; il eut bientôt reconnu qu'Amélie seule pourrait calmer le trouble inconnu de ses sens, et que tout son bonheur dépendait d'elle.

Cependant les jours s'écoulaient, et Flaxmann n'en était pas plus avancé avec l'oncle d'Amélie. Il lui était impossible de démêler le moindre changement dans cette figure flegmatique et éternellement fumante. Mais un observateur moins intéressé aurait pu remarquer quelques modifications dans les allures du baron.

A l'arrivée de Flaxmann à Irkoutsk, le baron s'était d'abord demandé : Pourquoi vient-il? Certes, ce n'est pas pour monter en grade, ni pour s'enrichir, ni pour me supplanter... et cependant?... ces Russes n'en font point d'autres... tandis que nous autres Allemands...

Flaxmann s'occupa de son service avec ponctualité et avec zèle, sans y mettre la moindre prétention... Le baron se demanda : Quel est son but? On ne se conduit pas ainsi sans motif....

Et le commandant Von Sperling ne savait qu'en penser, lorsque, un jour, il aperçut Amélie et Flaxmann se livrer dans le jardin à une conversation des plus animées.

— S'ils parlent du temps, se dit le baron, il faut convenir qu'ils y mettent un intérêt plus qu'ordinaire... Est-ce qu'il n'y aurait pas de l'amour là-dessous?

Il ouvrit un vieux dictionnaire encyclopédique et chercha le mot *liebe*, pour se renseigner sur les symptômes de cette passion. Ce ne fut pas sans effroi qu'il lut que l'amour fait des miracles, et qu'il conduit aux plus grandes sottises.

— Hé mais! se dit-il, si l'amour avait amené Flaxmann en Sibérie! Il se promena longtemps de long en large, et, dans sa préoccupation, il oublia même... sa pipe!

Le lendemain il manda Amélie dans son cabinet et l'édifia d'un sermon sans fin sur les dangers de cette passion, et sur la retenue qui convenait à une jeune personne. Quant à Flaxmann, il commença à le traiter de supérieur à subordonné ; ses rapports avec le jeune homme devinrent froids et solennels.

— Mais quel mal peut-il y avoir à aimer Flaxmann? pensait Amélie.

En général les leçons ne nous profitent guère ; le seul avantage qu'elles présentent, c'est que l'exposition systématique d'un sujet, éclaircit et arrête nos idées. Amélie écouta donc son oncle, et acquit la persuasion qu'elle aimait tout de bon l'adjudant et que l'adjudant l'aimait.

Les choses n'en allèrent pas moins le même train, mais le baron n'était plus reconnaissable ; il était devenu méfiant, fantasque et rêveur... — Cela va mal ! se dit-il enfin; et il manda Flaxmann.

Après mille détours et autant de hors-d'œuvre, le baron posa la question dans les termes suivants :

— Quelles sont les intentions de monsieur Flaxmann dans ses rapports d'intimité avec une famille respectable?

Dans le feu de son inspiration, Flaxmann ne voyait plus l'oncle ; il avoua tout et parla de l'espoir d'obtenir la main d'Amélie.

Le baron garda le silence, fit quelques tours dans son cabinet, et finit par lui demander si Amélie était instruite de ses prétentions.

Ce dernier mot refroidit le jeune homme.

Alors le commandant commença un long discours pour expliquer comme quoi il était blâmable de troubler le repos d'une noble famille, combien il convenait d'être circonspect dans sa conduite, etc., etc., etc.

— Mais pourquoi n'épouserais-je pas votre nièce? demanda vivement Flaxmann.

— Non, répliqua le baron. Depuis longtemps sa main est destinée à un autre, au fils de mon ancien ami le baron Von-der-Kolesser, et qui consent à prendre le nom de Sperling-Kolesser... C'est à lui que je laisserai mes biens en lui donnant Amélie.

— Mais si je ne vous demande qu'Amélie sans votre fortune ?

Le baron pâlit et frissonna... Flaxmann ne savait pas que le commandant frémissait à la seule idée que le nom de Sperling s'éteindrait avec lui ; qu'Amélie pourrait ne pas épouser un baron, et que ce baron ne s'appellerait pas Sperling.

Hors de lui, le commandant salua Flaxmann et se rendit en toute hâte à l'appartement de sa nièce.

Il la trouva si occupée à dessiner qu'elle ne le vit pas entrer... Il se tint un instant derrière sa chaise... O surprise ! elle achevait le portrait de l'adjudant, et considérait son œuvre avec une tendre complaisance,... tout à coup dans son illusion, elle attacha ses lèvres sur l'image chérie !

Le baron fut sur le point de s'évanouir ; il s'emporta pour la première fois de sa vie ; gronda vertement la jeune fille, lui représenta combien il était malséant à une demoiselle bien née de baiser le portrait d'un jeune homme, et finit par lui déclarer qu'il avait disposé de sa main en faveur du fils de son ami, et refusé la demande de Flaxmann. Nous allons voir ce qu'il en advint.

V

Les conséquences de ce colloque furent loin de répondre aux vues du vieux gentilhomme.

D'abord Amélie fut éloignée de la maison ; elle dut se rendre chez une amie de son oncle, femme déjà sur l'âge, et chez laquelle il dînait régulièrement le dimanche, durant son séjour à Irkoutsk. Cette amie était veuve d'un général de brigade ; elle vivait seule, et comme elle n'avait d'autre distraction au monde que celle de tricher aux cartes, elle entra avec empressement dans les tribulations du baron, et lui promit de surveiller Amélie et de la dérober à tous les regards.

Sperling n'eut rien de plus pressé que d'écrire au baron de Kolesser pour l'informer qu'il prendrait sa retraite l'hiver prochain, et qu'il retournerait en Livonie avec sa nièce.

Quant à Flaxmann, le commandant lui donna l'ordre immédiat de se rendre au fort de Tsouroukhaïtouïef, et d'y surveiller *secrètement* les mouvements des Chinois.

Sperling s'attendait à quelque orage accompagné, de la part d'Amélie, de larmes et de supplications, et d'une résistance ouverte du côté de Flaxmann. Déjà il s'était préparé sur ce qu'il aurait de mieux à répondre, et il n'était pas médiocrement surpris en voyant que tout se passait avec la plus grande tranquillité. Il est vrai que Flaxmann avait pâli en recevant l'ordre de partir pour sa mission, et que des larmes avaient brillé dans les yeux bleus d'Amélie lorsqu'on lui signifia qu'elle devait se rendre auprès de la générale ; mais ni Amélie ni Flaxmann n'avaient hasardé la moindre objection aux volontés du commandant. Flaxmann s'était borné à demander un sursis de deux jours.

Sperling était donc enchanté ; il se promenait en se frottant les mains dans sa maison veuve d'Amélie, lorsqu'on vint lui annoncer la visite de la générale...

L'inquiétude du baron se changea en emportement

lorsqu'il apprit que la vieille avait découvert un complot des plus sérieux... La nuit dernière, Amélie devait s'enfuir avec l'adjudant!... La chose n'était que trop certaine : le prêtre d'un bourg voisin, qu'elle connaissait depuis longtemps, était venu lui déclarer que Flaxmann était venu le trouver et lui avait offert tout l'argent qu'il voudrait s'il consentait à l'unir avec une jeune personne ; que l'officier lui ayant fait les plus terribles menaces, s'il divulguait ce secret : il s'était vu dans la nécessité de tout promettre ; mais que, connaissant l'inclination de la nièce de Son Excellence le baron de Sperling pour le jeune officier, et tout dévoué d'ailleurs à Son Excellence madame la générale, il avait cru devoir tout révéler, en implorant humblement aide et protection.

— Amélie sait-elle que leur projet est découvert ? demanda le baron.

— Non : avant tout, j'ai cru devoir vous avertir.

— C'était prudemment agir... Je vous prie de ne pas lui en dire un seul mot.

Le soir on exerça une surveillance active autour de la maison de la générale. La nuit vint. Le baron se cacha dans le jardin... Au coup de minuit, on frappait doucement à la petite porte du jardin... c'était Flaxmann !... Le pauvre garçon ne se doutait pas qu'Amélie était déjà dans la maison de son oncle... Sans qu'il fût besoin de le lui dire, il comprit que tout était découvert...

La première personne que rencontra Flaxmann, ce fut le baron.

J'ignore ce qu'ils purent se dire... toujours est-il que Flaxmann quitta immédiatement Irkoutsk pour se rendre à son poste sur la frontière de la Chine.

— Quoi ! dira-t-on, il n'a pas brûlé la cervelle à ce maudit baron ?... il a renoncé à Amélie !... C'est qu'il ne l'aimait pas… Et cette poupée d'Amélie, qui se décourage au premier obstacle !

Attendez, Messieurs, nous verrons bien !

VI

Une année s'était écoulée ; la Sibérie s'était parée de toutes les pompes de son printemps si court ; l'été lui avait souri en passant, et elle venait de reprendre une fois encore son vêtement d'hiver… Un événement aussi effrayant qu'inexplicable était l'objet de tous les entretiens.

Au delà du lac Baïkal, dans un gros bourg peuplé en partie de déportés, en partie de colons et d'anciens croyants, un paysan était mort. On porta le cercueil dans l'église ; le lendemain, après la messe, on devait réciter sur le corps les dernières prières, et rendre cette dépouille à notre mère commune. Il s'éleva une bourrasque terrible ; le vent hurlait comme une bête féroce dans les forêts de la Sibérie. La neige s'élevait en rapides tourbillons, brisant les arbres, et l'on n'y voyait pas à deux pas sur les chemins. Le prêtre de l'endroit (c'était le même dont nous avons parlé plus haut) se levait à l'heure ordinaire pour les matines. Un jeune garçon, son neveu, se leva aussi, reçut la bénédiction de son oncle ; et tandis que le prêtre mettait son tchébak, l'enfant fit une prière et s'achemina vers l'église.

Le diacre était malade ; les fidèles entendirent le son de la cloche, que leur apportait le vent ;… pas une dévote ne se rendit à l'église… Quelques-unes s'étaient levées ; mais après avoir regardé à la fenêtre, effrayées par une obscurité complète, elles s'étaient bientôt recouchées.

Cependant le jour parut; la tempête s'était calmée, et le ciel commençait à se découvrir. Tout le monde était debout dans la maison du prêtre; le somavar plein d'eau bouillante attendait sur la table... et le prêtre ne rentrait pas. La vieille servante allait et venait, regardait de tous côtés... personne, pas même le neveu.

Que peuvent-ils être devenus? L'inquiétude commença à les gagner... On envoya jusqu'à l'église. Elle était ouverte; l'entrée était obstruée par la neige; mais on n'y remarquait aucune empreinte de pas. On entra... Le trépassé était couché dans son cercueil, dans un calme solennel et glacé. Son visage était bleu de froid; le suaire était jeté de côté, la couronne mortuaire gisait sur le sol, et, chose effroyable! le prêtre était étendu sans vie à quelques pas du cercueil... Sa main tenait encore l'encensoir; sa tête portait les traces d'une blessure profonde, et le sang s'était caillé sur ses cheveux blancs...

Aux cris que poussèrent les témoins de cette scène, le peuple accourut; chacun, avec un étonnement mêlé d'horreur, considérait ce lugubre spectacle. Alors seulement on pensa au neveu du prêtre. Il n'était pas là... On se mit à le chercher, et on finit par le découvrir sans mouvement derrière le chœur. Il ouvrit les yeux, frissonna, et resta longtemps sans pouvoir parler. Enfin il prononça en balbutiant quelques paroles sans suite et raconta ce qu'il avait vu. Après avoir sonné, le jeune garçon, transi de froid et de peur, s'était rendu à l'église, où son oncle avait déjà commencé l'office du matin. Le service continua... tout était tranquille; on n'entendait que le bruit du vent contre les fenêtres que venait battre la neige, car la tourmente était dans toute sa force... Tout à coup le cercueil s'agita... l'enfant eut peur, ses genoux tremblèrent et sa langue s'attacha à son gosier.

Le prêtre s'approcha de la bière ; mais, après avoir fait quelques pas, il s'arrêta pour écouter, adressa des paroles d'encouragement à l'enfant et continua le service... Le cercueil s'agita de nouveau et des gémissements en sortirent. Le sang de l'enfant se glaça... Il se souvenait encore que le prêtre avait pris l'encensoir, et qu'après une prière il s'était approché du mort, qui tout à coup s'était soulevé, s'était élancé du cercueil et avait frappé le prêtre, qui était tombé sur le carreau. C'était tout ce qu'il pouvait se rappeler. Hors de lui, il avait pris la fuite, sans savoir où il se dirigeait, et n'était revenu à lui que lorsqu'on était entré dans l'église.

VII

Le récit de cet événement tragique remplit tout le monde de stupeur. On questionna, on fit des recherches, mais l'enquête ne conduisit à aucun résultat. On constata l'identité du mort ; on prit toutes les informations possibles ; personne n'était en état de donner le moindre éclaircissement. On traita de fable le récit de l'enfant, et l'on finit par ensevelir le mort et le prêtre. Cependant le bruit de cet étrange événement se répandait partout.

Le bourg où il s'était passé était situé sur la route qui conduit de Nertchinsk au lac Baïkal.

A la première station qu'on trouve après ce bourg, lorsqu'on eut raconté ce qui faisait l'objet de toutes les conversations et des conjectures les plus diverses, un Jamtchik (voiturier) dit à ses camarades que la même nuit il avait conduit un officier; qu'ils s'étaient trompés de route, le temps étant si mauvais qu'il était impossible de se reconnaître, et que d'ailleurs arrivé au bourg où le meurtre s'était commis, n'ayant jamais fait ce trajet, il ignorait et le nom de l'endroit et le chemin qu'il devait suivre. Ils n'en avaient pas moins continué leur route, et ils trouvèrent une église ouverte. L'officier était sorti du traîneau, était entré dans l'église; de retour quelques instants après, il lui ordonna de presser ses chevaux autant que possible. Là se bornaient les renseignements du voiturier.

Ce récit fut immédiatement rapporté à l'inspecteur, qui le jugea assez important pour en soumettre tous les détails à un examen attentif.

L'officier n'était autre que Flaxmann. En effet, il avait cette même nuit traversé le village, et était entré dans l'église. On courut sur ses traces, et on le rejoignit près de Sélenghinsk où il s'était arrêté, ayant pris en route un rhume grave accompagné d'une grosse fièvre.

Le pauvre jeune homme était entre la vie et la mort.... la justice comptait les minutes de son existence, et le soupçonnait d'un odieux forfait!

Sa maladie dura longtemps, et lorsqu'au bout de quelques semaines, il commença à se rétablir, ce fut pour mesurer la profondeur de l'abîme entr'ouvert devant lui!

D'après les rapports venus d'Irkoutsk, on apprit que le prêtre assassiné était le même que celui qui avait révélé au commandant le projet d'évasion d'Amélie avec Flaxmann, et qui avait ainsi détruit tous les projets de bonheur de l'adjudant. Quand le baron Sperling avait rencontré Flaxmann dans le jardin de la générale, l'officier n'avait pas déguisé sa fureur. Il avait été sur le point de tirer son épée, mais il s'était contenu en disant au baron qu'il espérait le retrouver ailleurs et homme à homme... il avait même fait le serment que celui qui l'avait trahi ne périrait que de sa main.

Le baron avait recueilli ces paroles; et, en effet, Flaxmann s'était rendu chez le prêtre. Celui-ci, saisi de crainte, s'était caché, et il n'osait plus se montrer nulle part. Il se croyait plus en sûreté, et comme on cherchait alors un pope pour desservir un village au delà du Baïkal, il sollicita cette cure, et se hâta de se rendre à sa destination. Le malheur voulut que Flaxmann traversât justement ce village et qu'il entrât dans l'église...

Il ne tombera sans doute dans l'idée de personne qu'un jeune homme plein d'honneur comme l'était Flaxmann, ait pu nourrir si longtemps la pensée d'un crime si atroce; d'ailleurs, en supposant même que ce meurtre lui fût utile et que cela pût suffire pour motiver les actions les plus abominables, quel avantage pouvait-il en espérer?

Mais n'a-t-on pas vu les accusations les plus indignes portées contre des innocents? Combien de fois l'histoire de Calas ne s'est-elle pas renouvelée? Au besoin, les exemples récents ne nous manqueraient pas : car si par essence la justice ne saurait errer, l'ignorance et la passion ne déshonorent que trop souvent ses arrêts.

Tout semblait accuser Flaxmann. Quant à la déposition du neveu de la victime, tout le monde refusait d'y croire. Les menaces de l'adjudant contre le prêtre avaient été proférées en présence du baron lui-même, et il se trouvait des âmes charitables qui interprétaient d'une manière perfide la maladie du jeune officier...

Quoi qu'il en soit, Flaxmann entrait à peine en convalescence lorsqu'on l'arrêta.

Ce fut avec la surprise d'une âme pure et innocente qu'il apprit le motif de son accusation : il désespéra presque de sa justification en pesant les charges qui s'élevaient contre lui. L'enquête judiciaire rendit sa position plus critique encore : on apprit qu'il avait quitté le fort de Tsouroukhaïtouïef sans la permission du commandant; et qu'après avoir déserté son poste, il s'était rendu à Irkoutsk.

L'officier convenait ingénument que dans le premier moment, il avait ressenti une violente colère contre le prêtre, et que sous cette impression, il avait prononcé des menaces de vengeance; mais que, revenu à des sentiments plus calmes, il s'était rendu à Irkoutsk pour affaires personnelles, car il avait appris par sa correspondance que la demande de congé qu'il avait adressée à Pétersbourg y était parvenue depuis longtemps, de sorte qu'il se regardait comme dégagé du service, circonstance que le commandant avait jugé à propos de tenir secrète. Il avait donc voulu éclaircir ce point avec le baron de Sperling lui-même; l'ouragan l'avait surpris en route, et il s'était vu forcé de chercher un refuge dans l'église, où il avait vu effectivement le mort et le prêtre, mais qu'il s'était borné à demander son chemin.

— Le Jamtchik, lui demanda le juge, affirme que vous aviez l'air effrayé en remontant dans le traîneau, et que vous lui avez ordonné d'aller plus vite... Quel était votre motif?

— La vue du prêtre me rappelait une des circonstances les plus tristes de ma vie.

— C'était naturel : vous aviez eu déjà des démêlés

avec lui... De quelle nature étaient vos rapports avec la victime ?

— C'est mon secret.
— Pour quelle raison avez-vous quitté le service ?
— C'est ce que je ne dirai jamais.

VIII

Le silence sinistre des juges et des fonctionnaires qui instruisaient le procès, témoignait assez que cette dernière réponse n'était point regardée comme favorable à l'accusé. Flaxmann s'était juré de ne pas prononcer une seule fois le nom d'Amélie devant le tribunal. En refusant de parler de ses rapports avec le baron de Sperling, il ne lui restait presque rien à dire dans l'intérêt de sa défense.

On envoya d'Irkoutsk l'ordre de le transporter dans cette ville.

Une espèce de monstre, à figure bourgeonnée, sous l'uniforme d'un employé de la police, eut mission de conduire Flaxmann.

L'attitude du jeune homme était digne et calme : il paraissait voir avec indifférence tout ce qui se passait autour de lui.

Les suites du procès traînèrent en longueur; déjà, sous l'haleine tiède du printemps, la Sibérie commençait à se couvrir d'une riche verdure, et les hirondelles, avant-coureurs tardifs des beaux jours, publiaient joyeusement la trêve de l'hiver dans les campagnes et les vallons.

La téléga de poste où se trouvaient Flaxmann et l'ivrogne chargé de sa surveillance, volait avec la rapidité du vent. Le jeune homme gardait le silence; son compagnon n'était guère plus communicatif; mais il se dédommageait de cette retenue en jurant et en pestant à chaque station contre les conducteurs et les valets de la poste. Enfin ils aperçurent de loin les escarpements du lac Baïkal.

Flaxmann remarqua que son compagnon de voyage devenait de plus en plus inquiet, et qu'il regardait à droite et à gauche d'un air effaré... Tout à coup on arrête avant d'entrer dans une forêt qui s'étendait obscure et épaisse le long du rivage.

— Pourquoi nous arrêtons-nous ici? lui demanda Flaxmann.

— Pourquoi? répondit l'inspecteur rubicond. Voilà pourquoi! Et il prit son fusil, son sabre et une paire de pistolets qu'il se mit à examiner à la hâte.

— Et avec qui comptez-vous vous battre? continua Flaxmann d'un air railleur.

— Il faut que vous ayez de fières distractions! repartit l'inspecteur... Est-ce que vous n'avez jamais entendu parler d'attaques de brigands?... Sokhaty s'est évadé de sa prison; on dit qu'il rôde de ce côté... et c'est la nuit qu'il travaille.

Flaxmann ne prononça plus une parole et s'enveloppa dans son manteau. L'attelage s'engagea dans la forêt, et tout à coup, dans un ravin profond, un cri se fit entendre :

— Arrête!

Le Jamtchik était comme pétrifié.

— Coquin! misérable! bandit! s'écria le suppôt de la police d'une voix rauque : Avance donc !

— Vous m'excuserez, répondit le conducteur, est-ce que vous n'auriez pas entendu?...

— C'est à moi qu'ils vont avoir affaire ! Au même instant une détonation se fit entendre...

Le conducteur sauta de son siége et se blottit en tremblant derrière un monticule...

Vingt voix menaçantes s'élevèrent à la fois de différents endroits de la forêt.

Toute la résolution de l'inspecteur était tombée subitement...

— Sainte mère du Sauveur ! s'écria-t-il, nous sommes perdus !

— Et que crains-tu ? lui dit Flaxmann. S'ils nous arrêtent, que pourraient-ils nous prendre ? Si c'est à notre vie qu'ils en veulent, nous la vendrons chèrement.

En disant ces mots, il s'élança d'un bond rapide de la voiture, saisit les pistolets, et attendit les brigands qui couraient sur lui des deux côtés de la forêt.

IX

— Camarades ! s'écria un homme taillé en hercule, qui s'avançait derrière les autres, ne leur faites aucun mal ! ne les touchez pas ! L'ataman veut qu'on le prenne vivant. C'est notre ami Kournossof !

— Kournossof ! répétèrent tous les brigands... Où est-il ? où est-il ?

Flaxmann jetait des regards étonnés sur cette bande de voleurs. Ils portaient tous de riches vestes de drap, de soie ou de velours, et le reste de leur habillement répondait à cette mise de luxe, quoique le désordre et la malpropreté formassent un contraste frappant avec toute cette recherche. Ils étaient armés de fusils, de pistolets, de sabres, de fourches et de fléaux.

— Arrêtez! misérables! leur cria Flaxmann. Que voulez-vous de nous? Si c'est de l'argent, nous n'en avons pas.

— Votre Grâce, lui dit celui qui avait reconnu Kournossof, il n'y a pas à badiner! laissez vos pistolets... nous ne vous toucherons pas... vous pouvez en être sûr... mais au moindre mouvement que vous feriez, il vous arriverait malheur.

Flaxmann s'apprêtait à répondre, lorsque deux mains vigoureuses le saisirent par derrière, et le terrassèrent après lui avoir arraché ses pistolets.

— C'est un gaillard! s'écrièrent plusieurs voix, mais il est dompté.

Flaxmann, tout étourdi de sa chute, fut immédiatement garrotté; et il entendit les cris de joie des brigands lorsqu'ils tirèrent de la téléga l'infortuné Kournossof.

— C'est lui! c'est bien lui!

L'inspecteur de police était pâle comme un mort, et ses dents claquaient comme si la peur lui eût donné la fièvre.

Ils replacèrent les deux voyageurs dans la voiture qu'ils recouvrirent d'une forte natte, et emmenèrent leur capture. Les brigands suivaient en silence; ils quittèrent la route tracée et s'enfoncèrent dans la forêt.

La nuit était déjà obscure lorsque la voiture s'arrêta. On enleva d'abord Flaxmann, que l'on déposa près d'un grand feu qui brûlait au milieu d'une éclaircie.

Là se trouvaient entassés pêle-mêle des oreillers, des lits de plume où reposait, dans un désordre pittoresque, le reste la bande, qui se composait d'une cinquantaine d'individus. Des armes de toute espèce gisaient çà et là sur le sol ; à quelque distance bouillaient des chaudières où cuisaient le tchtchi et le gruau.

Un des brigands rendit compte de l'expédition à l'ataman, avec toute l'exactitude militaire.

— Voyons d'abord l'officier, dit l'ataman d'une voix rude.

On déposa devant lui Flaxmann.

— Qu'on le délie ! dit le chef ; et ses ordres furent immédiatement exécutés.

Quand Flaxmann fut en état d'étendre ses mains meurtries et torturées par l'étreinte des cordes, et qu'il se trouva libre de ses mouvements, il s'assit à terre, et se mit à réfléchir sur la bizarrerie de sa destinée.

— Pour toi, lui dit l'ataman, tu n'as rien à craindre de nous... Tu es militaire, et ce n'est pas ta chétive paye qui nous enrichirait ; on ne t'aurait pas arrêté si tu ne t'étais pas trouvé en compagnie d'une sangsue de la police que nous guettions depuis longtemps... Quant à celui-là, son affaire est réglée...

Ici l'ataman s'interrompit, et après s'être découvert il s'écria :

— Quoi ! c'est vous ! vous êtes l'officier Flaxmann ! O mon père ! mon sauveur ! c'est à vous que je dois la vie !

Flaxmann l'écoutait avec étonnement... il ne pouvait s'expliquer ce changement subit.

— Vous ne me reconnaissez pas ? continua l'ataman... Je suis Sokhaty.

Flaxmann lui répondit, en se levant, qu'il ne se rappelait pas quand et comment il avait pu lui rendre service.

— Vous avez donc oublié ce que vous avez fait pour moi quand j'ai été arrêté à Irkoutsk, il y a de cela deux ans ? Que ne suis-je digne de baiser la main qui m'a sauvé ! Oh non ! le sang innocent a coulé sur moi, et mon contact serait une souillure... Mais quel hasard vous a fait tomber entre les mains des compagnons de Sokhaty? comment Flaxmann est-il venu s'asseoir à mon foyer?

— Je ne suis point ton hôte, répondit Flaxmann en frémissant involontairement; je n'ai et ne veux avoir avec toi aucuns rapports... Si le léger service que je t'ai rendu te paraît mériter un souvenir, ordonne qu'on m'éloigne d'ici; délivre l'inspecteur et le Iamtchik... et puisse la miséricorde divine te mettre sur la voie du repentir!

— Non, tu ne partiras pas sans avoir reposé ici, et demain tu pourras continuer ta route... Quant à cet infâme, j'ai un compte définitif à régler avec lui.

— Comment oses-tu?...

— Monsieur l'officier, modérez-vous... ici, je suis le maître!

— Je te demande, comme une faveur, de m'accorder la grâce de cet homme...

— C'est beaucoup demander! Tu ne sais pas que c'est l'être le plus vil et le plus cruel... c'est notre ennemi impitoyable... notre bourreau!

— Il ne fait que remplir son devoir.

— Son devoir! s'écria Sokhaty: son devoir va-t-il jusqu'à lui faire inventer les plus épouvantables tortures? Tout coupables que nous sommes, nous savons faire une différence entre la sévérité des lois et la barbarie de l'exécuteur... Holà! qu'on amène ce chien!

La forêt retentit de cris sauvages...; on déposa l'inspecteur devant le feu.

— Un bain à notre digne hôte! s'écria le chef.

— Froid, ou chaud? demanda un des brigands.

— Chaud, imbécile!

Les brigands tiraient déjà du feu des tisons ardents.

La position de Flaxmann était des plus critiques. Il se voyait dans un désert de la Sibérie, au milieu d'hommes que la société avait rejetés de son sein, et qui se croyaient en droit de se venger par un cruel supplice de tous ceux qu'un zèle féroce ajoutait pour eux aux rigueurs de la loi.

— Sokhaty, lui dit l'officier, fais suspendre pour un moment cette exécution et écoute ce que j'ai à te dire.

— J'aurai toujours du plaisir à t'entendre, répondit l'ataman, mais ne me demande rien en faveur de cet homme...

Et il montrait du doigt la misérable victime que l'épouvante avait privée de sentiment.

— As-tu pensé quelquefois à cette heure terrible qui sonne tôt ou tard, et souvent à l'instant où nous pouvions le moins nous y attendre, à cette heure où nous serons appelés à comparaître devant la justice de Dieu?

Sokhaty se recueillit pendant quelques moments; puis il s'écria :

— Oh! non, jamais!... jamais!... Mais Dieu m'est témoin que l'épargner me serait impossible !

— Malheureux ! tu n'as pas oublié le verre d'eau et le morceau de pain que t'a donnés la compassion d'un homme, et tu oublies la miséricorde divine !

Les lèvres impures du brigand s'ouvrirent pour blasphémer; mais, comme effrayé de son indignité, il se signa et s'écria :

— Seigneur, prends pitié d'un indigne pécheur !

— Je n'ai plus qu'une chose à te dire, reprit Flaxmann, ton refus me perd...

— Mais, point du tout !... Comment serais-tu responsable de ce qui peut lui arriver? Qu'on le fasse bouillir ou qu'on le pende, qui pourrait s'en prendre à toi?

— Sache que l'inspecteur me conduisait à Irkoutsk, comme accusé d'un grand crime... Si vous le faites mourir, tout en m'épargnant, les soupçons qui sont tombés sur ma tête prendront une nouvelle gravité...

— Est-ce que, toi aussi, tu aurais fait quelque espièglerie?

— Assez!... Je suis innocent, et je me résigne à cette dure épreuve... Jamais le crime n'a souillé mon âme.

— Ne serait-ce pas toi qu'on accuse d'avoir assassiné un prêtre, dans un village d'anciens croyants?

— Tu le sais donc?

— Comment l'ignorerais-je?... Mais comment aurais-je pu soupçonner que ces juges, qu'on dit infaillibles, te prendraient pour le coupable?... C'est vraiment fâcheux!...

Sokhaty serrait ses poings avec force, se frappait le front... Tout à coup il s'approcha de l'inspecteur.

— Lève-toi, défroque de Satan! c'est Sokhaty qui te parle!

A la grande surprise de Flaxmann, l'inspecteur se dressa immédiatement sur ses pieds.

— Rends grâces à cet officier, tu es libre.

L'inspecteur tomba humblement aux pieds du brigand.

— L'infâme! s'écria Sokhaty. Qu'on le reporte dans la téléga, et qu'un cheveu ne tombe pas de sa hideuse tête!

— Ataman! dit un des bandits, permets-moi une simple observation. Tu as promis de nous le livrer...

— C'est impossible!

— Alors, nous refuserons de t'obéir.

— Tu oserais! reprit Sokhaty d'une voix tonnante.

Et un vigoureux coup de poing avait terrassé le raisonneur. Les autres eurent bientôt repris une attitude soumise.

— Seigneur officier, dit l'ataman, c'est aujourd'hui vendredi, nous n'avons que du maigre à vous offrir...

— Merci, répondit Flaxmann, qui avait hâte de se soustraire à ce spectacle. Puisque tu veux bien nous délivrer, ordonne qu'on nous renvoie sans retard.

— Eh bien! soit... Je n'aurai pas eu longtemps le plaisir d'être avec toi...

— Il faut, Sokhaty, que tu aies rencontré rarement le bien parmi les hommes, pour que la compassion que je t'ai témoignée une seule fois, et il y a si longtemps, ait produit une telle impression sur un caractère de ta trempe!

— Les hommes! reprit vivement l'ataman, et qui donc est digne de ce nom?... Te serait-il arrivé d'en rencontrer? Si tu savais!!... Tiens, il fut un temps où ma main était pure de sang chrétien... Cependant j'ai cédé à la séduction de mes semblables; aujourd'hui que je suis dans l'abîme, je me venge du mal qu'ils m'ont fait... Cependant j'aurais voulu alors effacer mes fautes avec mes pleurs et mon sang... ils ne l'ont pas voulu... qu'ils en portent la peine! Mais j'oubliais de te dire que je puis te sauver de l'injustice des hommes.

— Toi?

— Oui, moi, Sokhaty! je connais le meurtrier du prêtre... c'est un ancien croyant, Philate Pétrof. La veille, au soir, il s'était caché dans l'église et avait pris la place du mort dans le cercueil; après avoir tué le prêtre, il s'est échappé de l'église. Demain mes gens s'empareront de lui et iront le déposer près de Kroutomorsk, sur la route d'Irkoutsk... Je pourrai donc à mon tour te

rendre un service!... D'ailleurs, cette action me révolte.
Égorger un pauvre vieillard... encore s'il y avait eu du
profit! Écoute, ajouta le brigand après quelques instants
de méditation, j'attends de toi une autre faveur. Cet
hiver, on me ramènera probablement dans les prisons
d'Irkoutsk... et ce sera pour la dernière fois. Si tu n'as
pas oublié Sokhaty, ordonne qu'on en finisse promptement avec lui et sans trop de tortures... C'est tout ce
que je te demande... Encore un mot... Si tu retournes
dans notre sainte Russie, informe-toi d'un vieillard!...
Oh! non! non! ne fais aucune démarche pour le découvrir!... qu'il ignore... Adieu!... que le Seigneur t'accompagne!...

Quand Flaxmann se retrouva sur la grande route, en
plein jour, et délivré de tout danger, quand il vit ondu-
ler devant lui les vagues du Baïkal, et les murs du mo-
nastère de Possolsk blanchir dans le lointain, il crut
rêver encore. Son compagnon de voyage à qui la peur
avait donné une grosse fièvre, dut s'aliter dans un village
sur le bord du lac.

X

Flaxmann arrêta son passage sur une galiote de l'État;
mais le bâtiment fut retenu par des vents contraires. Tout
semblait conspirer contre lui. Enfin la traversée se fit
heureusement.

Flaxmann se rendit d'abord chez le baron de Sperling, qui, à la vue du jeune homme, parut déconcerté
et inquiet.

— Je vous félicite, monsieur, lui dit le commandant en allant à sa rencontre.

— Et de quoi? lui demanda le jeune homme.

— De votre justification.

— On sait donc déjà que j'ai été indignement calomnié?

— On sait tout. Nous avons reçu hier des nouvelles de Sélenghinsk... le meurtrier a avoué lui-même son crime. J'ai aussi un papier à vous remettre... c'est votre congé en forme.

— Je vous remercie.

— Vous avez sans doute l'intention de retourner en Russie?

— Non.

— Comment? s'écria le baron étonné.

— Je vous répète que non. Nous avons quelque chose à éclaircir ensemble, monsieur le baron! Si je me suis résigné à vivre jusqu'à présent, c'était dans l'espoir d'obtenir satisfaction de votre conduite à mon égard. J'avais cru que mon bonheur ferait le vôtre; mais vous ne l'avez pas voulu... vous m'avez repoussé; vous avez manqué à la promesse que vous aviez faite à votre sœur, à son lit de mort, de rendre sa fille heureuse... vous avez manqué aux devoirs les plus saints de la famille et de l'amitié, et vous avez déversé l'amertume et l'opprobre sur l'homme d'honneur qu'avait distingué votre nièce, sans pitié pour elle comme sans égards pour lui...

— Au fait, que me voulez-vous? demanda le baron qui commençait à s'échauffer.

— Il paraît que vous êtes neuf en ces sortes d'affaires... je veux me battre avec vous!...

— Fort bien! s'écria le commandant, et je suis bien

aise de vous dire que vous n'épouserez jamais ma nièce... j'en fais serment !

En ce moment la porte du cabinet s'ouvrit... et Amélie entra. L'oncle et le jeune homme furent également surpris de cette apparition... Elle était pâle comme une morte... le baron était immobile et muet.

— Mon oncle, dit Amélie d'une voix tranquille mais assurée, je vous ai été soumise comme à un père, tant que vous m'avez traitée paternellement. Vous aviez promis à ma mère de remplacer ma famille auprès de moi ; en rompant cet engagement, vous m'avez rendu le droit de ne prendre conseil que de moi-même. Sachez bien que je n'aurai pas d'autre époux... c'est lui que mon cœur a choisi ; aucune puissance humaine ne m'empêchera de garder la foi que je lui ai jurée.

— Vous oubliez toutes les convenances, interrompit le baron.

— Les convenances ! reprit Amélie avec un sourire d'ironie : c'est bien peu de chose quand il s'agit de tout un avenir... Je vous le répète : ou Flaxmann, ou personne ! Jusqu'à ce jour vous avez refusé de m'entendre, vous m'avez désolée, vous avez persécuté celui que j'aime uniquement... Sachez donc qu'il m'est désormais impossible de reculer... Je suis la femme de Flaxmann... La bénédiction du prêtre pourra seule effacer mon déshonneur !

Elle pleurait en disant ces mots, et elle tomba à demi évanouie dans un fauteuil. Flaxmann était hors de lui...

— Amélie ! s'écria-t-il, que dites-vous ?

— Silence ! si tu m'aimes... dit la jeune fille à voix basse.

Le baron se promenait à grands pas... une sueur

froide coulait de son front... Tout à coup il s'arrêta.

— Eh bien! c'est une affaire arrangée... Nous nous battrons, Flaxmann! et c'est moi maintenant qui vous provoque!... Vous avez ruiné toutes mes espérances, vous avez déshonoré la noble famille des Sperling!... Et vous voulez épouser ma nièce?...

— Je donnerais ma vie pour elle... je souffrirais mille morts pour la savoir heureuse. Permettez-vous que je l'appelle du nom d'épouse, à présent... à l'instant même?...

— J'y consens... dit le baron.

Et Flaxmann, ivre de joie, serra Amélie contre son cœur.

XI

Le lendemain, sans aucune pompe, le jeune couple se rendit à l'église. Le service terminé, après les félicitations du baron, Amélie se jeta aux pieds de son oncle et lui dit :

— Que notre bonheur commence par votre pardon! Je ne me relèverai pas que nous ne l'ayons obtenu!...

Le baron était ému... Avec tous ses défauts, il aimait sa nièce.

— Mon enfant, lui dit-il en l'embrassant, que Dieu te pardonne comme je le fais!

Amélie se releva... son teint était animé; ses yeux brillaient d'un feu extraordinaire :

— Sachez, dit-elle enfin, que vous avez été abusé. Celle que Flaxmann vient de conduire à l'autel est pure de toute faute; elle n'a point jeté de tache sur le noble écusson de vos ancêtres...

— Qu'entends-je? s'écria le baron... Ainsi toute cette histoire...

— N'était qu'une fable... J'en atteste la mémoire de ma mère... Il m'en a coûté de recourir à un tel subterfuge, mais au fond ma conscience était tranquille... Je n'ai jamais désespéré de votre tendresse!

— Et vous étiez son complice? dit le baron à Flaxmann.

— Non! sur l'honneur! répondit le jeune homme; mais pouvais-je la trahir?... Si je suis coupable, ne soyez pas généreux à demi!

— A la bonne heure... dit le baron dont l'émotion avait dérangé le flegme habituel; au reste, il faut convenir que les uns et les autres nous avons eu tous quelque chose à nous reprocher.

FIN DES NOUVELLES RUSSES.

PARIS. — IMPRIMERIE DE J. CLAYE ET Cᵉ, RUE SAINT-BENOÎT, 7.

www.ingramcontent.com/pod-product-compliance
Lightning Source LLC
Chambersburg PA
CBHW050249170426
43202CB00011B/1608